EL ENRIQUECIMIENTO ILÍCITO, EL LAVADO DE ACTIVOS, EL TESTAFERRATO Y LA EXTINCIÓN DE DOMINIO EN COLOMBIA

Moisés Sabogal Quintero
Fiscal Delegado ante Tribunal de Bogotá

EL ENRIQUECIMIENTO ILÍCITO, EL LAVADO DE ACTIVOS, EL TESTAFERRATO Y LA EXTINCIÓN DE DOMINIO EN COLOMBIA

(Dogmática penal, jurisprudencia, doctrina y nuevo código de extinción de dominio)

Segunda Edición

Grupo Editorial
IBAÑEZ

© Grupo Editorial Ibáñez
Imprenta: Carrera 69 Bis Nº 36-20 Sur
Teléfonos: 2300731 - 2386035

Librería Ibánez - Centro

Calle 12 B No. 7-12. L. 1
Tels: 2847524 - 2835194
Bogotá, D.C. - Colombia

Librería Ibáñez Teusaquillo

Calle 37 No. 19-07
Tels: 7025760 - 7025835
Bogotá, D.C. - Colombia

www.grupoeditorialibanez.com

ISBN: 9789587912265

Diagramación electrónica: Yaneth Guarín A.
Diseño de portada: David Cortés A.

Dedicatoria

Con inmenso cariño a los abogados, jueces y fiscales, de quienes espero acrecienten sus conocimientos y en constructivas críticas emitan juicios ponderados a esta segunda edición de la presente temática.

A mi primo, médico y abogado especializado Dr. Julio Cesar Quintero Vieda, nuevo Decano de la facultad de medicina de la universidad Surcolombiana, sede Neiva-Huila, a quién le deseo éxitos en su cargo, con el cual honra la memoria de su querido e inolvidable Padre.

Moises Sabogal Quintero

El autor es nacido en Neiva (Huila), con 61 años de edad, abogado egresado de la Universidad Simón Bolívar de Barranquilla (Atlántico), hace más de 33 años. Fue personero y presidente del concejo municipal de Rivera (Huila), defensor público en Neiva (H), abogado litigante por cerca de siete años, en diferentes áreas del derecho, especialista en instituciones jurídico-penales de la universidad Nacional de Colombia, convenio- universidad Surcolombiana; columnista del diario del Huila, y la Revista "Argumentos" Editorial Ibáñez de Bogotá; catedrático de la Universidad Antonio Nariño sede Neiva (H) por cerca de ocho años; coautor de los libros: "El enriquecimiento ilícito y la extinción de dominio en Colombia", "El a b c de la ley 906 de 2004", "Los mecanismos de terminación anticipada en el nuevo sistema penal acusatorio" y "El juicio oral en el sistema penal acusatorio colombiano". Es autor de los libros "Las audiencias preliminares", "El Nuevo sistema penal militar acusatorio y su Fuero penal militar", "Homicidio en Accidente de Tránsito (bajo influjo de bebidas alcohólicas o sustancias estupefacientes)", Enriquecimiento Ilícito, Lavado de Activos Testaferrato y Nuevo Código de extinción de dominio". Desde hace 26 años, se viene desempeñado como funcionario de la Fiscalía General de la Nación, ocupando actualmente el cargo de Fiscal Delegado ante el Tribunal de Distrito de Bogotá.

Contenido

Introducción 15

I. La corrupción y las nuevas estrategias para combatirla 17

II. El delito de enriquecimiento ilícito 25

1. Definición 25
2. Aspecto histórico 25
3. Estructura genérica del enriquecimiento ilícito 31
4. Del enriquecimiento ilícito del particular 32
5. Enriquecimiento ilícito de servidor público 47

Lavado de activos 61

1. Definición 61
2. Aspecto histórico 64
3. Procedimientos más comunes de lavado de dinero 72
4. Estructura del delito de lavado de activos 78

IV. Testaferrato 95

1. Definición 95
2. Historia 95
3. Estructura del delito de Testaferrato 100

V. La extinción de dominio 113

1. Definición 113
2. Historia 114
   Cuadro esquemático de legislación 132
3. Del nuevo Código de Extinción de Dominio 150

Bibliografía 281

Introducción

Si bien hacia el año 1997, me quejaba en una de mis investigaciones publicadas, sobre uno de los temas que concita el presente texto, acerca del mal denominado "privilegio mafioso" que tenemos los colombianos por pertenecer a uno de los Países más corruptos del mundo, tristemente hoy día ello persiste y en mayor proporción, pero con el consuelo que otros Estados como México, se encuentran ya en iguales condiciones. Sin embargo, no todo es oscuro, pues con respecto al redireccionamiento en la sustitución de cultivos del actual Gobierno en su lucha por erradicar tan grave mal, así como la administración de justicia sancionando sus infractores, las cosas van cambiando, pues la ardua labor desarrollada y planificada por el Estado con organismos especializados en la materia y el fortalecimiento de todas las instituciones antidelictivas, de un lado, han hecho que a la vez la justicia, venga siendo más eficaz en la lucha contra los flagelos delictivos.

De otra lado, una gran parte de la ciudadanía ha conllevado a la celebración de una reciente consulta contra la corrupción pública, que pretendía crear mecanismos para prevenir y castigar, la que si bien no logró su cometido al ser derrotada, por conllevar algunas preguntas de tipo populista, si generó preocupación por tan acrecentados delitos de apropiación de dineros públicos, sobre los que hay que seguir legislando seriamente escuchando el clamor de dichos ciudadanos,, más no pretender arreglar la problemática con marchas vandalizando y polarizando el país para provecho de unos pocos, sino sabiendo elegir a quienes nos representan en el congreso y el Gobierno, pues nuestras equivocaciones o derrotas electorales no las pueden pagar los ciudadanos de bien, como los comerciantes y productores que a la vez son quienes proveen los empleos.

Fustas como el enriquecimiento ilícito, el lavado de activos, y el Testaferrato, son contrarrestadas de forma más efectiva gracias al gran avance en medios tecnológicos, expedición de normas jurídicas, el recurso humano capacitado y la conciencia ciudadana sembrada sobre la base de desconsoladoras experiencias que han visto en nuestro país correr ríos de sangre, tener condenadas muchas personas y ser extinguidos sus derechos de propiedad muebles e inmuebles, sobre todo aquello adquirido con el dinero fácil mediante los ya mencionados medios delictivos.

Claro está, se tienen aún muchas excepciones y la lucha contra los aludidos delitos, se diría apenas comienza, pues dichas conductas punibles continúan evidenciándose bajo refinadas modalidades como lo son la captación masiva e ilegal de dineros con empresas conocidas como "Pirámides", otras del sector financiero y de servidores públicos como interbolsa, agro-ingreso seguro, el irregular manejo del Sistema de Regalías, el carrusel de la contratación en Bogotá, el caso odebrecht en la construcción de vías y puentes nacionales o 4G, el lavado de activos mediante el contrabando, remesas del exterior, la compraventa de pases de futbolistas y la minería ilegal entre otras modalidades, por lo que si bien anteriormente quienes incurrían como autores de estos punibles eran considerados gente del populacho, con alguna colaboración de gente de la política, ahora han irrumpido los llamados delincuentes de cuello blanco y alta sociedad, así como los aparatos ilegales organizados de poder, llámense Bacrím, Paramilitares y los grupos subversivos, FARC y ELN, por lo que la lucha continúa y no de manera fácil.

Es por lo anterior que tal situación, me ha concitado nuevamente a volver sobre algunos de estos temas y a tocar otros que no había estudiado con profundidad, amén de los cambios de estrategias gubernamentales, de legislaciones y el ambiente jurisprudencial, en donde los jueces aún continúan afrontando con valor dichos flagelos, pues como se dice "le perdieron el miedo", siendo la justicia hoy día más independiente, mostrándose fortalecida y confrontando con las mismas leyes al ejecutivo y al legislativo cuando algunos de sus miembros enmarcan su comportamiento en tales punibles.

I. La corrupción y las nuevas estrategias para combatirla

El concepto o definición de corrupción del particular, atañe aquellos comportamientos con los que, bajo ciertas modalidades o formas delictivas, las personas tienen como fin la obtención de beneficios, utilidades o provechos fútiles indebidos y prohibidos penalmente con desmedro de la moral social y pública, afectando bienes jurídicos que protegen especialmente la vida, la paz, la seguridad pública, la administración pública *(extraneus)* y de justicia, el orden económico y social y la convivencia ciudadana.

En lo que respecta al servidor público, la corrupción se erige como aquel abuso de posiciones de poder y de confianza, contándose con un sujeto activo calificado por el cargo de servidor público o habérsele delegado funciones públicas, para obtención de un provecho o beneficio particular en detrimento de la administración pública y el interés colectivo, realizado a través de compeler, ofrecer o solicitar, entregar o recibir, bienes en dinero o en especie, en servicios o beneficios, a cambio de acciones, decisiones u omisiones, así como de la contratación estatal.

Ahora bien, la lucha contra la corrupción, viene a ser el conjunto de estrategias y acciones que con carácter de prevención, sanción y seguimiento del desarrollo criminal, tienden a mejorar las condiciones de combatirla, para lo cual se impone tomar medidas de gestión en aspectos tales como el fortalecimiento de la administración pública y de justicia del recurso humano, los sistemas tecnológicos de almacenamiento e información, la investigación en contexto, la capacitación y formación en temas preventivos y punitivos, el estudio de expedición de nuevas normas legislativas o decretos ejecutivos, mediante una debida coordinación entre los entes que conforman el Consejo Nacional de política criminal.

Según un grupo de estudiantes dirigidos por el Profesor Sicólogo y Sicoanalista, Dr. Raúl Salamanca Londoño, la corrupción no nace con el poder político y la organización de la economía basada en el sistema monetario; es mucho más antigua y se fortalece con el debilitamiento de las instituciones políticas.

Se agrega que ya dos mil años atrás, Marco Tulio Cicerón, criticaba en sus "Catilinarias", el deterioro de la moral pública y el enriquecimiento ilícito de algunos senadores romanos, poniendo el grito en el cielo y alegando que se acercaba "el fin de los tiempos", por la putrefacción de las buenas costumbres en la sociedad romana... y efectivamente, el imperio se destruyó.

El fenómeno de la corrupción es tan antiguo como la propia historia de la humanidad; como afirma CACIAGLI, en su obra *Clientelismo, corrupción y criminalidad organizada.* (Centro de Estudios Constitucionales. Madrid, 1996, p. 51). En todas las épocas y en todo tipo de sistema político hubo y hay corrupción.

Se manifiesta que, si bien se observa con mayor frecuencia este fenómeno en los países subdesarrollados, en los países desarrollados también se soborna, por lo que la inmoralidad y la corrupción se han extendido a todo el mundo, llevando al borde de la destrucción a la sociedad.

En cuanto a los elementos que se presentan para que el hombre sienta la necesidad de cometer estos actos, que lo colocan en el lindero de la insolidaridad y de una fatal renuncia a los principios de Libertad, Igualdad y Fraternidad, para ello deberá recurrirse a los doctos en las materias Histórico-Ontológicas, en busca de la luz que nos ponga de presente las razones que puedan aducirse como generadoras de la mentalidad corrupta, pues podremos aspirar a que, una vez determinados estos factores, podamos implementar tareas que dirijan sus resultados a recuperar en el ser humano, esos principios básicos de convivencia pacífica y socialmente factible.

Sin embargo, las características para la tipificación de la corrupción tienen que ver en la relación, hombre-sociedad, ante la pérdida y casi ausencia total en su estructura de los valores ciudadanos, desde el mismo seno de la familia, en donde se viene sobredimensionando la imagen del propio yo, con la obtención rápida y fácil del dios dinero, las relaciones que nacen en la periferia y no en la esencia, así como la adaptación a la realidad y desarrollo de un tipo de represión social, de donde luego entonces emergen como causas las de índole psicológicas, sociológicas y las económicas.

Es que si examinamos, las cifras del CONPES, todos los indicadores disponibles muestran un panorama grave en materia de corrupción y una situación que en términos de la percepción no mejora durante los últimos años, al tiempo que el Estado ha venido formulado y puesto en marcha una política integral de lucha contra la corrupción que se articule con las acciones de las diferentes entidades comprometidas con el tema como las instituciones adscritas al Ministerio de Hacienda, la DIAN, y órganos de control como la Fiscalía, los jueces, la Contraloría y la Procuraduría General de la Nación, en donde sobresalen actualmente pero con mucha controversia de algunos casos estas tres últimas instituciones citadas, pero sin contarse con una coordinación e intervención en conjunto, más aún a través de la policía judicial, pues cada entidad tienen sus propios miembros a su disposición y cada uno trabaja los casos por separado.

El Dr. Alberto Maldonado Copello, en sus estudios "*La lucha contra la corrupción en Colombia: la carencia de una política integral*", junio de 2011, basado en gran medida en un trabajo previo realizado para la Corporación Transparencia por Colombia y se utiliza con la aprobación de dicha entidad. Ver Maldonado, Alberto (2010), Materiales para la elaboración de un documento de política de lucha contra la corrupción, Corporación Transparencia por Colombia, informe de consultoría, resume que:

- "Aunque el país no cuenta con información adecuada y suficiente sobre la situación y tendencias de la corrupción, los órganos de control estiman que la desviación de recursos presupuestales es enorme y lesiva para la ciudadanía. Además, los indicadores disponibles muestran que existe una percepción generalizada de elevados índices de corrupción, sobre todo lo concerniente a la utilización de los recursos de regalías.
- La corrupción tradicional se ha visto agravada por la captura del Estado y por la reconfiguración cooptada del Estado, fenómeno en el cual se produce una captura sistemática de las instituciones estatales no solamente con fines económicos.
- Durante los últimos cuatro años se avanzó en la organización del Programa Presidencial de Lucha contra la Corrupción, se modificó el estatuto de contratación, se puso en marcha la Dirección de Regalías en el Departamento Nacional de Planeación y se ordenó la puesta en marcha del sistema de monitoreo, seguimiento y control de los recursos del Sistema General de Participaciones. Sin embargo, no se expidió una política integral de lucha contra la corrupción; no se actualizó la ley anti-corrupción como lo ofreció el Plan de Desarrollo, no se fortaleció suficientemente y se dio autonomía al Programa Presidencial de Lucha contra la Corrupción, y no se puso en marcha el sistema de seguimiento a los recursos del Sistema General de Participaciones. De otra parte, aunque los órganos de control y la rama judicial han adelantado acciones de fortalecimiento, la impunidad sigue siendo muy elevada y la eficacia en materia de investigación y sanción insuficiente.
- Parecería que el Gobierno actual le da más peso a la expedición de normas contra la corrupción que a la creación de condiciones

institucionales para su efectiva aplicación. De ahí la necesidad de articular el proyecto de ley anti-corrupción a una política integral de lucha contra la corrupción".

La corrupción en el sector público se concreta entonces, en un conjunto de prácticas mediante las cuales diversos agentes –gobernantes, funcionarios y personas, empresas u organizaciones del sector privado o no gubernamental– aprovechan, para beneficio privado, económico o de otra índole, los recursos públicos. Los beneficios que se derivan del acto corrupto son, principalmente, económicos, por cuanto consisten en la apropiación di recta de un bien público, ya sea en dinero o en especie, o en la obtención de recursos de particulares que requieren de servicios o trámites estatales; o en la consecución de bienes o ingresos monetarios derivados de una decisión pública, o de la utilización de información obtenida en ejercicio de funciones públicas.

La estudiante mexicana, bajo el seudónimo Brisa Edeny RESÉNDIZ REYES, en su escrito, "*Ensayo para combatir la corrupción*". Primavera, núm. I, año I, 2006, según reciente investigación desarrollada y dada a conocer por el Control Risk Group, con sede en Londres, relativa a la corrupción en el comercio internacional, en la que fueron encuestados empresarios de las empresas importadoras y exportadoras más importantes de Gran Bretaña, Francia, Alemania, Escandinavia, y EUA, las cuatro razones más importantes que explican el soborno y la corrupción, de mayor a menor importancia son:

- "Ganar un nuevo contrato.
- El beneficio personal.
- Asegurar influencia política.
- Mantener un contrato existente."

La legislación designa a los partidos como los únicos instrumentos para acceder al poder político, pero si tales instrumentos están viciados, en poco o nada podrán contribuir a que se fortalezca la democracia de nuestras naciones, pues la corrupción encontró puertas abiertas en las diferentes administraciones públicas, enfrascadas en atender los problemas de seguridad interna.

Esos grandes problemas de la corrupción tienen su base en la ausencia de la ética. Se ofrece al funcionario público cualquier objeto de valor u otros beneficios como favores, promesas o ventajas, a cambio de que realice u omita cualquier acto en el ejercicio de su función pública, relacionado con una transacción de naturaleza económica o comercial que lo beneficie injustamente.

Ahí es donde éste demuestra su falta de valores, tales como la responsabilidad, la lealtad, el respeto y la honestidad, y es una pena que personas con tan baja calidad representen a nuestro pueblo, legislen o vigilen nuestras leyes y puedan llegar a cargos importantes".

Para otros autores estudiosos del tema de la corrupción, las prácticas mediante las cuales los corruptos pueden obtener beneficios económicos y de otra índole, son diversas:

- Manipulación de los procesos electorales para ubicar en los cargos políticos y administrativos a funcionarios comprometidos con grupos y personas interesadas en beneficiarse directamente del aparato de Estado; ésta puede incluir prácticas como la compra de votos, el trasteo de votantes, la amenaza o presión a los votantes para que voten en determinado sentido, la financiación de las campañas a cambio de favores concretos, la amenaza armada acompañada de órdenes a la población y determinados candidatos sobre las conductas a seguir.
- Manipulación de las decisiones normativas y fallos en todas las ramas del poder y de los órganos de control; comprende
- la expedición de leyes, ordenanzas y acuerdos, de decretos en los tres niveles de gobierno, así como fallos judiciales y de los órganos de control.
- Apropiación directa de dinero o bienes muebles e inmuebles públicos por parte de gobernantes o funcionarios públicos.
- Manipulación de los procesos contractuales con el fin de beneficiar a grupos o personas específicas.
- Manipulación de las funciones ejecutivas y de prestación de servicios o realización de trámites –ejercicio del control, otorga miento de subsidios, expedición de documento de identidad, aprobación de una licencia, instalación de una línea telefónica, etc.–.
- Obtención de utilidades en negocios realizados con base en información conseguida en ejercicio de funciones públicas y la cual debería ser reservada.

Según declaraciones del propio Presidente de la República, Juan Manuel Santos Calderón, en el año 2009, el Estado perdió 3,9 billones (aproximadamente US$2.100 millones).

El estimativo, realizado por el "Programa Presidencial de Lucha contra la Corrupción", similar al calculado por la Procuraduría General de la Nación, según la declaración del Presidente, se aplica solamente al presupuesto de inversión de la nación y no incluye los recursos perdidos en las entidades territoriales, que tienen una inversión total superior a la de la nación, lo que significa que el total de recursos apropiados directamente por los corruptos podría ser superior a los $9 billones de pesos (aproximadamente US$ 5.000 millones y equivalente a 1,8% del PIB), tal como lo señaló el Auditor General de la Nación, cifra astronómica superior al total de regalías anuales, que estaría evidenciando una gran incapacidad de los órganos de prevención y control de la corrupción en el país.

En nuestro País, en materia de prevención especial y general contamos con la Ley 190 de 1995, Estatuto Anticorrupción, que reformó la Ley 80 de 1993, la que junto con su decreto complementario, sobre simplificación de trámites, constituye un esfuerzo importante, para la prevención y sanción de la corrupción pública. Colombia a su vez ratificó la Convención Interamericana de Lucha contra la Corrupción, mediante la Ley 412 de 1997 y la Convención de las Naciones Unidas contra la Corrupción, con la Ley 970 de 2005, y adquirió un conjunto de compromisos en esta materia.

Sin embargo, para llenar los vacíos en aspectos como la reglamentación de la puerta giratoria, la contratación con el Estado de financiadores de campañas políticas, el cabildeo, así como su tipificación delictiva y sanción penal y disciplinaria, se erigió por intermedio del legislativo, el Decreto 734 de abril 13 de 2012, atinente a establecer un Nuevo Estatuto General de la Contratación Estatal, reglamentando y agrupando las leyes y decretos que versaban sobre esta materia, en aras de hacer más rica en planeación y, transparencia, la contratación administrativa, siendo mayormente exigente en el logro de sus cometidos.

Como veremos en el acápite de la historia de cada una de las figuras jurídicas edificadas para combatir el enriquecimiento ilícito, el delito de lavado de activos, el testaferrato y la extinción del dominio de bines adquiridos mediante dichas modalidades, el legislador ha venido promulgando un buen número de leyes que poco a poco se han ido perfeccionando para hacer más efectivo el control a esta clase de criminalidad, entre estas la Ley 1708 del 20 de enero de 2014,modificada por la Ley 1849 de 2017, que reformó la Ley 793 de 2002, mediante al cual se erigió un nuevo procedimiento de extinción del dominio incluyendo nuevas causales por las cuales resulta procedente, subsumiendo en estas las que procedían para el comiso de bienes.

Actualmente cursa en el congreso una ley para combatir el contrabando y la evasión fiscal de la DIAN, pues a través de estos medios existe otra pavorosa forma de evadir impuestos y lavar activos ilícitos.

Además de estos mecanismos de prevención de carácter intimidatorio se debe propender por aumentar el poder de otras organizaciones para controlar dichas prácticas y en especial en mejorar la capacidad y compromiso de los órganos de control, desde la etapa preventiva como serían fomentar desde los curso de primaria una verdadera concientización ciudadana y formación de líderes en la misma, con la existencia de una materia de educación democrática participativa, e incremento de vigilancia ciudadana en donde se premie con incentivos económicos o laborales a quienes contribuyan a combatirla. Así también volver al control preventivo y no posterior en cabeza de la Contraloría General de la Nación.

En conclusión, se debe propender por la creación de nuevos mecanismos mediante los cuales el Estado pueda perseguir los bienes de origen o destinación ilícita. La importancia de la extinción de estos bienes, radica en que al momento resulta ser un instrumento esencial para la ejecución de las estrategias contra el crimen organizado, ya que cumple un papel fundamental en la desarticulación de organizaciones y redes criminales, además de detener los efectos que genera el flujo de recursos ilícitos en la sociedad.

II. El delito de enriquecimiento ilícito

1. DEFINICIÓN

Como anteriormente se definió, este axioma se refleja en aquel comportamiento mediante el cual una o varias personas de manera directa o por terceros obtienen para sí o para otro, incremento patrimonial no justificado, derivado de una u otra forma de actividades ilícitas. Existe enriquecimiento ilícito cuando la persona no pudiere acreditar el legítimo aumento de su patrimonio o la legítima procedencia de los bienes a su nombre o de aquellos respecto de los cuales se conduzca como dueño, en los términos de la ley.

Enriquecimiento ilícito, proviene del vocablo latino *illicitus*, que significa ilícito; es decir, que no está permitido legalmente, es un acto contrario a derecho; el enriquecimiento ilícito es un concepto que hace referencia al acto de enriquecerse por medios contrarios a las normas jurídicas.

El *enriquecimiento ilícito* resulta ser el concepto o denominación *iuris*, que hace referencia al acto de enriquecerse por medios contrarios a la ley, por lo tanto dicha noción suele ser utilizada para nombrar al particular o servidor público que aprovecha su accionar activo u omisión pasiva así como su poder y autoridad para realizar negociados ilegales o que obtiene dinero gracias a sobornos o contrataciones. Es la acción y un resultado de enriquecerse (volverse rico) prosperar visiblemente en fortuna, acumular efectivamente bienes. Ilícito resulta ser aquello que no está permitido legal o moralmente.

2. ASPECTO HISTÓRICO

La historia es rica y prolija en innumerables citas de la presencia de esta figura o modalidad que se hicieron presentes desde la antigüedad en gran variedad de culturas, entre estos la de los griegos, los romanos, sobre todo en la etapa final de la República, en el Principado y durante el Imperio, las monarquías europeas de los siglos XVII y XVIII, así como de nuestros propios gobernantes y conciudadanos.

El enriquecimiento ilícito ha ido siempre de la mano con la corrupción y el ejercicio del poder, siendo histórico el juicio que durante la época de la colonia se le siguió al conquistador Hernán Cortés, en México por las autoridades españolas de la corona, al haber acrecentado injustificadamente su patrimonio personal.

Lord ACTON, un católico liberal y catedrático de la universidad de Cambridge, acuñó a fines del siglo XIX una fórmula que se ha hecho célebre: en una carta dirigida al obispo Mandel Creighton, fechado el 3 de abril de 1887, sostuvo que «el poder tiende a corromper y el poder absoluto corrompe absolutamente». Ha habido, pues, corrupción siempre, porque siempre ha habido poder entre los hombres, y cuando tal poder ha carecido de cauces y linderos predeterminados, los actos corruptos han tendido a colocarse fuera de todo control.

El término "corrupción" tenía antes un sentido mucho más amplio que el que tiene actualmente», ya que en la tradición de pensamiento político de Occidente, desde PLATÓN y ARISTÓTELES hasta MAQUIAVELO, esto es, desde la Antigüedad clásica hasta el Renacimiento, el término se utilizaba «para referirse menos a las acciones de los individuos que a la salud moral del conjunto de la sociedad», por lo que se destacaba aspectos tales como «los términos de la distribución de la riqueza y del poder, de la relación entre dirigentes y seguidores, de las fuentes del poder, y el derecho moral de los gobernantes a gobernar», o también «el "amor a la libertad" de un pueblo». De allí que, por ejemplo, para Tucídides, la toma ateniense de Melos, desprovista de otra justificación que la mera necesidad de conquista, «implicaba la corrupción del Estado».

En la página web http://www.monografias.com/trabajos32/ corrupción-peru/ corrupción-peru.shtml#ixzz31bZ9LT4V, es así como encontramos que, según Joaquín GONZÁLES, que el entendimiento cabalmente moderno del fenómeno reclama, como un elemento esencial, «la distinción de *res publica* y ámbito privado, propia de las sociedades complejas que instauran órganos de poder con capacidad autónoma de decisión». En el mismo sentido se pronuncia Michael JOHNSTON, para quien «las concepciones modernas de la corrupción se basan en la idea de roles explícitamente públicos, dotados de poderes limitados y sujetos a obligaciones impersonales».

Así, mientras no se reservó una esfera íntima como derecho de las personas, sustraída a la injerencia del Estado, mientras no se afirmó el valor de lo individual en contraste con el comunitarismo de las primeras formas de organización política, mientras no surgió un aparato estatal distinto de la persona del soberano y sujeto a determinadas restricciones y límites, no podía hablarse con propiedad de corrupción. Como afirma JOHNSTON, «un autócrata absoluto no puede ser corrupto en el sentido moderno del concepto, hasta que se imponga ciertas limitaciones a su poder».

Como quiera que fuere, situado plenamente en nuestro tiempo, se constata que, a pesar de la gran atención que en los últimos años concita la corrupción y de las numerosas nociones y perspectivas presentadas, «su conceptuación sigue siendo problemática», mostrándose como «fenómeno proteico y clandestino, de difícil aprehensión intelectual». Y es que, como ha señalado Philp, «nadie ha logrado dar con una "definición concisa" y universalmente satisfactoria», no obstante que «la búsqueda de definiciones ha sido desde hace mucho tiempo un rasgo de los debates conceptuales y políticos sobre la corrupción».

Albert Calsamiglia, entre otros autores, ha llamado la atención acerca del relativismo del concepto. Al reservar un lugar de importancia a «una teoría de la corrupción que pretenda resolver problemas prácticos», el estudioso español sostiene que esto no será posible «sin tener en cuenta las condiciones y las prácticas sociales sobre las que (tal teoría) se proyecta». Se sigue de aquí que «la corrupción es relativa a unas prácticas sociales», lo que exige «aceptar que la misma conducta puede considerarse corrupta en una sociedad y no corrupta en otra».

En España no existe la denominación del delito de enriquecimiento ilícito, como si en México, pero se contemplan otros delitos que regulan la actuación de los funcionarios públicos, en el Código Penal Español, aprobado por Ley Orgánica 10/1995, de 23 de noviembre, que fue actualizado en diciembre del año 2007, en su Título XIV *De los delitos contra la hacienda pública y contra la seguridad social*, correspondiente del art. 305 al art. 310. De forma sustancial se puede señalar que la Legislación Penal Española, establecen una regulación acerca de la defraudación a la Hacienda Pública; rige las actividades de la administración pública, en el tema de recursos económicos, a través de la omisión o falsedad en las declaraciones tributarias.

El delito de enriquecimiento ilícito, no ha sido contemplado en el Código Penal en los Estados Unidos de Norte América, sin embargo, allí se reprime la corrupción en la administración pública, con delitos de peculado, cohecho, prevaricato, el tráfico de influencias, entro otros. El autor Miguel Inchausti, señala que el antecedente del delito de enriquecimiento ilícito lo encontramos en Argentina, en el año de 1936, con el documento *Corominas Segura*, que contemplaba dos hipótesis: a) presunción de enriquecimiento ilícito, se incrimina al que desde su cargo lucra, y b) acrecentamiento patrimonial que no provinieren de específicas fuentes.

Este delito resulta ser una de las modalidades que más han acrecentado la corrupción en el País, tanto de las personas en general como en los servidores públicos, puede derivarse de toda clase de formas delictivas, pero resulta ser al mismo tiempo una conducta autónoma, que se tipifica sin necesidad de recurrir a otro tipo penal ni a otro ordenamiento jurídico, y menos esperar un fallo previo de otro sujeto por otro delito y por lo tanto concursal si dicha forma le deriva provecho injustificado, más no se trata de cualquier clase de enriquecimiento, sino tan solo de las formas más graves e intolerables del injusto, pues puede darse de manera extrapenal en materia civil o comercial que siendo antijurídica puede no ser punible, como sería el caso del enriquecimiento sin causa en materia civil, o la acreencia o deuda en el crédito en materia comercial libre de engaño o estafa.

En Colombia ya se tenía descrita tal conducta en el *decreto* número 100 de 1980, de enero 23, que lo consagraba para el servidor público así:

> *Art. 148. Enriquecimiento ilícito.* El empleado oficial que por razón del cargo o de sus funciones, obtenga incremento patrimonial no justificado, siempre que el hecho no constituya otro delito, incurrirá en prisión de uno (1) a ocho (8) años, multa de veinte mil a dos millones de pesos e interdicción de derechos y funciones públicas de dos (2) a diez (10) años.
>
> En la misma pena incurrirá la persona interpuesta para disimular el incremento patrimonial no justificado.
>
> Las pruebas aducidas para justificar el incremento patrimonial son reservadas y no podrán utilizarse para ningún otro efecto".

Como consecuencia del narcotráfico, desde la década de los años setenta, donde se erigen los llamados capos de la droga y sus carteles organizados, que entran a corroer la sociedad y en especial la clase política, atrayendo personas de toda especie por el lucro del dinero fácil, así como del propio poder político, situación que aprovecha el campesinado para obtener mejores ingresos ante la mala distribución de los recursos económicos Estatales y el viejo conflicto guerrillero, quienes entran a colaborar adquiriendo recursos por el cobro de gramaje, se hace necesario combatir dicho problema jurídicamente, ya que de dicha situación se venían derivando otros ilícitos como los homicidios, el Testaferrato y el lavado de activos entre otros.

Por lo anterior, comenzaron a tomarse drásticas medidas entre estas la extradición Administrativa hacia los Estados Unidos de los grandes capos del narcotráfico, a raíz del asesinato del Dr. Rodrigo Lara Bonilla, para ese entonces ministro de Justicia durante el Gobierno del Dr. Belisario BETANCOURT hacia el año 1986, para seguidamente tipificarse como delito de enriquecimiento ilícito de particular, mediante el art. 1° del Decreto 1895 de 1989, previa facultades legislativas del gobierno en estado de sitio hoy conmoción interior, bajo la entonces constitución de 1886, lo tipificó de la siguiente manera:.

> "*Art 1.* Mientras subsista turbado el orden público y en Estado de Sitio todo el territorio nacional, el que de manera directa o por interpuesta persona obtenga para sí o para otro incremento patrimonial no justificado, derivado en una u otra forma, de actividades delictivas, incurrirá por ese solo hecho, en prisión de cinco (5) a diez (10) años y multa equivalente al valor el incremento".

Fue entonces cuando la Corte suprema de Justicia en su sentencia de constitucionalidad del día 3 de octubre de 1989, al manifestarse sobre el Decreto 1895 del 24 de agosto del mismo año, expresó que nadie podrá ser juzgado por el delito de enriquecimiento Ilícito de Particulares, sin la existencia de una sentencia judicial en firme, que condene al presunto responsable por el delito de narcotráfico, convirtiéndolo en un ilícito totalmente subsidiario, pero más adelante como veremos retomado el tema por la corte Constitucional creada en 1991, resulta ser un delito autónomo.

Con la entrada de la nueva Constitución de 1991, se consagra en el art. 34, medidas para combatir el incremento patrimonial indebido así:

> "*Art. 34. Se prohíben las penas de destierro, prisión perpetua y confiscación.* No obstante, por sentencia judicial, se declarará extinguido el dominio sobre los bienes adquiridos mediante enriquecimiento ilícito, en perjuicio del Tesoro público o con grave deterioro de la moral social."

Así también se prorroga la transitoriedad del Decreto 1895, por 90 días más, en su art. 8, amén que allí en dicha constituyente, fue derrotada la extradición de Colombianos, bajo amenazas y dinero ilícito, sin embargo posteriormente se logra aprobar la prórroga del Decreto en cita, quedando así:

> "*Art. Transitorio 8:* los decretos expedidos en ejercicio de las facultades de estado de sitio hasta la fecha de promulgación del presente acto constituyente, continuaran rigiendo por un plazo máximo de noventa días, durante los cuales el Gobierno Nacional podrá convertirlos en legislación permanente, mediante decreto, si la Comisión Especial no los imprueba".

En octubre 4 de 1999, el Presidente de la República, en ejercicio de la autorización constitucional consagrada en el art. octavo transitorio de la carta política, expidió el Decreto número 2266, por medio del cual se adoptaron como legislación permanente algunas de las disposiciones expedidas en ejercicio de las facultades del estado del sitio. La norma menciona lo siguiente referente al párrafo anterior:

> *"Art. 10. Adóptense como legislación permanente las siguientes disposiciones del decreto legislativo 1895 de 1989:*
>
> "El que de manera directa o por interpuesta persona obtenga para sí o para otro incremento patrimonial no justificado, derivado en una u otra forma, de actividades delictivas, incurrirá por ese solo hecho, en prisión de cinco (5) a diez (10) años y multa equivalente al valor el incremento".

Sucedió que con base en el Decreto 2266 de 1991 y la Sentencia C-127 de 1993, nadie podía ser condenado por Enriquecimiento Ilícito de Particulares por hechos ocurridos entre el 24 de agosto de 1989, fecha originaria, de tipificación de este delito, y por lo menos hasta el 30 de marzo de 1993, fecha del fallo que se acaba de estudiar, sin que mediara una sentencia judicial en firme que hubiese condenado al imputado por las mencionadas actividades delictivas, independientemente del delito en que las mismas encuadren.

Posteriormente se enmarcó en los art. 327 y 412 de la Ley 599 del 2000, como más adelante observaremos, a medida que estudiemos cada una de estas conductas.

Así también, el 12 de julio de 2011, se expide la Ley 1474, por medio de la cual se establecieron normas orientadas a fortalecer los mecanismos de prevención, investigación y sanción de actos de corrupción y la efectividad del control de la gestión pública.

En esta ley se establecen nuevas y severas inhabilidades para contratar por quienes incurran en actos de corrupción, financien campañas políticas, la prohibición que ex servidores públicos gestionen interese privados en asuntos y con respecto al organismo en donde estuvo vinculado hasta por dos (2) años, así como inhabilidad por el mismo periodo para contratar con el Estado, políticas estas que se derrumban cuando estos actúan por interpuesta persona.

De igual manera, se establecen medidas administrativas de repetición y responsabilidad por acción u omisión de los servidores públicos, del control y vigilancia en el sector de seguridad social en salud y en el tema penal se reitera la exclusión de beneficios en los delitos contra la administración pública relacionados con corrupción y se amplían los términos de prescripción para el servidor público y el particular que las desempeñe transitoria o de manera permanente, aumentándolo hasta en la mitad de la pena máxima a imponer sin que supere los 20 años.

En idéntica forma, se crean algunas conductas delictivas como la *estafa* agravada cuando se trate sobre bienes o instituciones en que éste tenga parte, y recaiga sobre bienes del sistema de seguridad social integral.

Así mismo frente a la corrupción privada se crea el tipo penal que conlleva dicha denominación frente a asociaciones o fundaciones particulares, la administración desleal de las mismas, la utilización indebida de información privilegiada, especulación de medicamentos y dispositivos médicos, agiotaje con los mismos, la evasión Fiscal en explotación de monopolio que correspondan a servicio de la salud y educación, la omisión de control en el sector salud; se crea y agrava la pena como delito al Peculado por aplicación diferente y el culposo frente a recursos de la salud.

De otra parte se penaliza el *fraude* a subvenciones o auxilios estatales como los de acción social o a víctimas, así como se crean delitos relativos a la competencia para subastar, el tráfico de influencia del particular, se aumenta la pena para el enriquecimiento ilícito para el servidor público y el ex servidor, para el soborno transnacional, en actuación penal, se establecen medidas contra personas jurídicas particulares, como son las de suspensión y cancelación de su personería y poderlas vincular como terceros civilmente responsables en delitos contra la administración Pública, y se vuelven a ampliar los términos de investigación penal y obtención de libertad provisional, restringiendo la prisión domiciliaria, cuando sean de competencia de los Jueces especializados o por delitos contra la administración pública y patrimonio económico sobre bienes del Estado, duplicándolos cuando contra estos procede la libertad provisional, cuando sean tres o más los imputados o los delitos objeto de investigación.

Se reglamentó la operación encubierta, la prueba anticipada y el principio de oportunidad, para delitos contra la corrupción administrativa, así como se reforma el procedimiento disciplinario o Ley 734 de 2002 y se establecen sanciones disciplinarias de mayor rigurosidad, extendiéndose las misma a los particulares que cumplan labores de interventoría o supervisión en la contratación estatal o realice funciones administrativas por convenio o contrato o asimilación en las mismas, siendo procedente la revocatoria directa de los fallos sancionatorios y los autos de archivo de aquellas decisiones sancionatorias.

3. ESTRUCTURA GENÉRICA DEL ENRIQUECIMIENTO ILÍCITO

El enriquecimiento ilícito, es un delito de ejecución instantánea, se puede cometer en actos progresivos, circunstancia que debe comportar que el último hecho es el que lo consuma, siendo el que marca el límite para contabilizar el periodo prescriptivo. Se debe diferenciar de lo que debe ser entendido por delitos instantáneos con efectos permanentes, no son producto de un equivocado razonamiento, sino que corresponden a una noción acuñada de antiguo por la doctrina, (Cfr., entre otros, Manzinni Vincenzo, *Tratado de Derecho Penal*,

Tomo II, Capítulo IX), y aceptada por la jurisprudencia de la Corte (Cfr. Auto de mayo 5/94, entre otros), que se identifica, de algún modo, con los llamados hoy día delitos de estado, caracterizados porque se consuman con la producción del resultado, pero crean un estado antijurídico que se proyecta en el tiempo, como ocurre con los delitos de bigamia, falsedad, homicidio, hurto (Cfr. Claus ROXIN, *Derecho Penal, Parte General*, Tomo I, Sección 3ª); Hans.

La consumación en el delito permanente es indefinida, la conducta antijurídica se mantiene en el tiempo en la medida que el tipo penal continúa realizándose hasta que interviene alguna causa que hace cesar su permanencia, siendo a partir de esa cesación de donde empieza a contarse el término prescriptivo; ejemplo la detención arbitraria, el concierto para delinquir, el secuestro.

Contrario al delito permanente, aparecen los delitos instantáneos, que son aquellos en los cuales la lesión al bien jurídico se concreta en un solo momento, tales como la estafa, el peculado, el homicidio, aclarándose en relación con este último ilícito, que la permanencia de su efecto (muerte) no le quita su carácter de instantáneo, como lo examinaremos más adelante.

En relación con el delito de enriquecimiento ilícito pertenece a la categoría de los llamados delitos de resultado, de realización libre y acción instantánea o progresiva, en cuanto puede ser ejecutado a través de un solo acto, o de una sucesión de actos parciales finalísticamente orientados hacia la obtención del resultado típico (Cfr. Auto de 15 de octubre de 1998, M.P. Arboleda Ripoll), de suerte que el momento o período de comisión del hecho punible, y sus implicaciones en la prescripción de la acción penal, dependerán de la modalidad de la conducta en cada caso concreto.

Si se trata de un solo acto, el período de prescripción de la acción penal deberá contabilizarse desde el momento de su realización. Si son varios, deberá serlo a partir del último; y, si no ha sido posible determinarlo por tratarse de una acción progresiva no delimitada, el tiempo de prescripción deberá contarse desde cuando el servidor público hace dejación del cargo"[1].

4. DEL ENRIQUECIMIENTO ILÍCITO DEL PARTICULAR

Se trata de aquel comportamiento desplegado con acción u omisión comisiva, por parte de un sujeto activo no calificado denominado particular mediante el cual ha venido incrementando, acrecentando u obtenido un incremento patrimonial no justificado, reflejado en sumar bienes a su activo líquido o restar deudas u obligaciones al pasivo.

---

1 Sentencia de casación del 7 de octubre de 1999, radicado 15.490.

La Convención de Viena y el narcotráfico, en Bogotá, 1991 y la Convención de Naciones Unidas contra el tráfico ilícito de estupefacientes y sustancias psicotrópicas, firmada en Viena el 20 de diciembre de 1988, fueron la base para plantear estrategias contra la corrupción entre estas contra los dineros mal habidos, pues se evidencio la existencia de relaciones entre el tráfico ilícito de drogas y otras actividades delictivas organizadas que socavan las economías lícitas y amenazan la estabilidad, la seguridad económica y la soberanía de los Estados.

Allí las Partes, confesaron entonces ser conscientes de que el tráfico ilícito genera considerables rendimientos financieros y grandes fortunas que permiten a las organizaciones delictivas transnacionales invadir, contaminar y corromper las estructuras de la administración pública, las actividades comerciales y financieras lícitas y la sociedad en todos sus niveles.

No debe extrañar, por tanto, que uno de los principales objetivos de aquel texto fuera la privación del producto de las actividades delictivas a través de un régimen especial de comiso y, fundamentalmente, a través de la sanción penal del delito de enriquecimiento ilícito y el blanqueo o lavado de capitales procedentes del tráfico de drogas. Posteriormente se aprueba la Convención de Naciones Unidas contra la Corrupción adoptado por la Asamblea General de las Naciones Unidas el 31 de octubre de 2003, en vigor desde el 14 de diciembre de 2005. En él se incluye, por segunda vez en un texto internacional, una mención expresa al delito de enriquecimiento ilícito.

El art. 327 de la Ley 599 del 2000 recogió el mismo comportamiento, pero le fijó, "prisión de seis (6) a diez (10) años y multa correspondiente al doble del valor del incremento ilícito logrado, sin que supere el equivalente a cincuenta mil (50.000) salarios mínimos legales mensuales vigentes".

En este delito se cuenta con un sujeto activo no calificado como lo es el particular, cualquier persona natural, o también lo puede ser persona jurídica como lo sería el caso de una sociedad o fundación en el que responderán penalmente sus socios.

El sujeto pasivo lo es el Estado, en calidad de titular del interés jurídico protegido el orden económico y Social, en aras de constituir un orden justo, respetando el principio de proporcionalidad. También lo pueden ser los particulares y las personas jurídicas, como en los casos de secuestro, extorsión y captación masiva y habitual de dineros.

El objeto material recae sobre toda la clase de bienes tangibles e intangibles que posea el sujeto injustificadamente como consecuencia de ese incremento injustificado a no ser que sean producto de otro ilícito en el que por especialidad se subsuma, ello por mandato expreso del legislador que se contempla en la norma para el caso del servidor público como se verá en el acápite respectivo.

En la Sentencia No. C-069/94, la Corte Constitucional al referirse al concurso Secuestro/Enriquecimiento Ilícito, precisó:

> "La norma acusada está contemplando *la sanción a unos efectos patrimoniales –directos o indirectos–* derivados de una causa ilícita específica: el delito de secuestro. La Corte encuentra razonable esta disposición por la coherencia causa-efecto que trae, pues si se considera que la causa es punible, obviamente también lo serán sus efectos patrimoniales propios, sean ellos directos o indirectos. La norma, entendida en su exégesis, no está expresando cosa distinta a la evidencia de que un incremento patrimonial directa o indirectamente, derivado del delito de secuestro, no tiene un principio jurídico de razón suficiente que lo justifique, ya que evidentemente hay una causa ilícita. Sería un contrasentido penalizar el secuestro y, al mismo tiempo, permitir sus efectos, directos o indirectos".

Es por ello que para efectos concursales cuando el enriquecimiento ilícito tiene un delito fuente, el mismo deberá ser investigado, ya fuere lavado de activos, Testaferrato, narcotráfico, y pudiere dar al mismo tiempo con otro delito distinto cuando además de estarse investigando por ejemplo un hurto agravado por la confianza se detectan otros bienes distintos a los apropiados o que no tengan que ver con el fruto de estos, pero que encuentran incrementado exageradamente el patrimonio de dicho sindicado sin que este pudiere justificarlo aún con el mismo hurto.

En la Sentencia C-319/96, la corte constitucional de Colombia, el enriquecimiento ilícito de particulares guarda relación directa con los principios que dieron origen a la tipificación de la conducta punible de los servidores públicos. Sin embargo, presenta algunas diferencias estructurales: En primer lugar, se trata de un tipo penal de sujeto activo indeterminado, es decir, el delito puede ser cometido por cualquier persona sin características especiales; en segundo lugar, y como consecuencia de la calidad del sujeto, el tipo penal condiciona la punibilidad del enriquecimiento no solo a que éste sea injustificado, sino que además provenga de "actividades delictivas"; en tercer lugar, se trata de un delito especial y autónomo, como quiera que describe un modelo de comportamiento al que puede adecuarse en forma directa o inmediata la conducta del actor, sin necesidad de recurrir a otro tipo penal, ni a otro ordenamiento jurídico.

El tipo penal que se observa, debe valorarse como una disposición autónoma de naturaleza pluriofensiva, que se integra al sistema de represión del narcotráfico y que, como se ha observado, protege distintos bienes jurídicos perfectamente diferenciados en la forma indicada: la Administración de justicia, la salud, la seguridad pública, la moral social, el orden económico.

Entendida desde esta óptica la moral pública, es evidente que no es algo intangible ni en el campo social ni en el jurídico, sino todo lo contrario, es un bien jurídico materializado socialmente y protegido desde la perspectiva penal como fundamento de convivencia que permite asir un concepto de antijuridicidad como categoría dogmática del delito.

Mucha discusión suscita la función que cumple la subsidiaridad en materia penal, ya que está relacionada con la necesidad político-criminal de cubrir espacios o ámbitos desprovistos de regulación y por lo mismo susceptibles de impunidad, por deficiencias probatorias o restricciones descriptivo-comprensivas de los tipos penales básicos o principales, en donde no se incluye el fruto de la ilicitud, pero sin embargo frente al enriquecimiento ilícito no es requerido la acaencia de otra conducta para su tipificación.

La conducta punible se estructura cuando el agente activo logra esa ganancia injustificada "*para sí o para otro*". Dicho elemento marca la diferencia, pues el delito se comete cuando se logran los indebidos beneficios para el procesado ("para sí"), pero también cuando éste actúa y consigue la prebenda, ya no en beneficio propio, sino con destino a un tercero ("para otro"). En el último supuesto, evidentemente ese "otro" puede ser una persona natural o jurídica. Indistintamente, entonces, el agente activo comete la conducta cuando se enriquece personalmente, o logra las ganancias para otra persona, o cuando entremezcla los dos beneficiarios (él mismo y el otro).

Luego entonces demostrar el origen de un incremento patrimonial es una obligación general que el Estado puede hacer exigible en todo momento a cualquier persona natural o jurídica; es una consecuencia del principio constitucional de que toda persona debe vivir sometida a la Constitución y a la ley en el caso de los particulares, cabe recordar que éstos deben demostrar al Estado anualmente sus ingresos y la procedencia de los mismos mediante la declaración de renta, no sólo para que el Estado, de conformidad con leyes preestablecidas, grave en alguna medida su patrimonio, sino además para ejercer control sobre su licitud. Un desproporcionado e injustificado incremento es precisamente lo que da lugar al ejercicio de la acción penal por enriquecimiento ilícito, debiendo el Estado establecer plenamente la responsabilidad del imputado o su inocencia.

En la sentencia de única instancia de 14 de junio de 1996, proferida por la Corte Suprema de Justicia, M.P. Ricardo Calvete Rangel, se puntualiza que la norma no restringe que el sujeto activo deba ser la misma persona que realiza la actividad ilícita sino que puede ser ajeno a ella; que el ingrediente normativo no puede interpretarse como que el incremento patrimonial deba provenir de una persona condenada por el delito de narcotráfico, pues el legislador dejó en el juzgador la valoración de si la actividad era delictiva o no, independientemente de que alguien resulte condenado; y que resulta absurdo considerar legítimo el incremento patrimonial injustificado de una persona por haber sido derivado de la actividad del narcotráfico o de otra, respecto de quien se declaró la extinción de la acción por muerte, prescripción o reconocimiento de una causal de inculpabilidad.

El derecho a la no autoincriminación ciertamente autoriza al sindicado o procesado a asumir ciertos comportamientos procesales, pero su silencio o sus aserciones carentes de sustento, pueden objetivamente demeritar su posición si en su contra se reúnen suficientes elementos probatorios allegados por el Estado y no refutados.

El enriquecimiento ilícito es imputable solamente a título de dolo, lo que impone al Estado la carga de demostrar que el particular, conociendo la ilicitud del enriquecimiento, lo realizó de forma voluntaria, por lo que si la Fiscalía, previa la investigación correspondiente, demuestra objetivamente un desproporcionado incremento, en relación con los bienes declarados por el particular, sus ingresos y egresos, y el imputado, en pleno ejercicio de sus derechos de defensa y contradicción, no justifica ese evidente enriquecimiento, puede considerarse que ha obtenido un acrecentamiento patrimonial no justificado.

Respecto de la expresión actividades delictivas, es importante anotar que ésta corresponde a un ingrediente especial del tipo de orden normativo. Los ingredientes normativos no son propiamente elementos del tipo sino corresponden a expresiones que pueden predicarse de cualquiera de ellos y buscan cualificar a los sujetos activo o pasivo o al objeto material, o pretenden precisar el alcance y contenido de la propia conducta o de una circunstancia derivada de la misma, correspondiéndole al juez penal en todo caso, examinar su ocurrencia; es decir, valorar la conducta como delictiva.

Es por ello que el ingrediente normativo que contiene el enriquecimiento ilícito de particulares, según el cual el incremento patrimonial debe ser "derivado, en una u otra forma, de actividades delictivas", en manera alguna debe interpretarse en el sentido de que deba provenir de un sujeto condenado previamente por el delito de narcotráfico o cualquiera otro delito. No fue eso lo pretendido por el legislador; si ello hubiese sido así, lo hubiera estipulado expresamente.

De esta forma lo que pretendió el legislador fue respetar el ámbito de competencia del juez, para que fuera él quien estableciera, de conformidad con los medios de prueba y frente a cada caso concreto, la ilicitud de la actividad y el grado de compromiso que tuviese con la ley el sujeto activo del delito.

No puede confundirse el concepto de actividad delictiva con el de antecedentes penales de que trata el art. 248 de la Carta Política; el primero no sólo es un ingrediente normativo del tipo cuyo alcance y contenido le corresponde precisar al funcionario penal al momento de aplicar la norma, sino que además, se refiere a la actividad en sí misma, como comportamiento típico y antijurídico, y no se extiende al sujeto.

El concepto de "antecedentes penales", se predica de la persona en sí misma y, de conformidad con el art. 248 de la Constitución Política, únicamente las condenas proferidas en sentencias judiciales en forma definitiva tienen esa calidad de antecedentes. El art. 248, de otra parte, no tiene que ver directamente con el debido proceso, sino con los derechos fundamentales al honor, al buen nombre o al habeas data, pues, se repite, la norma constitucional se refiere únicamente a "antecedentes".

En la Sentencia de la Corte Constitucional SU-1300/01, se evidencia que dentro de la comprensión del enriquecimiento ilícito de particulares como "delito derivado" que había hecho la Corte Constitucional en el fallo del 30 de marzo de 1993 y que siguieron sosteniendo los Magistrados Martínez y Gaviria, la determinación judicial de la ocurrencia del delito fuente es un requisito para la condena penal por el delito de enriquecimiento ilícito, pero no para su investigación.

La misma Corte, considera que la exigencia de la sentencia judicial condenatoria previa del delito del cual se deriva el enriquecimiento ilícito de particulares formulada en la sentencia de constitucionalidad de 1993, significaba que para la condena de una persona por este delito, se requería la existencia de una sentencia previa en la que se determine la ocurrencia del delito del cual se deriva el enriquecimiento, y no que la sentencia previa deba existir al momento de la comisión de los hechos que dan lugar a la imputación del delito de enriquecimiento ilícito.

Es decir, para que se tipifique el delito de enriquecimiento ilícito de particulares, aún dentro de la interpretación de la Corte en fallo, NO se requiere que la persona de la cual se recibe el dinero, los bienes o servicios que constituyen el enriquecimiento, esté condenada penalmente por un delito, verbigracia el de narcotráfico, en el momento en que se obtenga el incremento patrimonial no justificado.

Por lo tanto, el delito de enriquecimiento, resulta ser un delito especial y autónomo, pues describe un modelo de comportamiento al que puede adecuarse en forma directa o inmediata la conducta del actor, sin necesidad de recurrir a otro tipo penal ni a otro ordenamiento jurídico, y menos esperar un fallo previo de otro sujeto por otro delito.

El objeto jurídico tutelado en el enriquecimiento ilícito es de orden constitucional, la moral pública y en manera alguna puede condicionarse su independencia a la ocurrencia de otro comportamiento delictivo que difiere en el objeto jurídico tutelado, como lo es, por ejemplo, el narcotráfico, donde otro es el sujeto activo. La ilicitud del comportamiento en el enriquecimiento ilícito de particulares, proviene pues de la conducta misma del sindicado de este delito y no de la condena concreta que por otro delito se les haya impuesto a terceras personas.

En Sentencia C-319/96, la corte constitucional, manifestó que el delito de enriquecimiento ilícito es pues, así, un delito que tiene autonomía de rango constitucional, en cuanto a su existencia, y que no puede, siendo por esto que ha de entenderse como subsidiario, al menos cuando se trata de sujetos indeterminados.

Desde el punto de vista del derecho comparado, pareciere exótico el que una Constitución se ocupe específicamente de un determinado delito, como lo hace en este caso la de Colombia con el enriquecimiento ilícito. Pero no debe olvidarse que las constituciones y en general cualquier norma, deben amoldarse a las exigencias que plantean las realidades sociales, políticas, económicas o culturales de una determinada sociedad, atendiendo a las circunstancias cambiantes de los tiempos.

La Constitución prefigura el delito de enriquecimiento ilícito y mal pueden entonces, considerarse inconstitucionales las leyes que, en perfecta consonancia con ella y con su filosofía, sancionan penalmente las conductas que lo evidencian.

Sin embargo, autores Raúl F., CÁRDENAS RIOSECO, Elisur ARTEAGA NAVA y Enrique DÍAZ ARANDA, entre otros, consideran que el delito de enriquecimiento ilícito, presenta las deficiencias siguientes:

"1) La redacción del ilícito penal carece de claridad, no es precisa ni es exacta, no define una conducta, sino sólo un resultado, no es comprensible para los destinatarios de la norma y, por ello, atenta contra el principio de seguridad jurídica.

2. Viola el principio de inocencia y establece la inversión en la carga de la prueba.

3. Viola la garantía de la no autoincriminación.
4. Crea un delito de sospecha y con ello transgrede el principio in dubio pro reo.
5. Al hacer una remisión a las responsabilidades de los servidores públicos, que como normas de complemento no regula absolutamente nada al respecto, crea un tipo penal en blanco.
6. Atenta contra el principio acusatorio.
7. Atenta contra el principio de legalidad que se desprende del contexto de la normatividad que reconoce los derechos individuales.
8. Para efectos de la prescripción al ser de ejecución instantánea y no permanente en cuanto a lo enriquecido permite que una vez prescrita la acción penal dichos frutos que corresponden a un árbol prohibido sigan produciendo de los mismos frutos, pues con dichos dineros es posible aumentarlos ahora sí legalmente".

La definición de los comportamientos punibles, por la complejidad de los problemas que pretenden afrontar, requiere en la mayoría de las veces de la utilización de elementos normativos y de ultra finalidades con el fin de precisar el modelo de la conducta prohibida, la finalidad del comportamiento y el sentido de la prohibición, dentro de propuestas que se podría decir son afines con nociones teleológico valorativas del tipo penal.

El de enriquecimiento ilícito de particulares al igual que el de los servidores públicos, corresponde a ese modelo, pues el ingrediente normativo relacionado con la noción de "incremento patrimonial no justificado, derivado en una u otra forma de actividades delictivas", más que una referencia a un aspecto cuantitativo se constituye en un criterio normativo de valoración para determinar la manera como se construye un patrimonio ilegal y la incidencia de ese comportamiento en la configuración del orden económico social.

Por ello es que en ningún momento la descripción típica demanda la fijación de un monto específico para deducir su comisión, pues la conducta que caracteriza el supuesto de hecho del enriquecimiento ilícito se agota en la obtención, para sí o para otro, de incremento patrimonial injustificado derivado de actividades delictivas, lo cual delimita el problema de la imputación, no en la cantidad en la cual se infla el patrimonio, sino en el hecho de percibirse un aumento patrimonial con recursos de origen ilegal.

De otro modo se llegaría al absurdo, que de resultar imposible precisar el monto de ese crecimiento, como usualmente ocurre por tratarse de actividades clandestinas carentes de registro, la conducta resulte atípica, como si el eje de la figura estuviera cifrado más en el aspecto cuantitativo que en el cualitativo.

Respecto del delito de enriquecimiento ilícito de particulares, luego de transcribir la norma que describe el comportamiento, la Corte puntualizó lo siguiente:

> "Hasta aquí, se puede llegar a unas conclusiones previas:
>
> "En primer lugar, como se percibe en la trascripción, la cuantía del incremento injustificado no forma parte de la definición típica.
>
> "En segundo lugar, la cuantía del delito es indiferente para su estructuración típica. Mientras afecte el bien jurídico, esa afectación puede ser baja o alta.
>
> "En tercer lugar, en ninguna parte el ordenamiento penal prevé el monto de lo injustamente obtenido como causal específica de agravación del delito de enriquecimiento ilícito de particulares"[2].

De modo, que la configuración del tipo penal de enriquecimiento ilícito de particulares reside en la acreditación real y efectiva de la acción de percibir recursos que acrecen un capital existente y que tienen procedencia ilícita, lo cual constituye un atentado contra el orden económico y social en la medida en que la introducción de esos capitales en una situación concreta como sucedió en este caso con la financiación de una campaña electoral, generó desajustes graves para la relación social fundamental, al desequilibrar las condiciones socio económicas en las cuales se intervino en ese proceso.

En ese orden de ideas, no cabe duda que costearse la participación en un evento democrático como el de elección popular con recursos provenientes de actividades ilícitas tiene una profunda significación jurídica, la cual se traduce justamente en la afectación del bien jurídico del orden económico y social en cuanto se desnivelan las circunstancias de igualdad, pulcritud, legalidad y legitimidad que deben gobernar el desarrollo de ese proceso democrático, maculado por la circulación de capitales provenientes de actividades ilícitas y puestos en beneficio de una causa particular, lo cual no solamente afecta las reglas socioeconómicas que rigen el funcionamiento del sistema sino que además colocan en una posición de predominio sobre los demás, a quién se vio favorecido con el delito en emolumentos.

La doctrina, al conceptualizar el tema del bien jurídico del orden económico y social explica claramente cuál es su contenido, y así ha sido planteada su noción:

---

2 CORTE SUPREMA DE JUSTICIA, sentencia de 10 de septiembre de 2001, radicado 14146

"De ahí que sea básico reconocer que lo que define el hecho criminal socioeconómico no es sólo una cuestión cuantitativa, sino un elemento material, constituido por el abuso de una posición de poder en las relaciones socioeconómicas; es en virtud de ella que el sujeto tiene capacidad para interferir en las reglas económicas que en un Estado social y democrático de derecho han de estar al servicio de todos y no sólo de algunos. Lo puramente cuantitativo no logra expresar esta realidad, pues ciertamente puede haber una estafa cuantitativamente voluminosa, que no constituya necesariamente un delito económico.

"Hay en esta materia una confusión entre el bien jurídico protegido en el delito socioeconómico y aquél de los delitos patrimoniales. La gravedad del hecho tiende a plantearse en uno y en otro caso desde una perspectiva puramente cuantitativa, con lo cual no se puede, en definitiva, establecer una diferenciación entre delito socioeconómico y delito patrimonial. De ahí la ambigüedad existente en esta materia entre los diferentes autores y la dificultad que encuentran para situar un determinado delito en uno u otro ámbito...". "En el planteamiento socioeconómico hay una falta de determinación de los ámbitos macro y microsocial, el primero está en conexión con el funcionamiento del sistema y el segundo con las bases y condiciones de existencia del mismo. Por lo tanto la diferenciación es sustancial y no sólo formal. El delito socioeconómico ataca un bien jurídico colectivo, es decir, doblemente público; no sólo está en relación al interés de todos, sino además al servicio de todos (el sujeto pasivo es la colectividad y no el individuo).

"De ahí la importancia de fijar con claridad el bien jurídico en los delitos socioeconómicos. Lo protegido es el conjunto de reglas económicas que configuran un determinado orden económico del Estado, que resulta fundamental para la satisfacción de todos los miembros del sistema. Se trata de una relación macrosocial, en la que participan todos los miembros del sistema y que puede ser alterada en virtud de la posición de poder de uno o de algunos de ellos en perjuicio de los demás"[3].

La interpretación constitucional contenida en la sentencia C-127 de 1993, la cual condicionaba la tipicidad del delito de enriquecimiento ilícito de particulares a la previa declaratoria de responsabilidad penal, fue reconsiderada como ya se dijo por la hermenéutica posterior contenida en fallo C-319 de 1996, por cuyo medio no se hacía menester que previamente la persona hubiere sido condenada por algún ilícito fruto del cual hubiere incrementado su patrimonio económico, para luego entonces concebirlo como delito autónomo.

En la sentencia en mención, al resolver la acción pública de inconstitucionalidad promovida contra los art. 148 del Código Penal y 1º del Decreto 1895 de 1989,

---

3 Bustos Ramírez Juan. *Manual de Derecho Penal, Parte Especial.* Barcelona: Editorial Ariel, 1991. pp. 265 y 266.

advirtió, respecto de la expresión "derivado, en una u otra forma, de actividades delictivas", contenida en ambas disposiciones, "que en manera alguna debe interpretarse en el sentido de que deba provenir de un sujeto condenado previamente por el delito de narcotráfico o cualquier otro delito.

Recaba que no fue eso lo pretendido por el legislador; si ello hubiese sido así, lo hubiera estipulado expresamente. Lo que pretendió el legislador fue respetar el ámbito de competencia del juez, para que fuera él quien estableciera, de conformidad con los medios de prueba y frente a cada caso concreto, la ilicitud de la actividad y el grado de compromiso que tuviese con la ley el sujeto activo del delito".

Por ello la sentencia anterior de la corte en que consideraba al enriquecimiento ilícito como un delito subordinado a la existencia de otro y que fue replanteado con la 319/96, considera que dicha sentencia no tenía fuerza de cosa juzgada, pues además, la Corte Constitucional dentro de la facultad con la que cuenta para señalar los efectos de sus fallos de control constitucional, precisó ulteriormente que los conceptos contenidos en ella tenían esa naturaleza, precisando en el aludido fallo C-319 de 1996, lo siguiente:

> "...la Corte se ve precisada a reconsiderar el planteamiento hecho en la parte motiva de la Sentencia C-127 de 1993 ... Debe aclararse que no se trata en este caso de un cambio de jurisprudencia, por cuanto, por una parte, la decisión adoptada en esa providencia fue de exequibilidad de las normas acusadas, es decir del delito de enriquecimiento ilícito tal como estaba concebido en ellas y, por otra parte, el art. 48 de la Ley 270 de 1996, Estatutaria de la Administración de Justicia, que fue declarado exequible por esta Corte establece, respecto de las sentencias de la Corte proferidas en cumplimiento del control constitucional 'que sólo serán de obligatorio cumplimiento y con efecto erga omnes en su parte resolutiva', y que 'la parte motiva constituirá criterio auxiliar para la actividad judicial y para la aplicación de las normas de derecho en general'..."4.
>
> "El delito de enriquecimiento ilícito es pues, así, un delito que tiene autonomía de rango constitucional, en cuanto a su existencia, y que no puede, por tanto entenderse como subsidiario, al menos cuando se trata de sujetos indeterminados.
>
> El ingrediente normativo que contiene el enriquecimiento ilícito de particulares, según el cual el incremento patrimonial debe ser "derivado, en una u otra forma, de actividades delictivas", en manera alguna debe interpretarse en el sentido de que deba provenir de un sujeto condenado previamente por el delito de narcotráfico o cualquiera otro delito".

---

4 Este criterio fue reiterado posteriormente en la sentencia de unificación SU-047 de 1999, M.P. Carlos Gaviria Díaz y Alejandro Martínez Caballero.

En punto de establecer el lugar de comisión de la conducta punible existen tres teorías; la primera, denominada de la acción, dispone que el delito se entiende cometido en el sitio donde se realizó la acción con independencia del resultado. La segunda, llamada del resultado, asume que el ilícito fue cometido en el lugar donde se concretó el resultado exigido en el tipo penal. Y, la tercera, denominada mixta o la de la ubicuidad, supone que el delito se cometió de manera indistinta donde tuvo lugar la acción, donde se desarrolló o ejecutó, o donde finalmente se consumó o produjo el resultado.

Cuando se trata de enriquecimiento ilícito producido por intermedio de valores consignados en cheques, letras de cambio, acciones u otros semejantes, cheques, el antecedente jurisprudencial de Sala de Casación Penal de la Corte Suprema de Justicia, ha sido reiterativo en indicar que la mera recepción pura y simple de ese título valor constituye el incremento, por lo que el lugar donde se haya recibido físicamente es donde se acrece el patrimonio.

Ello por cuanto la naturaleza jurídica del cheque como instrumento comercial –ha dicho la Sala– es la de ser una orden incondicional de pago"[5]. Así también se colige que cuando se trata del delito de enriquecimiento ilícito de particulares que involucra títulos valores, es el de lugar en donde se llevó a cabo su entrega física y efectiva.

Sin embargo, es necesario precisar que dada la complejidad del tipo penal de enriquecimiento ilícito y especialmente porque se trata de un delito de resultado es también admisible pregonar que la acción se extiende, en el caso de los cheques, a partir del momento en que son girados hasta cuando en forma efectiva se obtiene el acrecentamiento económico injustificado.

La copiosa jurisprudencia existente en el tema, así como la de constitucionalidad de la norma del enriquecimiento ilícito entonces, han clarificado que no se requiere sentencia previa para demostrar el origen ilícito de los dineros, pero no por eso puede negarse la necesidad de establecer la existencia de conducta punible previa que dé génesis a la atribución de incremento patrimonial injustificado. a) Que exista incremento patrimonial no justificado del procesado, y, b) Que el mismo provenga de una u otra forma de actividades delictivas.

Es así como también la Sala Penal de la H. Corte Suprema de Justicia ha precisado que el ingrediente normativo que contiene el tipo al que se hace

---

[5] Auto del 12 de marzo de 2002; M.P. Carlos E. Mejía Escobar. RAD. 19124 y, en el mismo sentido, providencias del 20 de junio de 2001; M.P. Álvaro Orlando Pérez Pinzón y del 19 de junio de 2003; M.P. Herman Galán Castellanos. Rad. 18483.

referencia, según el cual el incremento patrimonial debe ser "derivado de actividades delictivas", no puede interpretarse en el sentido de que debe provenir de una persona condenada por el delito subyacente, pues el legislador hizo la distinción refiriéndose únicamente a la "actividad", dejando en manos del juzgador la valoración sobre si es delictiva o no, independientemente de que por ese comportamiento resulte alguien condenado[6].

Frente a este tópico en particular la Alta Corporación precisó:

> "Se trata de una conducta punible cuyo carácter es autónomo y que en relación a los ingredientes normativos que hacen parte de su descripción típica se vincula con los derechos y obligaciones de naturaleza económica que ingresan al haber patrimonial del particular mediante una relación jurídica contraria a derecho.
>
> Asimismo a partir de las sentencias constitucionales C-127 de 1993 y C-037 de 1996, en especial de la última se ha entendido que cuando el tipo penal alude a que el incremento patrimonial debe derivarse de actividades delictivas, de modo alguno puede colegirse que para su estructuración típica se requiera la existencia de una condena previa por un delito determinado, pues la referencia que hace el precepto es a una "actividad" de ese carácter que difiere del concepto de antecedente judicial.
>
> De ahí que se haya afirmado que es al juez a quien le corresponde entrar a valorar o determinar si la actividad es delictiva o no, sin que en esa labor sea necesario establecer si por dicha conducta alguien ha sido condenado[7].

En ese orden de ideas, de los extractos jurisprudenciales antes reseñados concluye la Corte, que en el delito de enriquecimiento ilícito de particulares es indiferente cuáles sean las actividades delictivas fuente del incremento patrimonial injustificado. Lo importante es que exista prueba acerca de la incursión en éstas de las cuales provenga el patrimonio ilícito.

Para efectos de la prescripción de la acción penal, la conducta de enriquecimiento ilícito, si bien de ejecución instantánea, se cometió en actos progresivos, circunstancia que comporta que el último hecho, que marca el límite para contabilizar el periodo prescriptivo.

Mucha discusión se ha suscitado frente a si es un delito de resultado, de ejecución instantánea o lo es permanente o de estado permanente. Los que aluden a que es de resulta ser una conducta punible de "ejecución permanente"

---

6 CORTE SUPREMA DE JUSTICIA, Sala de casación penal, sentencia del 14 de junio de 1996, radicado 10467. M.P. Ricardo Calvete Rangel.

7 CORTE SUPREMA DE JUSTICIA, Sala de casación penal, sentencia del 7 de julio de 2006, radicado 24679. M.P. Alfredo Gómez Quintero.

respaldan su posición en el hecho que el incremento patrimonial injustificado no tiene comienzo ni tiene fin (excepción en los casos en que lo injustificadamente acrecentado perece se extingue o se gasta), pues en el transcurso del tiempo continúa generando beneficios y frutos indebidos, ya fuere a la persona misma autor del ilícito o a los testaferros y que solamente si dicho tiempo máximo de pena transcurre, o sea que no se haya podido determinar su origen al momento del cierre de la investigación penal o quede ejecutoriado el calificatorio, y el tiempo transcurrido sin definición judicial supere la mitad del máximo de la pena a imponer prescribiría.

Sin embargo para éste autor, la disidencia se produce en las profundas confusiones que se producen al estudiar la clasificación de los delitos de ejecución instantánea con efectos permanentes *o de estado permanente* y los delitos de ejecución permanente, al concluirse que si bien el ultimo hecho de acrecentar injustificadamente el patrimonio particular se da en determinad fecha u época, sus efectos se vuelven permanentes ya que dicho aprovechamiento subsiste en el espacio del tiempo a cuando perecen o se extinguen por el crédito, uso o despilfarro de los mismos por haber estado generando provechos y frutos ilegales a sus testaferros. Se asimila ello al aspecto probatorio y el fruto del árbol envenenado que la excluye por su proveniencia.

Una cosa es el delito de ejecución instantánea, como cuando se viola una habitación ajena o un lugar de trabajo o se impide una comunicación privada u omita un deber legal y otra debe ser entendido los delitos instantáneos con efectos permanentes, que no son producto de un equivocado razonamiento, sino que corresponden a una noción acuñada de antiguo por la doctrina, (Cfr., entre otros, Manzinni Vincenzo, *Tratado de Derecho Penal*, Tomo II, Capítulo IX), y aceptada por la jurisprudencia de la Corte (Cfr. Auto de mayo 5/94, entre otros), que se identifica, de algún modo, con los llamados hoy día delitos de estado, caracterizados porque se consuman con la producción del resultado, pero crean un estado antijurídico que se proyecta en el tiempo, como ocurre con los delitos de bigamia, falsedad, homicidio, hurto (Cfr. Claus Roxin, *Derecho Penal, Parte General*, Tomo I, Sección 3ª; Hans.

Nuestra corte Suprema de Justicia en Radicado 27622 de marzo 12 de 2008 M.P. Augusto J. Ibáñez, precisó, que en lo relativo a la prescripción cuando se hace referencia al enriquecimiento ilícito de servidor público, resulta perfectamente aplicable al denominado "de particulares", como que en el punto tratado las dos conductas son idénticas y con respecto al delito de enriquecimiento ilícito, aludió que pertenece a la categoría de llamados delitos instantáneos con efectos permanentes ya que la consumación en el delito permanente es indefinida, la conducta antijurídica se mantiene en el tiempo en la medida que el tipo penal continúa realizándose hasta que interviene alguna causa que hace cesar su permanencia, siendo a partir de esa cesación de donde empieza a contarse el término prescriptivo; ejemplo la detención arbitraria, el concierto para delinquir, el secuestro.

Es que, contrario al delito permanente, aparecen los delitos instantáneos, que son aquellos en los cuales la lesión al bien jurídico se concreta en un solo momento, tales como la estafa, el peculado, el homicidio, aclarándose en relación con este último ilícito, que la permanencia de su efecto (muerte) no le quita su carácter de instantáneo.

Sostiene posteriormente la Corte en sede penal, que:

> ***En relación con el delito de enriquecimiento ilícito de servidor público, ha sido ya dicho repetidamente por la Sala que pertenece a la categoría de los llamados delitos de resultado, de realización libre y acción instantánea o progresiva, en cuanto puede ser ejecutado a través de un solo acto, o de una sucesión de actos parciales finalísticamente orientados hacia la obtención del resultado típico (Cfr. Auto de 15 de octubre de 1998, Magistrado Ponente doctor Arboleda Ripoll), de suerte que el momento o período de comisión del hecho punible, y sus implicaciones en la prescripción de la acción penal, dependerán de la modalidad de la conducta en cada caso concreto. Si se trata de un solo acto, el período de prescripción de la acción penal deberá contabilizarse desde el momento de su realización. Si son varios, deberá serlo a partir del último; y, si no ha sido posible determinarlo por tratarse de una acción progresiva no delimitada, como ocurrió en el presente caso, el tiempo de prescripción deberá contarse desde cuando el servidor público hace dejación del cargo***"[8]. (El resalte en negrillas es del autor).

De lo anterior se concluye que, siendo la conducta de enriquecimiento ilícito, de ejecución instantánea y se cometa en actos progresivos, dicha circunstancia lo circunscribe que sea el último hecho el que lo consuma, marcando el límite para contabilizar el periodo prescriptivo, no importando que el provecho se siga incrementando o permanezca en el tiempo, pues lo que se busca es despojarlo de dicho provecho, por lo que si a una persona se le vincula por este delito lo primero que se le persigue es la extinción de dominio de sus bienes lo que le quitará el carácter de su estado permanente y como dicha carga de prueba lo es del Estado, en caso que logre esconder algunos y con posterioridad se le quiera investigar nuevamente comprobándose que la adquisición de los mismos

[8] Sentencia de casación del 7 de octubre de 1999, radicado 15.490.

se produjo en un tiempo anterior al que fue investigado o que ya se encuentre prescrito, tendrá el derecho a exigir el amparo de la cosa juzgada.

5. ENRIQUECIMIENTO ILÍCITO DE SERVIDOR PÚBLICO

Su tipificación se ha venido circunscribiendo a los tratados firmados por Colombia, como lo son la Convención Interamericana contra la Corrupción de la Organización de los Estados Americanos, suscrita en Caracas, el 29 de marzo de 1996 y en vigor desde el 6 de marzo de 1997. Su importancia data de ser el primer instrumento que sienta las bases de la cooperación entre países con el fin de prevenir, detectar y sancionar la corrupción en el ejercicio de las funciones públicas.

Así tenemos que, el primer país que tipificó y sancionó penalmente el enriquecimiento ilícito fue Paraguay. En su artículo primero del Decreto 448 del 18 de marzo de 1940, preveía la imposición de una pena para todo funcionario o empleado público que se enriqueciera directamente o por persona interpuesta por el ejercicio ilegal o deshonesto de su cargo o de la influencia derivada del mismo. Esta iniciativa fue seguida por Argentina que introdujo el art. 268 en el Código penal del 18 de noviembre de 1964.

El Código Penal colombiano, lo consagró en el Decreto Ley 100 de 1980, el enriquecimiento ilícito de servidores públicos así:

> *Art. 148.* El empleado oficial que por razón del cargo o de sus funciones, obtenga incremento patrimonial no justificado, siempre que el hecho no constituya otro delito, incurrirá en prisión de uno (1) a ocho (8) años, multa de veinte mil a dos millones de pesos e interdicción de derechos y funciones públicas de dos (2) a diez (10) años.
>
> En la misma pena incurrirá la persona interpuesta para disimular el incremento patrimonial no justificado.

El art. 26 de la Ley 190 de 1995, incrementó la pena en su mínimo, sancionándolo con prisión de dos (2) a ocho (8) años, multa equivalente al valor enriquecimiento e interdicción de derechos y funciones públicas por el mismo término de la pena principal.

La Ley 599 de 2000, en su art. 412, recoge este ilícito de la siguiente manera:

> *Art. 412. Enriquecimiento ilícito.* Modificado por el art. 29, Ley 1474 de 2011, Modificado por el art. 33, Ley 1474 de 2011. El servidor público que durante su vinculación con la administración, o quien haya desempeñado funciones

> públicas y en los dos años siguientes a su desvinculación, obtenga, para sí o para otro, incremento patrimonial injustificado, siempre que la conducta no constituya otro delito, incurrirá en prisión de seis (6) a diez (10) años, multa equivalente al doble del valor del enriquecimiento sin que supere el equivalente a cincuenta mil (50.000) salarios mínimos legales mensuales vigentes, e inhabilitación para el ejercicio de derechos y funciones públicas de seis (6) a diez (10) años.

Así las cosas, se trata de un sujeto activo calificado, servidor público, al que más adelante estudiaremos, teniendo como sujeto pasivo el Estado en aras de ser el titular del bien jurídicamente protegido de la administración pública. Se trata de un ilícito que puede concursar con otros delitos como el concierto para delinquir, el tráfico de influencias, la concusión, el cohecho, revelación de secretos, etc.

Es que cuando el acrecimiento del patrimonio del servidor público, se erige sobre las influencias derivadas del cargo o la función, ello inhibe el carácter subsidiario del delito de enriquecimiento ilícito de servidor público que prevé el legislador en ese tipo penal, y lo muestran en este caso autónomo e independiente, pues una cosa es traficar con las influencias derivadas del cargo o la función y otra distinta consolidar un incremento injustificado de su patrimonio.

Así también, cuando por la influencia se recibe el dinero como pago, compensación o remuneración de la ilícita gestión, se genera, además, una afrenta autónoma e independiente al interés tutelado y, desplaza el carácter subsidiario del delito de enriquecimiento ilícito, de ahí que se presente la modalidad concursal.

Ello se ratifica en que el tipo penal de tráfico de influencias no requiere para su estructuración de remuneración o lucro, pues indistintamente que se reciba o no un beneficio económico, el comportamiento delictivo se consuma en el mismo instante en que se utiliza indebidamente la influencia. Igual sucede con los demás ilícitos que hemos registrado como concursales.

Diferente resulta en una apropiación indebida de lucro, producto de un interés ilícito de contrato o cuando éste se ha llevado a cabo sin cumplimiento de requisitos legales, en donde el Peculado por Apropiación, se impone al enriquecimiento ilícito y no concursaría con éste, dada la reacción normativa para este último, y que dentro del peculado ya se consagra la apropiación indebida.

En su estudio "El bien jurídico protegido en el delito de Enriquecimiento ilícito", el Dr. Edwin Lévano Gamarra, Abogado, egresado en Maestría en Ciencias Penales y Doctorado de la Universidad Nacional Mayor de San Marcos; en la doctrina extranjera (fundamentalmente Argentina y Colombia) no existe uniformidad respecto a la determinación del bien jurídico tutelado por la norma penal relativa al delito de enriquecimiento ilícito, esto obviamente en consonancia con la propia estructuración de sus respectivos tipos penales y la opción político criminal asumida, aunque la tendencia mayoritaria considera que el bien jurídico del delito de enriquecimiento ilícito es *"la administración pública, en el sentido del resguardo frente al lucro y a la codicia corruptora de sus funcionarios y empleados"*; así tenemos que Creus, al respecto sostiene que con el citado delito *"esos aumentos patrimoniales prevaliéndose de la condición de se trata de prevenir conductas anormales que persigan el logro de funcionario por parte del agente"*.

Refiere el autor que, Sancinetti, sin determinar o especificar el bien jurídico tutelado por esta norma penal, critica la postura anterior y más bien se refiere a la naturaleza omisiva o comitiva de este delito y en función a esta consideración trata de determinar el objeto de tutela de la norma penal, pero siempre asumiendo una posición crítica respecto a la naturaleza y necesidad dentro del ordenamiento penal argentino.

Tomando en cuenta los criterios antes expuestos sin adoptarlas íntegramente la Justicia Argentina ha resuelto que la tutela de la ley en el caso del delito de enriquecimiento ilícito: *"(...) está dirigida a la protección de la* corrección en la administración pública *–en sentido de transparencia, gratuidad y probidad de la propia administración y de quienes representan–, (sostiene además) que la incriminación del incremento patrimonial apreciable e injustificado de los bienes del funcionario o empleado público durante la vigencia de la relación funcional o laboral, representa una conducta que afecta la imagen y el decoro que aquellos deben observar de acuerdo con razones de convivencia judicialmente irrevisables, lo que ha motivado su penalización; (...)"*.

Por su parte los colombianos no presentan mayor interés a la determinación del bien jurídico más allá de la consideración del mismo en la parte general de los delitos contra la administración pública, en la que consideran como bien jurídico protegido, a la funcionalidad de la administración pública, determinada por su eficacia, prontitud y oportunidad; incluyendo dentro de la esfera de protección de la administración Pública a la fidelidad y observancia de la legalidad por parte de sus integrantes; empero, algunos autores como Francisco Ferreira, han considerado que específicamente el delito de enriquecimiento ilícito pretende tutelar la moral pública; sin embargo, este criterio resultaría incorrecto, si tenemos en cuenta los argumentos en contra de la consideración de la moral como bien jurídico". (Hasta aquí la cita del autor).

Ello quiere decir, que si las pruebas aportadas al proceso permiten la Estructuración del delito de Enriquecimiento ilícito, o sea, deducir con certeza que el incremento fue fruto, por ejemplo, de un peculado, de un cohecho, etc., obviamente al servidor público se le condenará por el peculado, o por el cohecho, quedando excluido de su aplicación el enriquecimiento ilícito *–lex primaria derogat legi subsidiariae–*.

La propia denominación de la figura parece indicar que la conducta a reprimir sea precisamente esa, la de enriquecerse, pero, al margen de dicho aspecto formal, no hay duda de que la determinación de la conducta punible ha de venir condicionada por el bien jurídico que se estime vulnerado.

De este modo, y partiendo de que, al menos mediatamente se pretende proteger el buen funcionamiento de la Administración Pública, sin abuso del poder o desviación del mismo, dicho interés se resiente necesariamente cuando el servidor público hace un uso abyecto de la misma para obtener un beneficio indebido, pues justificar la procedencia del incremento patrimonial, la inobservancia de esta obligación deviene compatible con la existencia de otros delitos susceptibles de ser cometidos por el funcionario público, por lo que nada impediría la apreciación de subsunción o de un concurso de delitos entre éste y aquel otro del que pudiera proceder el enriquecimiento apreciado.

Caty VIDALES RODRÍGUEZ Universitat Jaume I Castellón en su obra *El delito de Enriquecimiento Ilícito*, refiere que: "la necesaria relación entre aprovechamiento y el ejercicio del cargo o desempeño de la función pública que, por otra parte, viene a reforzar el entendimiento de que lo que se pretende evitar es el empleo perverso e interesado de la función pública, supone dejar fuera del ámbito de lo punible toda aquella ventaja patrimonial que no derive de tal actividad, ni aun en el supuesto de que para su obtención haya habido un prevalimiento del mismo".

Es decir, atendidos el origen y el fundamento de este delito, parece que haya que concluirse que únicamente será susceptible de ser considerado objeto material del delito de enriquecimiento ilícito aquel incremento patrimonial que, además de cumplir el resto de exigencias que se explicitan en los diferentes tipos penales y que veremos seguidamente, esté directamente relacionado con el ejercicio del cargo o el desempeño de la función pública.

Esta restricción, operada atendiendo al origen y al fundamento de esta infracción, no tiene por qué significar que la tenencia de bienes de origen delictivo, pero de una naturaleza diferente, por parte del funcionario público haya de ser penalmente irrelevante; antes al contrario, será frecuente que haga nacer la responsabilidad penal, eso sí, a título de un delito distinto y, más concretamente y, en caso de darse las exigencias típicas, los delitos de encubrimiento, receptación o blanqueo o lavado de capitales.

En Colombia cualquier servidor público puede ser sujeto activo de este delito, el tipo penal de enriquecimiento ilícito no hace distinción de servidores públicos, pues si bien los servidores públicos son aquellos en los que debe surtirse un nombramiento, aceptación y posesión sean en provisionalidad, libre nombramiento, remoción, así como de carrera, lo son también aquellos que sean asimilados por cumplir funciones públicas de carácter transitoria o permanente ya fueren por contratación, auditoría, interventoría etc., en casos como contratos de concesión y prestación de servicios, exceptuándose los de obra y suministro.

La atribución de una función pública por parte del Estado al particular ha de estar expresa y taxativamente detallada en la ley con miras a respetar el principio de legalidad que se desprende de los art. 6° y 121 del texto superior. El cumplimiento de funciones administrativas por los particulares debe hacerse en los términos taxativos, precisos y específicos que señale la ley. Lo anterior, porque, la naturaleza de la competencia en materia de atribuciones y funciones públicas debe ser explícita, de forma tal que se respete el principio de legalidad, mediante el cual ninguna autoridad del Estado puede ejercer funciones distintas de las que le atribuyen la Constitución y la ley (art. 6º y 121 C.P.).

Es por eso que con ello se logra una certeza respecto de la labor que ejerce la persona que se encuentra desarrollando una actividad administrativa, lo que a su vez permite conocer con exactitud el alcance de su responsabilidad frente a la administración misma y frente a los asociados. Cuando al particular se le encomienda la prestación de una función pública, no por ello se convierte en funcionario estatal.

La consecuencia es que debe asumir las responsabilidades como éste en los ámbitos penal, disciplinario, fiscal o civil, siempre obviamente que para el ejercicio de las potestades inherentes al Estado medie una ley que lo haya habilitado para ello.

Si se trata de la prestación de servicio en manera alguna implica *per se* el ejercicio de una función pública y sólo puede entenderse que ésta va implícita cuando para ello se hace necesario el ejercicio de los poderes que le son propios al Estado que hayan sido atribuidos de manera expresa por el legislador al particular.

Frente a ello es indispensable destacar que, para llegar a dicha conclusión, se hace necesario establecer, en cada evento, si las funciones que debe prestar el particular por razón del acuerdo o de la contratación, consiste en desarrollar funciones públicas o simplemente se limita a realizar un acto material en el cual no se involucra la función pública propia del Estado, pues esa situación define su calidad de servidor público a partir del momento que suscriba el convenio.

La Sala penal de la Corte Suprema de Justicia en Colombia siendo Magistrada Ponente, la Dra. María Del ROSARIO GONZÁLEZ DE LEMOS, en sentencia del veinticuatro (24) de agosto de dos mil diez (2010), a este respecto precisó:

> "En síntesis, cuando el particular, con motivo de la contratación pública, asume funciones públicas propias del Estado, se encuentra cobijado con la investidura de servidor público. Por el contrario, cuando dicho particular presta sus servicios para ejecutar obras de utilidad pública u objetos similares, no pierde esa calidad, en la medida en que su labor constituye una utilidad pública por razón del servicio contratado y no una función pública".

Cuando el particular acude en el delito del servidor público, como determinador o cómplice (partícipes), sigue conservando su responsabilidad individual, solamente se alude a la figura del "interviniente", cuando se realiza el punible como coautor, por lo que para la ejecución del delito no obtiene rebaja alguna para los partícipes, y se le impone la pena consagrada para el mismo servidor público, pero si acude como coautor obtendrá una rebaja de la cuarta parte de la pena a imponer para el autor o servidor público.

En Colombia existe la declaración juramentada de bienes y Rentas y Actividad Económica Privada o Particular conocida en otros Países como declaración patrimonial de los Servidores Públicos, que resulta ser de carácter administrativo y representa una prueba documental plena que deberá ser valorada.

La valoración contiene lo lícitamente percibido por el servidor en el año inmediatamente anterior o previo a su posesión, ser anual, incluye su salario, gastos de representación, cesantías e intereses sobre la misma, arriendos, honorarios u otros ingresos y rentas, así como los bienes muebles e inmuebles que posea, estando sujeto a la comprobación que se le efectúe de hechos y circunstancias que indiquen un aumento o desproporción sustancial entre lo percibido por el servidor público con motivo de su empleo, cargo o comisión y lo que realmente cuenta en su haber patrimonial, que acredita el cuerpo del delito y la responsabilidad penal, que pueden ser desvirtuados por la demostración probatoria por parte del servidor público, en cuanto a la licitud del acrecentamiento del patrimonio. En razón a su clasificación por su independencia en la configuración del delito de enriquecimiento ilícito, este resulta ser como se vio anteriormente un tipo autónomo o independiente, de resultado, toda vez que se requiere un incremento en el patrimonio del sujeto activo, el sujeto pasivo es en sentido lato: *el Estado, pero* en sentido estricto o directo lo es la Administración Pública.

La conducta desplegada por el sujeto activo para lograr el enriquecimiento ilícito, puede llevarse a cabo mediante una acción u omisión por comisión.

La conducta típica consiste en incrementar ilícitamente el patrimonio, lo cual generalmente se realiza a través de una acción pero algunas veces puede ser por la sola omisión, resulta ser un delito de lesión, pues con el mismo se produce la violación y daño al bien jurídico de la administración Pública, por su duración debe considerarse un delito instantáneo y mono ofensivo. Resulta ser subsidiario cuando el agente no haya alcanzado a perfeccionar hecho punible diverso como puede ser Peculado, o cohecho.

La conducta a obtener se concreta en la efectiva y real consecución de un incremento patrimonial injustificado, lo cual es la resultante de la comparación entre el patrimonio que poseía al momento de comenzar el ejercicio de sus funciones públicas y las que al momento tiene, o al finalizar su relación con la administración pública.

Se trata de un ilícito de comisión dolosa o sea con voluntad y conocimiento producto de deliberación y aceptación, no descrito como culposos, se obtiene el incremento sin que se pueda acreditar el legítimo aumento o legítima procedencia, como se manifestó anteriormente no es posible hablar de tentativa, pues dada la naturaleza del delito, se entiende que cuando el sujeto activo comienza a realizar actos para enriquecerse y no logra consumarse, podría estar llevando a cabo acciones de un delito diverso, como lo puede ser delito o tentativa de peculado, cohecho, concusión, entre otros.

La Corte, en diversas oportunidades y ocupándose tanto de la conducta de enriquecimiento ilícito de servidores públicos como de particulares, ha enfatizado que la fijación del monto específico no constituye un elemento básico de la estructura del tipo penal; así lo ha expresado:

> "El tipo penal de enriquecimiento ilícito por el cual se produjo el llamamiento a juicio describe la conducta diciendo que el "servidor público que por razón del cargo o de sus funciones obtenga incremento patrimonial no justificado", concepto que comprende todo ingreso de bienes al patrimonio de una persona, ya sean muebles o inmuebles, y desde luego dinero en efectivo o en títulos valores, independientemente de que con ellos logre una solvencia económica..."
>
> "Si el tipo se entendiera en sentido abstracto, esto es, que el enriquecimiento solo se presenta cuando el servidor público maneje sumas que desborden su capacidad económica en atención al patrimonio total que posee, se generaría una especie de salvo conducto para obtener ingresos ilícitos hasta un monto que de acuerdo con su capital no resulte desproporcionado, con lo cual, además, los funcionarios más pudientes tendrían un mayor campo de acción indebida que los más pobres. Como es lógico la interpretación correcta no es esa sino la contraria, es decir, independientemente de la riqueza que tenga un servidor público, si se prueba que a su favor ingresaron dineros que no están

justificados, cualquiera sea la cuantía, es aplicable la norma que tipifica el enriquecimiento ilícito"[9].

El delito de enriquecimiento ilícito difícilmente puede presentar causas de justificación, no obstante que el tipo penal alude a la acreditación de la legalidad del origen de los bienes, pues tal acreditación o justificación del enriquecimiento que se hiciera, no constituirá una causa de exclusión de la Antijuridicidad, sino más bien una causa de atipicidad, ya que si el enriquecimiento es legal, lo que se elimina es el tipo, y no la antijuridicidad, como lo sería el hecho que un servidor público acredita que su incremento patrimonial fue producto de un legado o una herencia o de un premio de lotería, no se trata del ejercicio de un derecho, sino que su conducta no es típica, en virtud de que su enriquecimiento fue legítimo.

El problema que presenta el enriquecimiento ilícito, en gran medida radica la dificultad en la prueba, sin embargo se reitera, este delito es consecuencia de los delitos cometidos por servidores públicos, como son el cohecho, peculado, concusión, etcétera; no probados para salvar la dificultad, lo más diligente consiste en crear una figura fundada en la presunción de ilicitud del enriquecimiento, contra el que no pruebe la corrección del incremento patrimonial.

Esto en cierto modo agrieta la estructuración del delito de enriquecimiento ilícito de servidor público, porque para la realización típica de este hecho punible es condición insustituible que exista relación causal entre el incremento indebido y la función o el cargo, y este nexo, de acuerdo con los hechos que sirven de fundamento a la decisión de condena.

Además de esta exigencia, para la configuración de este ilícito es necesario que la actividad que da origen el acrecimiento patrimonial no se conozca, porque este tipo penal, como ya se dejó expuesto en el acápite precedente, sólo opera cuando se sabe que los recursos provienen de un delito cometido por razón del cargo o con ocasión del ejercicio de sus funciones, pero se desconoce, en concreto, la actividad que los origina.

Se considera subsidiario porque la misma norma efectúa dicha remisión con carácter legal. El art. 148 del Decreto 100 de 1980, modificado por el 26 de la Ley 190 de 1995 (norma vigente cuando ocurrieron los hechos), que elevó a la categoría de delito, bajo la nominación de *enriquecimiento ilícito,* la conducta del servidor público que "por razón del cargo o de sus funciones, obtenga incremento patrimonial no justificado, siempre que el hecho no constituya otro delito".

---

9 CORTE SUPREMA DE JUSTICIA, sentencia de 31 de julio de 1997, radicado 7830.

De acuerdo con esta descripción típica, son elementos estructurales de la conducta delictiva los siguientes, (i) que el sujeto activo sea un servidor público, (ii) que su patrimonio registre un incremento patrimonial, (iii) que este acrecimiento patrimonial carezca de justificación, (iv) que exista nexo causal entre el desempeño del cargo o el ejercicio de la función y el aumento del patrimonio, y (v) que el hecho no constituya otro delito.

Los dos primeros presupuestos (que el sujeto activo sea un servidor público y que su patrimonio registre un aumento) no revisten mayores dificultades para su entendimiento. El primero significa que el delito sólo puede ser cometido por un servidor público en ejercicio del cargo o de las funciones inherentes al mismo, y el segundo, que debe probarse un aumento desproporcionado de su patrimonio económico durante el tiempo que estuvo al servicio de la administración pública[10].

La diferencia patrimonial a que se refiere el segundo elemento, no necesariamente debe reflejarse en el aumento de los activos.

La Corte ha dicho que también existe incremento de riqueza cuando se evidencia disminución de los pasivos, o se generan gastos exagerados, que no resultan acordes con los ingresos salariales, ni con las actividades particulares lícitas que el funcionario desarrolla[11].

La condición normativa consistente en que el acrecimiento patrimonial carezca de justificación, significa que las entradas adicionales o diferencias que se advierten en el patrimonio no hallan explicación plausible en la remuneración percibida por el servidor público en el desempeño del cargo, ni en las utilidades obtenidas con ocasión del ejercicio de actividades o negocios particulares lícitos, ni en sus rendimientos[12].

La existencia de nexo causal entre el cargo público y el enriquecimiento no justificado, implica acreditar que el aumento patrimonial proviene del ejercicio del cargo o de la función pública, pero no saber, con precisión, el tipo de actividad vinculada con el ejercicio de la actividad funcional, o relacionada con el desempeño del cargo, que alimenta en concreto los ingresos extras[13].

El último presupuesto, consistente en que la tipicidad de este ilícito sólo opera cuando *el hecho no constituya otro delito,* define el carácter subsidiario

---

[10] El artículo 412 de la Ley 599 de 2000, que tipifica actualmente la misma conducta, extiende hasta dos años después de la dejación del cargo, la actividad delictual.

[11] Cfr. C.S.J. Única instancia 11507, Auto de 29 de julio de 1998, entre otros.

[12] Cfr. C.S.J. Única instancia 11507, Auto de 11 de febrero y 29 de julio de 1998.

[13] Cfr. C.S.J. Casación 7906, Sentencia de 29 de octubre de 1993.

del tipo, particularidad que en criterio reiterado de la Corte no busca solucionar eventuales conflictos aparentes de tipos, como de ordinario ocurre, sino impedir que por falta de determinación del origen específico del incremento, el atentado contra la administración pública pueda quedar en la impunidad.

Frente a este último elemento la Corte Suprema en sede penal precisó:

> "Singularizado el caso del enriquecimiento ilícito, de tiempo atrás tenía ya precisado por su parte la doctrina que la subsidiariedad en él '*...opera de modo diverso, por cuanto en estricto sentido no se trata de que el hecho no constituya otro delito, sino de que no aparezca demostrada en concreto la comisión de uno o varios delitos cumplidos en el ejercicio del cargo*' (Luis Enrique ALDANA ROZO, El Catedrático, el Procurador, el Magistrado, Editorial Universidad Externado de Colombia, 1987, p. 94)"[14].

En idéntico sentido se pronunció la Corte en decisión de 21 de noviembre de 1990[15], oportunidad en la cual hizo las siguientes precisiones sobre el punto:

> "Pertinente es aclarar, como lo hace el Magistrado Aldana Rozo en el estudio transcrito por la Delegada, que este carácter subsidiario que se le dio al punible, no fue para solucionar posibles conflictos aparentes de tipos, como con frecuencia lo hace el legislador, sino para impedir que por falta de precisión probatoria quedara en la impunidad cualquiera de los otros delitos contra la administración pública.
>
> "Es decir, que si se demuestra que un empleado oficial se enriqueció injustificadamente por razón de su cargo o de las funciones propias de éste, pero la prueba no permite establecer con precisión si el incremento patrimonial fue producto de un peculado, de un cohecho, de una concusión, etc., habría necesidad de absolverlo si no existiera en el Código la figura del enriquecimiento ilícito, concebida precisamente para suplir esta falta de precisión probatoria.
>
> "Porque si la prueba permite deducir con certeza que el incremento patrimonial fue el fruto de un peculado, de un cohecho, etc., pues obviamente al empleado oficial se le condenará por el peculado, o por el cohecho, o por el delito contra la administración pública que con precisión se hubiere establecido"[16].

Siendo este el alcance en el cual la doctrina de la Corte ha entendido el carácter subsidiario que ostenta el tipo penal que describe el enriquecimiento ilícito de servidor público, la conclusión que se sigue es que su tipificación

---

14 C.S.J. ibídem.

15 Apartes de esta decisión aparecen transcritos en la Sentencia de 29 de octubre de 1993.

16 C.S.J., Segunda instancia 5007. Sentencia de 21 de noviembre de 1990.

sólo es posible cuando probatoriamente no logra establecerse la actividad que en concreto da origen al incremento patrimonial injustificado, pero la prueba muestra como causa cierta o próxima del mismo, el desempeño del cargo o el ejercicio de la función.

En contraposición, si el origen del acrecimiento patrimonial se conoce, o lo que es igual, si la prueba establece que los recursos provienen de una fuente determinada, el juicio de tipicidad debe descartar de plano la hipótesis delictiva del enriquecimiento ilícito, pues en este caso, la conducta derivará necesariamente en la comisión de un delito autónomo, o en su atipicidad, cuando el hecho, de suyo, no estructure ilicitud penal alguna.

Si la investigación establece, por ejemplo, que el incremento proviene de la apropiación de fondos que estaban bajo el cuidado del funcionario, o de exigencias dinerarias a los usuarios para la realización de actos propios del cargo, o de actividades del narcotráfico, se estructurará, en su orden, un delito de peculado, uno de concusión, o uno de tráfico de influencias, según cada caso.

Pero si la actuación prueba que el incremento proviene de actividades que de suyo no son constitutivas de delito, la conducta será atípica, porque la subsidiariedad de la norma que describe el enriquecimiento ilícito de servidor público no tiene por objeto sancionar supletoriamente los incrementos patrimoniales indebidos que no encuentren adecuación en otro tipo penal, sino sólo los que provienen del ejercicio del cargo o de la función, en los que la actividad específica que los origina no ha logrado determinarse probatoriamente, por lo que no se trata de que el hecho no constituya otro delito, sino de que no aparezca demostrada en concreto la comisión de uno o varios delitos cumplidos en ejercicio del cargo.

La calidad de subsidiario del tipo penal de enriquecimiento ilícito no significa que '*la conducta fuente*' no constituya delito, sino que –cosa muy diferente– de su naturaleza delictiva no exista prueba a la hora de fallar el proceso por el injustificado incremento patrimonial. De allí que la subsidiariedad del enriquecimiento ilícito no descarta que, una vez emitido el fallo condenatorio, no pueda investigarse y fallarse respecto de la '*conducta fuente*', en caso de que surja prueba sobre su tipicidad. Lo anterior porque la sentencia condenatoria por enriquecimiento ilícito no tiene la virtud de juzgar como atípico –con fuerza de cosa juzgada material– el comportamiento gracias al cual se produjo el incremento patrimonial.

En otra oportunidad la Corte Suprema en sede penal había sostenido:

> "Singularizando el caso del enriquecimiento ilícito, de tiempo atrás tenía ya precisado por su parte la doctrina, que la subsidiaridad en él "…. opera de modo

diverso, por cuanto en estricto sentido no se trata de que el hecho no constituya otro delito, sino de que no aparezca demostrada en concreto la comisión de uno o varios delitos cumplidos en el ejercicio del cargo" (subrayado nuestro)17.

Por ello nada impide que una vez se configure la prueba de un '*delito fuente*' en la génesis del enriquecimiento ilícito la misma persona sea investigada y sancionada por peculado por apropiación o un prevaricato, sin que por ello se desconozca el principio de la prohibición de doble juzgamiento. Ello es así porque –una vez más– la inexistencia de prueba de un '*delito base*' en curso del trámite del proceso por enriquecimiento ilícito, no equivale a fijar para siempre la condición de atípico del comportamiento que determinó el incremento patrimonial.

En lo concerniente a la carga de la prueba, para el caso del enriquecimiento ilícito de los servidores públicos al igual que frente al particular, debe el Estado demostrar que el enriquecimiento es real e injustificado, ocurrido por razón del cargo que desempeña. Así, una vez establecida la diferencia patrimonial real y su no justificación, opera el fenómeno de la adecuación típica que va a permitir el desarrollo del proceso en su etapa sumarial y de juicio.

Resulta ser entonces la falta de justificación el elemento determinante para dar origen a la investigación y, por tanto, la explicación que brinde el sindicado del delito, no es otra cosa que el ejercicio de su derecho a la defensa frente a las imputaciones que le haga el Estado en ejercicio de su función investigativa. No se trata pues de establecer una presunción de ilicitud sobre todo incremento, sino de presumir no justificado todo aquel incremento desproporcionado que carezca de explicación razonable de tipo financiero, contable y, por su puesto, legal.

La acción prescriptiva en relación con el delito de enriquecimiento ilícito de servidor público, ha sido ya dicho repetidamente por la Sala que pertenece a la categoría de los llamados delitos de resultado, de realización libre y acción instantánea o progresiva, en cuanto puede ser ejecutado a través de un solo acto, o de una sucesión de actos parciales finalísticamente orientados hacia la obtención del resultado típico (Cfr. Auto de 15 de octubre de 1998, M.P. Arboleda Ripoll), de suerte que el momento o período de comisión del hecho punible, y sus implicaciones en la prescripción de la acción penal, dependerán de la modalidad de la conducta en cada caso concreto. Si se trata de un solo acto, el período de prescripción de la acción penal deberá contabilizarse desde

[17] CORTE SUPREMA DE JUSTICIA, Sala de Casación Penal, sentencia de29 de octubre de 1993, radicación No. 7906. Dicha providencia reitera las precisiones contenidas en fallo del 21 de noviembre de 1990, rad. 5007.

el momento de su realización. Si son varios, deberá serlo a partir del último; y, si no ha sido posible determinarlo por tratarse de una acción progresiva no delimitada, el tiempo de prescripción deberá contarse desde cuando el servidor público hace dejación del cargo".

III. Lavado de activos

1. DEFINICIÓN

Este axioma o conducta jurídica, es considerada como aquel conjunto de operaciones, transacciones, formas o procedimientos realizada por una o más personas naturales o jurídicas, tendientes a ocultar o disfrazar el origen ilícito de bienes o recursos que pueden tener proveniencia en actividades delictivas o de incrementos patrimoniales no justificados. El delito de lavado de activos, puede desarrollarse usualmente mediante la realización de varias operaciones, encaminadas a encubrir cualquier rastro del origen ilícito de los recursos.

El lavado de activos según Blanco Cordero, Isidro, *El delito de blanqueo de capitales*, Pamplona, Arazandi, 1997, p. 101, es "el proceso en virtud del cual los bienes de origen delictivo se integran en el sistema económico legal con apariencia de haber sido obtenidos en forma lícita".

De acuerdo con lo anterior, puede concluirse que al ser la extinción de dominio una acción autónoma de la penal, no se dirige en contra de personas sino contra los bienes adquiridos ilícitamente, independientemente del juicio de culpabilidad de que sea susceptible el afectado. En cambio, lo ganado con el legítimo y protegido ejercicio del derecho al trabajo nunca constituye un enriquecimiento ilícito, por ser el producto del ejercicio de un derecho humano fundamental, así el beneficiario haya sido el más criminal del mundo.

El lavado viene de la *acción y efecto de lavar*, un verbo que está vinculado a limpiar algo. El proceso consiste en purificar o quitar las manchas de alguna cosa, aunque también puede desarrollarse de manera simbólica (cuando se intenta borrar el descrédito o una culpa).

Casi siempre se realiza mediante el dinero en efectivo o con trasmisión de otro bienes muebles e inmuebles, cumpliendo como *medios de intercambio,* pero que resulten fácil de almacenar y transportar como lo son las *unidades contables,* moneda nacional o extrajera, acciones, joyas precisas, cuadros, caballos de raza etc., por lo que permite medir y comparar el valor de productos y servicios que son muy distintos entre sí, sirviendo de refugio de valor que hace posible ocultarlo y aparentarlo como ahorro en un futuro.

Para el delincuente, según el Fiscal de Buenos Aires Marcelo Luis Jaime, en ensayo *El delito del lavado de activos: consideraciones sobre su autonomía y cuestiones procesales controvertidas*, Revista Doctrina, tiene entre sus claros objetivos:

a. diferenciar el dinero de la actividad lícita, y
b. mantener el anonimato del verdadero depositante. Para ello se necesita depositar los montos a blanquear en entidades financieras y fraccionarlos en pequeñas cantidades a fin de no despertar sospechas, como suele hacerse. Dicha maniobra es también denominada *smurfing.* A tal efecto, usualmente se "arregla" con los empleados en las financieras.

La segunda etapa es la decantación o estratificación, la cual persigue limitar entorpecer y cortar, en caso de ser posible la cadena de evidencias ante las eventuales investigaciones sobre el origen del dinero. Con el ob jeto de lograrlo, se realiza un entramado de operaciones financieras en las que el dinero va pasando por distintas jurisdicciones –usualmente, por varios "paraísos fiscales"–, con el objetivo de hacer perder el rastro respecto del origen de los fondos.

La tercera y última etapa es la integración, en la cual se procede a introducir formalmente al circuito legal los fondos en actividades licitas, con el fin de incorporarlos al circuito legal. Aquí se realizan las inversiones finales del dinero sucio reciclado, siempre con el objetivo puesto en encubrir el origen ilegal del mismo.

Según la Unidad de Información y Análisis Financiero del Ministerio de Hacienda y Crédito Público (UAIF), el lavado de activos "es el proceso mediante el cual organizaciones criminales buscan dar apariencia de legalidad a los recursos generados de sus actividades ilícitas. En términos prácticos, es el proceso de hacer que dinero sucio parezca limpio, haciendo que las organizaciones criminales o delincuentes puedan hacer uso de dichos recursos y en algunos casos obtener ganancias sobre los mismos".

Es por ello que cuando una actividad criminal genera importantes ganancias, el individuo o grupo involucrado busca una forma de controlar los recursos sin llamar la atención sobre la actividad real o las personas involucradas. Los delincuentes hacen esto para ocultar las fuentes, cambiando la forma, o movilizando el dinero hacia un lugar donde es menos posible que llame la atención. Una persona que comete un delito, inicialmente intentará evitar que sus actividades sean detectadas por las autoridades judiciales, evitar los controles establecidos por las entidades que gestionan el riesgo de lavado de activos y financiación del terrorismo o ser reportado a la UIAF. Si la persona es detenida o incluida en un proceso penal, ésta tratará de evitar que se demuestre el origen de los recursos producto del delito cometido y así evitar la extinción de dominio.

Es por esto que recurren a diferentes actividades ilícitas, las cuales son sancionadas en la legislación de los países, a través de diferentes delitos catalogados como "delitos subyacentes". En el caso de Colombia, el delito de lavado de activos cuenta con cincuenta y cinco 55 delitos subyacentes establecidos en el Código Penal.

También es conocido como lavado de dinero, lavado de capitales, blanqueo de capitales u operaciones con recursos de procedencia ilícita o legitimación de capitales, siendo por ende una operación que consiste en hacer que los fondos o activos obtenidos a través de actividades ilícitas aparezcan como el fruto de actividades lícitas y circulen sin problema en el sistema financiero.

Para que exista blanqueo de capitales, es precisa la previa comisión de un acto delictivo de tipo grave, y la obtención de unos beneficios ilegales que quieren ser introducidos en los mercados financieros u otros sectores económicos, sin embargo el blanqueo de capitales es un delito autónomo que no requiere de una condena judicial previa por la comisión de la actividad delictiva por la que se originaron los fondos que se blanquean.

El lavado de activos es una figura que busca darle apariencia de legalidad a unos dineros de origen ilegal. Los delincuentes mediante el movimiento de activos y dinero buscan crear esa apariencia legal de sus ganancias, o por lo menos buscan que sea difícil seguir o rastrear el origen ilícito de sus ganancias ilícitas.

Cuando se alude a dinero ilícito no sólo se habla de dinero proveniente del narcotráfico, se incluye también el dinero proveniente de actividades como la extorsión, el secuestro, el proveniente de la trata de personas, tráfico de armas y demás actividades consideradas como delito penal por nuestra legislación. El lavado de activos incluye aspectos como adquirir, custodiar, invertir, transformar, transportar o comercializar bienes o dinero ilícitos; luego, sin saberlo cualquier persona puede participar en cualquiera de esas actividades.

En este sentido, el lavado de activos supone necesariamente una conducta criminal previa, que genera la necesidad de dar posteriormente apariencia de legalidad a un monto determinado de recursos. Por ejemplo, en la financiación del terrorismo implica una actividad criminal posterior sin implicar necesariamente una previa, que es el destino final de los recursos al terrorismo.

El lavado de activos busca almacenar la mayor cantidad posible de bienes, para su disfrute, la financiación del terrorismo busca recaudar recursos con un fin criminal particular.

2. ASPECTO HISTÓRICO

Como ya se aseveró en precedencia, el enriquecimiento ilícito iba de la mano con la corrupción, el lavado de activo va también asido al Enriquecimiento ilícito mismo y de ahí que los patrimonios ilícitos deben ser lavado para quedar encubierto y aparentar su legalidad.

Según la página web, Enciclopedia Libre Wikipedia, autores como Fernando Uribe, *Cambio de paradigmas sobre el lavado de activos*, artículo publicado, señala que los delitos con el dinero, tanto falsificación como lavado, han existido incluso antes de que existiera el dinero tal y como lo conocemos hoy. Sin embargo, la costumbre de utilizar prácticas para disfrazar los ingresos procedentes de actividades ilícitas se remonta a la Edad Media cuando la usura fue declarada delito. Mercaderes y prestamistas burlaban las leyes y la encubrían mediante ingeniosos mecanismos. Fue en ese momento, cuando los piratas se transformaron en pioneros en la práctica del lavado de oro obtenido en los ataques a las naves comerciales europeas que surcaban el Atlántico entre los siglos XVI y XVIII. A la piratería clásica se añadieron las prácticas de los bucaneros y filibusteros ayudados encubiertamente por determinados gobiernos europeos.

El caso más famoso es el del pirata inglés Francis Drake, que fue armado caballero en su nave por la reina Isabel I de Inglaterra, en recompensa por sus exitosos asaltos a puertos y barcos españoles. En 1612, Inglaterra ofreció a los piratas que abandonaran su profesión un perdón incondicional y el derecho a conservar el fruto de sus felonías. Una gran parte de las riquezas acumuladas por los corsarios y piratas fueron resguardadas por los herederos de la tradición templar y por los banqueros de la época. Así surgieron los refugios financieros, versión moderna de aquellas antiguas guaridas.

Con el poderío económico y militar de los piratas y corsarios, las poblaciones europeas y americanas llegaron a creer que tanto el comercio como las finanzas dependían enteramente de ellos. Los gobernantes de la época reconocieron que los tratados y leyes en vigor eran insuficientes en la lucha contra los piratas y convocaron a reconocidos juristas como Hugo Grotius y Francisco De Vittoria para buscar una solución de carácter jurídico. El resultado fue la creación de los primeros conceptos del derecho internacional, de *mare nostrum,* de *mare liberum* y la persecución en caliente.

Junto con la actividad de los piratas que robaban por su propia cuenta por su afán de lucro, cabe mencionar los corsarios, un marino particular contratado que servía en naves privadas con patente de corso para atacar naves de un país enemigo. La distinción entre pirata y corsario es necesariamente parcial, pues corsarios como Francis Drake o la flota francesa en la Batalla de la Isla Terceira, fueron considerados vulgares piratas por las autoridades españolas, ya que no existía una guerra declarada con sus naciones. Sin embargo, el disponer de una patente de corso sí ofrecía ciertas garantías de ser tratado como soldado de otro ejército y no como un simple ladrón y asesino; al mismo tiempo acarreaba ciertas obligaciones.

El resultado de estas acciones fue la casi completa eliminación de este fenómeno criminal.

Pues bien, la palabra “lavado”, tiene su origen en Estados Unidos en los años 20, momento en que las mafias norteamericanas crearon una red de lavanderías para esconder la procedencia ilícita del dinero conseguido a través de sus actividades criminales entre estas el contrabando de licores. El mecanismo consistía en presentar las ganancias procedentes de actividades ilícitas como procedentes del negocio de lavanderías. Dado que la mayoría de los pagos en las lavanderías se hacía en metálico, resultaba muy difícil distinguir que dinero procedía de la extorsión, tráfico de armas, alcohol y prostitución y cual procedía del negocio legal. En los años setenta con la vista puesta en el narcotráfico se advirtió de nuevo el fenómeno del blanqueo de dinero.

La recaudación de la venta de droga era depositada en los bancos sin ningún tipo de control. Una vez introducido el dinero en los sistemas financieros oficiales se movía fácilmente por el circuito formal. La expresión fue utilizada por primera vez judicialmente en 1982 en los Estados Unidos al ser confiscado dinero supuestamente blanqueado procedente de la cocaína colombiana.

Dentro de la preocupación mundial surge primero la promulgación de la Ley R.I.C.O (Racketeer Influenced and Corrup Organizations) conocida como Ley contra la extorsión criminal y las organizaciones corruptas (Racketeer Influenced and Corrupt Organizations Act) que se trataba de una ley federal que establece sanciones penales contra toda actividad delictiva realizada como parte de una organización criminal y promulgada en EEUU en 1970 evidenció la preocupación por el poder corruptor y de extorsión de las organizaciones criminales para la comisión de sus objetivos. En esta misma vía, la Organización de las Naciones Unidas –ONU– en 1975, se pronunció por primera vez sobre el fenómeno de las organizaciones criminales en el V Congreso Contra la Criminalidad, enfatizando en los riesgos que se generan al permitir que se organicen los delincuentes.

Luego el Comité de Supervisión Bancaria de Basilea, creado en 1975 por los presidentes de los bancos centrales de los países del G10, entre estos, Bélgica, Canadá, Francia, Italia, Japón, los Países Bajos, el Reino Unido, Estados Unidos, Alemania y Suiza, promovieron estándares mundiales de supervisión para asegurar que los establecimientos bancarios tengan procedimientos vigentes, incluyendo políticas estrictas de conocimiento del cliente, que les eviten involucrarse con traficantes de drogas y otros delincuentes.

De igual forma elevados estándares éticos y profesionales en el sector financiero para evitar el riesgo reputacional que tendría consecuencias altamente negativas en el sector y especialmente para el banco que se vea involucrado en una operación de LAFT. El Comité no tiene autoridad supranacional formal, sin embargo, las recomendaciones que ha emitido han sido adoptadas ampliamente en el mundo.

En 1988, en Viena, la Asamblea General de las Naciones Unidas adoptó la Convención Contra el Tráfico Ilícito de Estupefacientes y Sustancias Psicotrópicas con el propósito de promover la cooperación entre las partes para hacer frente con mayor eficacia a los diversos aspectos del tráfico ilícito de estupefacientes y sustancias sicotrópicas y sus delitos relacionados.

Posteriormente el G7, Alemania, Canadá, EEUU, Francia, Italia, Japón y Reino Unido, en 1989 crean el Grupo de Acción Financiera Internacional – GAFI, como grupo informal de la OCDE12, para luchar contra el blanqueo de capitales procedente de actividades delictivas, para lo cual en 1990 promulgó 40 Recomendaciones, consideradas como parámetros mínimos y básicos para luchar contra el lavado de activos. Dichas recomendaciones fueron concebidas para que su aplicación se diera en todos los sectores vulnerables de la economía.

Aparecen posteriormente las Recomendaciones de la Comisión Interamericana contra el abuso de las drogas (CICAD). Promueve la lucha hemisférica contra el narcotráfico y lavado de activos, a través de la adopción por los estados miembros de la CICAD de un "Reglamento Modelo sobre Delitos de Lavado Relacionados con el Tráfico Ilícito de Drogas, y otros Delitos Graves", desarrollado en 1992.

En 1994, en la Convención Internacional contra el Crimen Organizado Transnacional, celebrado en Nápoles entre el 21 y 23 de noviembre de 1994, los Estados que hacen parte de la ONU reconocieron la problemática y las posibles implicaciones de ésta sobre la seguridad de cada país. En 1995 la Resolución 49/60 celebrada el 17 de febrero de 1995 declara que:

> "Los Estados Miembros de las Naciones Unidas reafirman solemnemente que condenan en términos inequívocos todos los actos, métodos y práctica

terroristas por considerarlos criminales e injustificables, dondequiera y quienquiera los cometa, incluidos los que ponen en peligro las relaciones de amistad entre los Estados y los pueblos y amenazan la integridad territorial y la seguridad de los Estados" e incluye una serie de medidas encaminadas a combatir y eliminar el terrorismo internacional.

En 1998 la ONU, realizó el primer gran acuerdo internacional para luchar contra el lavado de dinero en el cual se crearon los principios de una cooperación jurídica internacional en materia penal para el lavado de dinero. Posteriormente deviene el Plan de Acción suscrito por los Jefes de Estado y de Gobierno asistentes a la Segunda Cumbre de las Américas, suscrito en Santiago de Chile a 19 días del mes de abril de 1998, que establece compromisos en materia de cooperación para el análisis, seguimiento e intercambio de información relativa al lavado de activos.

Así también se establece la Convención de las Naciones Unidas contra la Delincuencia Organizada Trasnacional", adoptada por la Asamblea General de las Naciones Unidas el quince (15) de noviembre de dos mil (2000)[1], la cual complementa la citada Convención de Viena de 1988 y prevé en sus arts. 6º y 7º la "penalización del blanqueo del producto del delito" y las "medidas para combatir el blanqueo de dinero".

A continuación, se establece la Declaración del Plan de Acción III Cumbre de las Américas, suscrito en abril de 2001 en Quebec, Canadá, tendiente a fortalecer la cooperación internacional en la lucha contra el crimen organizado y el lavado de activos.

En Colombia, se dio lugar a un compromiso de cooperación para la prevención y represión del lavado de dinero, el cual fuera consecuencia de cualquier actividad contra la ley entre el Gobierno de la República del Paraguay y el Gobierno de la República de Colombia. Las Entidades vigiladas por la Superintendencia Financiera de Colombia, deben implementar un Sistema de Administración del Riesgo de Lavado de Activos y Financiación del Terrorismo, denominado Sarlaft, de acuerdo a lo estipulado en el Capítulo Undécimo de la Circular Básica Jurídica 007 de 1996.

Es así como en Colombia, se expide la Ley 526 de 1999, mediante la cual se crea la Unidad de Información y Análisis Financiero (UIAF), como una Unidad Administrativa Especial adscrita al Ministerio de Hacienda y Crédito Público, para la detección de prácticas asociadas con el lavado de activos, y se produce

---

1 Esta convención fue aprobada mediante la Ley 800 de 2003 y declarada exequible a través de la Sentencia C-962 de 2003, M.P. Alfredo Beltrán Sierra, Aclaración de Voto de Jaime Araujo Rentería.

posteriormente hacia el año 2000, la ampliación del tipo penal del lavado de activos y financiación del terrorismo (artículos 323 y 345 del Código Penal).

En 1999, se originó el "Convenio Internacional para la Supresión del financiamiento del Terrorismo" de las Naciones Unidas, en el que se condena la financiación de "...cualquier otro acto destinado a causar la muerte o lesiones corporales graves a un civil o a cualquier otra persona que no participe directamente en las hostilidades en una situación de conflicto armado".

En respuesta a los atentados del 11 de septiembre de 2001, el GAFI emitió 9 Recomendaciones Especiales, a través de las cuales se exhorta a los países a combatir la financiación del terrorismo. En 2012 el Grupo16 modificó las 40 recomendaciones contra el Lavado de Activos y las 9 recomendaciones especiales contra la Financiación del Terrorismo y las integró en 40 recomendaciones, a través de las cuales se insta a todos los países a combatir el lavado de activos y la financiación de terrorismo y agregó la financiación a la proliferación de armas de destrucción masiva.

Nuestro país en legislación adoptó:

-Convención de Viena de 1988– Convención de Naciones Unidas contra el tráfico de estupefacientes y sustancias psicotrópicas.	Ley 67 de 1993. Sentencia C-176 de 1994.
-Convenio de Naciones Unidas para la Represión de la Financiación del Terrorismo de 1989.	Ley 808 de 2003. Sentencia C-037 de 2004.
-Convención de Palermo de 2000– Convención de Naciones Unidas contra la Delincuencia Organizada	Ley 800 de 2003. Sentencia C-962 de 2003.
-Convención de Mérida de 2003– Convención de Naciones Unidas contra la Corrupción	Ley 970 de 2005. Sentencia C-176 de 2006.

Posteriormente se expide la Ley 1121 de 2006, (diciembre 29) por la cual se dictan normas para la prevención, detección, investigación y sanción de la financiación del terrorismo y otras disposiciones. En dicha norma se extiende la administración del riesgo LAFT a las operaciones de cambio, del mercado libre de divisas, casinos o juegos de azar, así como las que determine el Gobierno Nacional a través de Decreto y de conformidad con la información aportada por la UIAF.

De otra parte se crea la Unidad Nacional de Fiscalías para la Extinción del Derecho de Dominio y Contra el Lavado de Activos –UNEDLA de la Fiscalía General de la Nación, la Delegatura para Riesgos de Lavado de Activos de la Superintendencia Financiera de Colombia, la Coordinación de Control y Prevención de Lavado de Activos de la Dirección de Impuestos y Aduanas Nacionales – DIAN, el grupo especial del Cuerpo Técnico de Investigación –CTI, la Dirección de Investigación Criminal e Interpol –DIJIN y la Unidad de Información y Análisis Financiero – UIAF.

Recientemente mediante la Ley 1573 de 2012, Colombia adhiere la "La Convención para combatir el cohecho de servidores públicos extranjeros en transacciones comerciales internacionales", adoptada en la ciudad de París, el 21 de noviembre de 1997.

Según el documento CONPES 3793, de diciembre 18 de 2013, Consejo Nacional de Política Económica y Social de la República de Colombia Departamento Nacional de Planeación, las estimaciones del Impacto del lavado de activos y la financiación del terrorismo en la economía, efectuadas las primeras mediciones del lavado de activos a nivel mundial datan de finales de la década de los noventa. Tanzi (1996) y Quirk (1996) para el Fondo Monetario Internacional – FMI, estimaron que el tamaño del fenómeno se encontraba entre el 2% y el 5% de PIB mundial. Así mismo, los expertos suponen que, cada año, ingresan en el mercado internacional de capitales entre 300 mil millones de dólares a 500 mil millones de dólares de "dinero sucio".

Esos dineros tienen efectos multiplicadores negativos que se irradian en distintas variables de la economía (Suárez, 2011). Quirk (1996) estima que un incremento del 10% en el lavado de activos disminuye en 0,1% el PIB mundial.

Tanzi (1996), en su trabajo El lavado de dinero y el sistema financiero internacional, Vito Tanzi (http://www.asip.org. ar/es/revistas/34/tanzi/tanzi_01.php afirma que este delito puede corromper el sistema financiero y reducir la confianza en él, disminuyendo la tasa de crecimiento de la economía. Por su parte, Unger (2007) concluye que el lavado de activos afecta los mercados al distorsionar los precios, el consumo y las tasas de ahorro e inversión, aumenta la volatilidad de los niveles de importación/exportación, la demanda por dinero, la tasa de interés, la tasa de cambio y la disponibilidad de crédito. Adicionalmente, Arnone, et al. (2011) afirma que los procesos de globalización han incrementado las oportunidades para los crímenes económicos transnacionales. Este problema se agudiza aún más ya que, como se ve en Okaye (2008), la tecnología actual hace que este tipo de crimen sea difícil de detectar debido al grado de sofisticación de las prácticas que usan los delincuentes (Suárez, 2011).

A esta problemática del LA, hay que sumarle los costos económicos y sociales que genera la actividad de los grupos armados ilegales, en términos de vidas, destrucción de infraestructura, generación de mercados negros, tráfico de armas, entre otros.

En el estudio sobre cuantificaciones realizado por la Oficina de las Naciones Unidas Contra la Droga y el Delito – UNODC, se estima que los flujos financieros ilícitos resultantes del tráfico de drogas y otros delitos transnacionales organizados, pueden ascender a 3,6% del PIB mundial (US$2.1 trillones) en 2009 lo que evidencia una tendencia creciente. Dicha tendencia puede ser producto de la convergencia criminal de los últimos años y la cooperación entre los distintos grupos delincuenciales y terroristas que suman sus fuerzas criminales y asocian distintos delitos; lo anterior también puede obedecer a una mejor cuantificación el fenómeno en los últimos años.

En el mismo estudio, UNODC afirma que el mayor ingreso de la delincuencia organizada transnacional proviene de las drogas ilícitas, las cuales representan cerca del 20% (entre 17% y 25%) de todas las ganancias del crimen.

En Colombia, el lavado de activos también tiene origen en otros delitos diferentes al narcotráfico, entre éstos, los delitos contra la administración pública (por ejemplo el cohecho, el tráfico de influencias, el peculado, la celebración indebida de contratos), tráfico de armas y trata de personas; pero resulta prácticamente imposible realizar una estimación certera, máxime si se le agregan los restantes delitos considerados en las legislaciones o los sugeridos por los estándares internacionales (delitos fiscales como el contrabando y la evasión).

Por cada peso "lavado", hay un costo de igual o superior magnitud (un peso o más) para los hogares, para el gobierno y para las empresas (SUÁREZ, 2011). El riesgo reputacional es uno de los más difíciles de superar y es al que están expuestas las empresas del sector financiero y del sector real cuando hay penetración de dineros de origen ilícito en los respectivos sectores y subsectores.

Respecto a la financiación del terrorismo, estimaciones provenientes de la información del Comando General de las Fuerzas Militares advierten que los ingresos de los Grupos Armados al Margen de la Ley y de delincuencia organizada organizaciones son determinados fundamentalmente por extorsión y narcotráfico. Según las cifras del año 2010, los ingresos de estos grupos son del orden de 1.77 billones de pesos, mientras que sus egresos estarían alrededor de 756 mil millones de pesos, dejando un excedente aproximado de un billón de pesos que son direccionados a negocios de narcotráfico y minería criminal.

La estructura de ingresos de estos grupos se encuentra determinada principalmente por el narcotráfico, la extorsión, la minería criminal, el secuestro y el contrabando. Por otra parte, dentro de su estructura de egresos, sus recursos se destinan para el sostenimiento, la compra de medicamentos, la adquisición de dotación, compra de armas y transporte.

Para los servicios de inteligencia y la Dirección de Investigación Criminal e Interpol de la Policía Nacional, es claro que este delito ha pasado de los grandes carteles nacionales e internacionales a las pequeñas organizaciones internas que ven en las ciudades capitales y centros urbanos, un mercado creciente para la comercialización y dispensación de estupefacientes en pequeñas cantidades.

A ello se suma la tendencia actual que apunta a la transformación del mercado de las drogas, con la aparición de las sustancias emergentes, especialmente las anfetaminas y otros estupefacientes de origen sintético que son llamados a suplantar los de origen vegetal y representan un nuevo reto, no solo desde la óptica normativa, sino especialmente en cuanto a la implementación de estrategias y acciones en los campos de la inteligencia, criminalística y forense.

Según la Comisión Interamericana para el Control del Abuso de Drogas CICAD, en estudios relativos al lavado de activos "17th Street and Constitution Avenue, N.W. Washington, D.C. 2006", en lo que respecta a la Comunidad Europea, también desde la década de los años setenta (70), sus miembros políticos y socioeconómicos buscaron promover una cooperación más cercana para combatir las actividades criminales que trascienden sus fronteras. Antes de que entrara en vigor el Tratado de la Unión Europea, conocido como Tratado Maastricht, el 1 de noviembre de 1993, las discusiones sobre estas materias tomaron lugar dentro del marco de la Cooperación Política.

Se tiene que una importante iniciativa lo fue un conjunto de artículos del entonces Tratado de la Comunidad Económica Europea que provee las bases del Consejo Directivo de Prevención del Uso del Sistema Financiero con propósitos de Lavado de Dinero, del 10 de junio de 1991. Esta directriz fue la primera medida tomada por la Comunidad Europea en esta área.se dice que a diferencia de las Convención de Viena de 1988 y de la Convención de 1990 del Consejo de Europa, la Directiva adoptó un enfoque preventivo del lavado de dinero. La acción fue dirigida hacia el aseguramiento de la integridad y limpieza del sistema financiero, puesto que la finalidad era la creación de un mercado único. Dicha Directiva reconoce el hecho de que el lavado ocurre no sólo en relación con los productos de los delitos de drogas, sino que también dice relación con el producto de otras actividades criminales (el terrorismo o el crimen organizado, por ejemplo), por lo que se hace necesario que los Estados Miembros extendieran dicho efecto para incluir el producto de estas actividades como operaciones de blanqueo.

Así también se manifiesta que, en dicho marco, se define el lavado de dinero (art.1) en torno a la "actividad criminal", concepto evidentemente más amplio que el simple delito de tráfico de drogas.

Dicha "actividad criminal" está definida en el mismo art. conteniendo los delitos especificados en el art.3 (1)(a) de la Convención de Viena, así como también cualquier otra actividad delictiva señalada como tal por cada Estado Miembro para los propósitos de la Directiva. Acorde con lo anterior, el art. 2 requiere expresamente que todo Estado Miembro asegure que el lavado de dinero, en los términos definidos en la Directiva, esté prohibido.

Por esto conscientes de que la implementación de esta Directiva requería la imposición de medidas penales apropiadas para combatir el blanqueo de capitales, se realizó una declaración por la cual los Estados debían dar todos los pasos necesarios para promulgar una legislación criminal en ese sentido, antes del 31 de diciembre de 1992. La gran mayoría de los países miembros han actuado conforme, extendiendo el lavado de dinero más allá de la esfera del tráfico drogas, y a otros delitos graves como España, y como Irlanda, respecto de todos los crímenes. Así también se busca la cooperación de los países conocidos como paraísos fiscales que vienen a ser el escudo de dichos maleantes para **guardar sus ilegales acreencias.**

3. PROCEDIMIENTOS MÁS COMUNES DEL LAVADO DE DINERO

Dentro de las formas más conocidas y descubiertas para el lavado de activos según estudiosos del tema encontramos:

- Organizar trabajo de hormiga o pitufeo: Las grandes sumas de dinero adquiridas por ilícitos, se organizan reduciéndolas a un monto que haga que las transacciones no sean registradas o no resulten sospechosas. Estas transacciones se realizan por un período limitado en distintas entidades financieras, a por envió a través de giros en personas denominadas mulas, o mensajeros o simulando giros de personas que trabajan en el exterior y las envían a sus familiares.
- Anuencia, participación o coautoría de un funcionario u organización delincuencial: Uno o varios empleados de las instituciones financieras o Bancarias, así como empresariales de índole particular, que colaboran con el lavado de dinero omitiendo informar a las autoridades sobre las grandes transacciones de fondos, o suman el dinero recaudado de las transacciones ilícitas al capital de la empresa legal aparentando ser nuevo accionista, para

luego presentar todos los fondos como rentas de la empresa. generalmente su complicidad es revertida con una comisión por ella.

- La creación de Empresas o sociedades fantasma (*shell company*), que son también conocidas como compañías de fachada o de portafolio. Son empresas legales, las cuales se utilizan como cortina de humo para enmascarar el lavado de dinero. Esto puede suceder de múltiples formas, en general, la "compañía de fachada" desarrollará pocas o ninguna de las actividades que oficialmente debería realizar, siendo su principal función aparentar que las desarrolla y que obtiene de las mismas el dinero que se está lavando. Lo habitual es que de dicha empresa sólo existan los documentos que acrediten su existencia y actividades, no teniendo presencia física ni funcionamiento alguno más que sobre el papel.
- Compraventa de bienes o instrumentos monetarios: Inversión en bienes como vehículos, inmuebles, etc. (los que a menudo son usados para cometer más ilícitos) para obtener beneficios monetarios de forma legal. En muchos casos el vendedor tiene conocimiento de la procedencia del dinero negro que recibe, e incluso puede ser parte de la organización de lavado de dinero.
- En esos casos, la compra de bienes se produce a un precio muy por debajo de su coste real, quedando la diferencia como comisión para el vendedor. Posteriormente el blanqueador vende todo o parte de lo que ha adquirido a su precio de mercado para obtener dinero lícito. Este proceso puede repetirse, de tal modo que los productos originalmente ilícitos son pasados de una forma a otra sucesivamente para así enmascarar el verdadero origen del dinero que permitió adquirir los bienes. Además, con cada transformación se suele disminuir el valor de los bienes para que las transacciones no resulten tan evidentes.
- Contrabando de efectivo: Es el transporte del dinero objeto del lavado hacia el exterior. Existen algunas ocasiones en las cuales los blanqueadores de activos mezclan el efectivo con fondos transportados de otras empresas, para así no dejar rastro del ilícito.
- Transferencias bancarias o electrónicas: Uso de Internet para mover fondos ilícitos de una entidad bancaria a otra u otras, sobre todo entre distintos países, para así no dar cuenta de las altas sumas de dinero ingresado. Para hacer más difícil detectar el origen de los fondos, es habitual dividirlos en entidades de distintos países, y realizar transferencias sucesivas.

- Transferencias inalámbricas o entre corresponsales: Las organizaciones de lavado de dinero pueden tener ramificaciones en distintos países, por lo tanto la transferencia de dinero de una a otra organización no tiene por qué resultar sospechosa. En muchos casos, dos o más empresas aparentemente sin relación resultan tener detrás a la misma organización, que transfiere a voluntad fondos de una a otra para así enmascarar el dinero negro.
- Falsas facturas de importación / exportación o "doble facturación": Aumentar los montos declarados de exportaciones e importaciones aparentemente legales, de modo que el dinero negro pueda ser colocado como la diferencia entre la factura "engordada" y el valor real.
- Garantías de préstamos: Adquisición de préstamos legalmente, con los cuales el blanqueador puede obtener bienes que aparentarán haber sido obtenidos de forma lícita. El pago de dichos préstamos hace efectivo el blanqueo.
- También se realiza lavado de activos en la minería ilegal, explotación de esmeraldas y similares, aludiendo ingresos sobre hallazgos inexistentes que se reportan como legales. Acogerse a ciertos tipos de amnistías fiscales: Por ejemplo, aquellas que permiten que el defraudador regularice dinero en efectivo.

Entre otras tipologías se pueden tener:

1. El "Peso Broker": Se refiere a la utilización de un "intermediario informal" del mercado de capitales y divisas que se encarga de reubicar parte de las utilidades de origen ilícito obtenidas en el mercado internacional, en el mercado local. Una empresa puede ser víctima de esta operación y ser utilizada sin su consentimiento, en una operación de lavado de activos, si intercambia divisas a través de este mecanismo, sin constatar la fuente de dichos recursos.
2. Adquisición de mercancías de contrabando: Un proveedor no suficientemente conocido por la empresa, termina suministrando mercancía de contrabando, de modo tal, que la empresa puede verse involucrada en una operación de lavado de activos, sin darse cuenta.
3. Utilización de empresas fachada para convertirse en clientes o proveedores de empresas con actividades lícitas: -Una organización delictiva, para desarrollar y mantener sus actividades requiere de diferentes bienes y servicios, algunos de los cuales por sus características pueden ser provistos por la economía local (zona de mayor presencia).

Una actividad comercial legítima termina apoyando la logística para la comisión de actividades ilícitas o dar apariencia de legalidad a los dineros de la organización.

A través de una actividad comercial legítima, se realiza el manejo o traslado de recursos provenientes de actividades ilícitas.

4. Utilización de empresas fachada a través de canales de distribución indirectos: Puede presentarse en el evento en que las empresas utilicen canales de distribución indirectos sin tener un debido conocimiento de los mismos y que estos resulten ser empresas de fachada de organizaciones de narcotraficantes o terroristas.
5. Utilización del mercado de valores: Una empresa, al acudir al mercado bursátil para satisfacer sus requerimientos de liquidez mediante por ejemplo una emisión de bonos, se expone a que alguno de estos títulos sea adquirido por organizaciones de fachada o empresas o personas vinculadas a organizaciones criminales o terroristas con dineros de procedencia ilícita. De esta forma, el lavador entregaría dineros ilícitos y recibiría dineros lícitos de la empresa (la rentabilidad del bono y el valor de redención del mismo).

Dada la complejidad que generalmente acompaña a las operaciones de lavado de activos, bien sea, por el número de cuentas, el tipo de transacciones, la velocidad de las transacciones, las instituciones y cuentas involucradas, la prevención y sanción de este delito requiere no sólo del control de operaciones individuales, sino del seguimiento permanente y del análisis del comportamiento histórico de los usuarios del sistema financiero, a fin de identificar movimientos inusuales que no correspondan al giro normal de los negocios de una persona, que pudieran ser el producto de operaciones delictivas.

Es por esto que la prevención, investigación y sanción efectiva del lavado de activos, especialmente en el contexto colombiano, demanda de la cooperación de las entidades financieras, del control y seguimiento por parte de las autoridades administrativas, de instrumentos de prevención, análisis y seguimiento de la información de los usuarios del sistema financiero, así como de medidas de carácter penal.

En Colombia, hasta el proyecto de Ley Nº18 de febrero de 1997, el delito de lavado de activos no estaba tipificado en la legislación colombiana. Sin duda se habían hecho variados esfuerzos creando diversas disposiciones legales, como las relativas al enriquecimiento ilícito de particulares, el favorecimiento (art. 176 del Código Penal), la receptación (art.177 del mismo cuerpo legal), como asimismo el Testaferrato para sancionar dichas conductas.

Al surtirse su reforma mediante el art. 31 de la multicitada Ley 190 de 1995, se consagró:

> *Art. 177. Receptación, legalización y ocultamiento de bienes provenientes de actividades ilegal:* El que fuera de los casos de concurso en el delito ocultare, asegurare, transforme, invierta, transfiera, custodie, transporte, administre o adquiera el objeto material o el producto del mismo o les dé a los bienes provenientes de dicha actividad apariencia de legalidad o los legalice, incurrirá en pena de prisión de tres (3) a ocho (8) años, siempre que el hecho no constituya delito sancionado con pena mayor.
>
> "La pena imponible con base en los incisos anteriores se aumentará de la mitad (1/2) a las tres cuartas (3/4) partes en los siguientes casos:
>
> "1. Si los bienes que constituyen el objeto material o el producto del hecho punible provienen de los delitos de secuestro, extorsión o de cualquiera de los delitos a que se refiere la Ley 30 de 1986.
>
> "2. Cuando para la realización de la o las conductas se efectúen operaciones de cambio o de comercio exterior, o se introduzcan mercancías al territorio aduanero nacional o se celebren contratos con personas sujetas a la inspección, vigilancia o control de las Superintendencias Bancaria o de Valores.
>
> "3. Si la persona que realiza la conducta es importador o exportador de bienes o servicios, o es director, administrador, representante legal, revisor fiscal u otro funcionario de una entidad sujeta a la inspección, vigilancia o control de las Superintendencias Bancaria o de Valores, o es accionista o asociado de dicha entidad en una proporción igual o superior al diez por ciento (10%) de su capital pagado o del valor de los aportes cooperativos.

Posteriormente respecto al lavado de activos, el legislador deslindó como veremos en el acápite de la estructura del delito, el delito del lavado de activos de los ilícitos de receptación y favorecimiento, dejando a cada uno como punibles autónomos, ya que en el Estatuto Anticorrupción (Decreto Ley 190 de 1995) se había tipificado el lavado de activos como una modalidad de receptación (art. 177 del Decreto 100 de 1980), tipificación que generó inconvenientes y dificultades advertidas por el gobierno de entonces.

Fue así como el art. 9° de la Ley 365 de 1997, consagró:

> *"Art. 9°. El Título VII del Libro II del Código Penal tendrá un Capítulo Tercero denominado "Del lavado de Activos", con los siguientes artículos:*
>
> *"Art. 247A. Lavado de Activos.* El que adquiera; resguarde, invierta, transporte, transforme, custodie o administre bienes que tengan su origen mediato o inmediato en actividades de extorsión, enriquecimiento ilícito, secuestro extorsivo, rebelión o relacionadas con el tráfico de drogas tóxicas, estupefacientes o sustancias sicotrópicas, les dé a los bienes provenientes de

> dichas actividades apariencia de legalidad o los legalice, oculte o encubra la verdadera naturaleza, origen, ubicación, destino, movimiento o derechos sobre tales bienes, o realice cualquier otro acto para ocultar o encubrir su origen ilícito incurrirá, por ese solo hecho, en pena de prisión de seis (6) a quince (15) años y multa de quinientos (500) salarios mínimos mensuales.
>
> "La misma pena se aplicará cuando las conductas descritas en el inciso anterior se realicen sobre bienes que conforme al parágrafo del art. 340 del Código de Procedimiento Penal, hayan sido declaradas de origen ilícito.
>
> "Parágrafo 1°. El lavado de activos será punible aun cuando el delito del que provinieren los bienes, o los actos penados en los apartados anteriores hubiesen sido cometidos, total o parcialmente en el extranjero.

Actualmente dicha figura se encuentra tipificada en la Ley 599 de 2000, Código Penal, art. 323 (Lavado de activos):

> "El que adquiera, resguarde, invierta, transporte, transforme, custodie o administre bienes que tengan su origen mediato o inmediato en actividades de extorsión, enriquecimiento ilícito, secuestro extorsivo, rebelión, tráfico de armas, delitos contra el sistema financiero, la administración pública, o vinculados con el producto de los delitos objeto de un concierto para delinquir, relacionadas con el tráfico de drogas tóxicas, estupefacientes o sustancias sicotrópicas, o les dé a los bienes provenientes de dichas actividades apariencia de legalidad o los legalice, oculte o encubra la verdadera naturaleza, origen, ubicación, destino, movimiento o derechos sobre tales bienes, o realice cualquier otro acto para ocultar o encubrir su origen ilícito".
>
> "La misma pena se aplicará cuando las conductas descritas en el inciso anterior se realicen sobre bienes cuya extinción de dominio haya sido declarada.
>
> 'El lavado de activos será punible aun cuando las actividades de que provinieren los bienes, o los actos penados en los apartados anteriores, se hubiesen realizado, total o parcialmente, en el extranjero.
>
> 'Las penas privativas de la libertad previstas en el presente art. se aumentarán de una tercera parte a la mitad cuando para la realización de las conductas se efectuaren operaciones de cambio o de comercio exterior, o se introdujeren mercancías al territorio nacional.
>
> El aumento de pena previsto en el inciso anterior, también se aplicará cuando se introdujeren mercancías de contrabando al territorio nacional".

La libertad económica se encuentra consagrada en el art. 333 de la Constitución de Colombia y ha sido definida como una facultad que tiene toda persona de realizar actividades de carácter económico, con la finalidad de crear, mantener o incrementar un patrimonio. Este principio está limitado desde el punto de vista material por razones de seguridad, salubridad, moralidad, utilidad pública o interés social y desde el punto de vista adjetivo por toda forma de intervención del Estado en la economía y por el establecimiento de monopolios o la calificación de una determinada actividad como servicio público, la regulación del crédito, de las actividades comerciales e industriales y el dinero mal habido. De igual modo se debe proteger el orden económico, del cual deriva el daño social.

4. ESTRUCTURA DEL DELITO DE LAVADO DE ACTIVOS

Entre los requisitos, elementos o componentes especiales se tiene que comete el delito, la persona que adquiera, resguarde, invierta, transporte, transforme, custodie o administre bienes.

De igual manera que estos tengan su origen mediato o inmediato en actividades de extorsión, enriquecimiento ilícito, secuestro extorsivo, rebelión, tráfico de armas, delitos contra el sistema financiero, la administración pública, o vinculados con el producto de los delitos objeto de un concierto para delinquir, relacionadas con el tráfico de drogas tóxicas, estupefacientes o sustancias sicotrópicas, o dinero del cual se infiera judicialmente no se pueda justificar la procedencia patrimonial. Así también les dé a los bienes provenientes de dichas actividades apariencia de legalidad o los legalice, oculte o encubra la verdadera naturaleza, origen, ubicación, destino, movimiento o derechos sobre tales bienes, o realice cualquier otro acto para ocultar o encubrir su origen ilícito. Al igual que el enriquecimiento ilícito es de modalidad dolosa, pero autónoma y no subordinada, pues se requiere que no se pueda justificar el origen de las acreencias lavadas.

Es que inicialmente el lavado de activos, se penalizó en el Estatuto Anticorrupción -Ley 190 de 1995, como receptación, legalización u ocultamiento de bienes provenientes de actividades ilegales, posteriormente, "el legislador deslindó el delito de receptación con el de lavado de activos, dejando a cada uno como punibles autónomos, pues en el mencionado Estatuto, se había tipificado el citado lavado de activos como una modalidad de receptación (art. 177 del Decreto 100 de 1980), tipificación que generó inconvenientes y dificultades que conllevaron al gobierno de la época a impulsar ante el congreso de la República la creación de un tipo penal que sancionara de forma exclusiva dicho ilícito, dándose así origen a la Ley 365 de 1997, normatividad que en su art. 7° plasmó de manera independiente la receptación y a su vez, en el art. 9° el lavado de activos". (Casación del 19/01 de 2005 M.P. Jorge Luis Quintero Milanés).

El delito de Lavado de Activos, requiere de un sujeto activo indeterminado, que a ningún título haya participado en el ilícito que produjo los recursos que de una u otra forma se pretenden legalizar, pues se incurriría en un concurso de comportamientos punibles, lo que demuestra que este tipo penal es un delito autónomo, frente a la conducta punible que origina o produce los fondos ilícitos. De igual forma se subsumirían el solo enriquecimiento ilícito, cuando no se apoye en terceros y tenga todo a su nombre, pero sin el enriquecimiento se hizo con lavado de activos concursales los delitos.

Si bien exige modalidad dolosa, también puede darse en la modalidad de comisión por omisión u acción por omisión por ejemplo en el caso de aquellos servidores públicos que deben ejerce estrictos controles en la Banca, para que no se ejecute el delito y a sabiendas lo permiten, para ello creo una figura también autónoma mediante el art. 325-A edificó el delito de "omisión de reportes sobre transacciones en efectivo, movilización o almacenamiento de dinero en efectivo", que sanciona penalmente a aquellos sujetos sobre los que ejercen control de la Unidad de Información y Análisis Financiero (UIAF) y que deliberadamente omitan el cumplimiento de los reportes a esta entidad para las transacciones en efectivo o para la movilización o para el almacenamiento de dinero en efectivo.

En su sentencia C-685/09, la Corte Constitucional Colombiana, predicó que por lavado o blanqueo de activos se debe entender toda operación material o jurídica dirigida a cubrir con manto de legalidad los bienes obtenidos con el delito. En tanto que el blanqueo de dinero no constituye más que una práctica comercial de naturaleza monetaria, el mismo es común a todas las modalidades delictivas de alta rentabilidad. Por ello, desde los traficantes de narcóticos hasta los comerciantes de seres humanos se valen de las operaciones de lavado de activos para justificar ante las autoridades la procedencia de sus dineros espurios.

Así mismo se ha evidenciado que el delito de lavado de activos que resulta ser de carácter instantáneo, supone, en términos generales, el agotamiento de tres frases bien definidas:

- Una primera, que consiste en la puesta en circulación o colocación del dinero, por la cual la organización introduce las ganancias en la corriente del sistema financiero mediante la consignación imperceptible de pequeñas consignaciones o prevalido de negocios societarios de gran envergadura.
- En la segunda fase, que la doctrina llama de distorsión o diversificación, el dinero corriente fruto del delito se somete a operaciones más o menos complejas que pretenden borrar el rastro de ilegalidad que les dio origen. Para esos fines, las organizaciones criminales utilizan modalidades

diversas: empresa fachada, testaferros, operaciones financieras ficticias, redundantes o repetitivas, etc., todo ello con el fin de hacer parecer lícito lo que no lo es.

- La tercera fase es la de retorno, y consiste en el ingreso de los dineros ilícitos, ficticiamente legalizados, al patrimonio del sujeto que, sin perjuicio de la participación de otros en el delito de lavado de dinero, reclama para sí las ganancias del ilícito.

Los instrumentos internacionales antes vistos, establecen que quien incurre en el delito debe conocer o saber el origen ilícito de los bienes o recursos. No obstante, entre los mismos instrumentos existen diferencias que implican diversidad de criterios para establecer el elemento subjetivo que en unos casos se limita al simple dolo directo y en otros se amplía. En efecto, mientras que la Convención de Viena de 1988 requiere que el procesado actúe "a sabiendas", el Reglamento Modelo (CICAD) agrega las expresiones "debiendo saber" o "con ignorancia intencional", mientras que la Legislación Modelo (PNUFID) se refiere al comportamiento del delincuente que actúa "sospechando" o cuando "habría debido saber" y en nuestra legislación colombiana lleva implícito el dolo de conocimiento y voluntad.

El art. 323 del C.P., en comento contiene en su interior varias descripciones de conductas típicas para configurar el delito de lavado de activos, destacándose que utiliza la fórmula "el que", dejando de este modo, abierto a que el sujeto activo del delito pueda ser cualquier persona, natural o jurídica, particular o cualificado, o sea sin limitación.

En cuanto a los verbos rectores, primero constatemos que cada una de las diversas descripciones típicas contenidas en esta disposición tiene sus verbos, adquirir, resguardar, invertir, transportar, transformar, custodiar o administrar bienes que tengan su origen mediato o inmediato en actividades de extorsión, enriquecimiento ilícito, secuestro extorsivo, rebelión, tráfico de armas, delitos contra el sistema financiero, la administración pública, o vinculados con el producto de los delitos objeto de un concierto para delinquir, relacionadas con el tráfico de drogas tóxicas, estupefacientes o sustancias sicotrópicas, sobre bienes cuya extinción de dominio haya sido declarada, o les dé a los bienes provenientes de dichas actividades apariencia de legalidad o los legalice, oculte o encubra la verdadera naturaleza, origen, ubicación, destino, movimiento o derechos sobre tales bienes, o realice cualquier otro acto para ocultar o encubrir su origen ilícito.

Se evidencia que las actividades de donde provienen los bienes, de manera mediata o inmediata, son las indicadas en la norma, sin más ni menos, las 5 señaladas, extorsión, secuestro extorsivo, enriquecimiento ilícito, rebelión o relacionadas con el tráfico de drogas tóxicas, estupefacientes o sustancias sicotrópicas.

Así las cosas, para que se pueda predicar la configuración de alguna de las causales previstas en el art. 2 de la Ley 793 de 2002, tiene que haberse determinado dentro del proceso de extinción de dominio, en primer lugar, que el bien materia de persecución de alguna manera estuvo relacionado con una conducta de enriquecimiento ilícito, o con un comportamiento que perjudicó al tesoro público, o que representó un grave deterioro a la moral social (como lo sería, por ejemplo, la posible enajenación de un inmueble efectuada por quien resultó ser narcotraficante). Sólo ante esta eventualidad habría lugar a establecer si el presunto titular del bien perseguido no quiso o no pudo justificar el origen del mismo.

Es de advertirse que, dentro del concepto de "salud pública", el capítulo II del título XIII del Código Penal, Ley 599 de 2000, comprende una serie de comportamientos relacionados con lo que comúnmente se conoce como narcotráfico, cuya calidad punible ya había sido contemplada en la Ley 30 de 1986, e incluso en el Decreto 1188 de 1974, y la Ley 45 de 1946, entre otras disposiciones. Así las cosas, no hay duda de que el narcotráfico y los comportamientos afines a éste son conductas que causan grave deterioro a la moral social en la medida que atentan contra el bien jurídico de la salud pública y, como tal, no sólo constituyen actividades ilícitas, sino que también son reprochables desde el punto de vista punitivo.

En el lavado de activos se incluyen las causales que deriva del art. 340 del C.P.P, para la Extinción del derecho de dominio, que dispone que por sentencia judicial se declara extinguido el dominio sobre bienes adquiridos mediante enriquecimiento ilícito, en perjuicio del patrimonio del tesoro público o con grave deterioro de la moral social, señalando a modo de ejemplo cuáles califican en estas categorías. Por lo que quién realice las conductas de adquisición, resguardo, inversión, transporte, transformación, custodia o administración sobre bienes que hayan sido declarados, mediante resolución judicial de la preclusión de la investigación, de origen ilícito, serán sancionados con las penas dadas para los lavadores de activos, equiparando, para efectos sancionatorios, dichas conductas.

De igual manera si alguna de las actividades para dar origen lavado de activos, se ejecutan en Colombia o en el extranjero, sea conducta punible o no en el extranjero, las ganancias a que den lugar las mismas y que se tratan de lavar en Colombia, serán perseguidas y sancionadas en virtud de esta disposición, por lo que se penalizará al delincuente sin importar el lugar donde se hubiese cometido el delito del cual proviene el beneficio económico que se pretende blanquear en Colombia.

Ahora bien, si para la realización de cualquiera de las conductas de adquisición, resguardo, inversión, transporte, transformación, custodia o administración de bienes de origen ilícito determinado por la misma norma, se llevaren a efecto operaciones de comercio exterior o de cambio, o se introdujeren mercancías al territorio nacional colombiano u operaciones de contrabando, las penas se agravaban, aumentándose de una tercera parte a la mitad de las mismas. De igual manera se castiga la omisión de control para las operaciones en efectivo, por parte de los funcionarios del sector financiero y de las cooperativas de ahorro y crédito, cuales están contenidas en el Estatuto Orgánico del Sistema Financiero, Decreto 663 de 1993, art. 103 y 104, entendido está que fuere una acción por omisión o de comisión por omisión.

También se agravará la pena del delito de lavado de activos si la conducta es cometida dentro del marco de una organización, persona jurídica o sociedad, a quienes son jefes, administradores o encargados de las referidas entidades dedicada al lavado, agravándoles el castigo de la mitad a las tres cuartas partes de las penas señalas para el delito.

No olvidándose que el art. 340 ibídem en el inciso 2° consagra el Concierto para delinquir agravado para el lavado de activos, como también *por la calidad de las personas*, cuando estos sean quienes organizan, fomentan, promueven, dirigen, encabezan, constituyen o financian el concierto o la asociación para delinquir.

Aunque en el delito de lavado de activos pareciere referir la norma que se hace necesario demostrar en el proceso que los bienes objeto del mismo provienen de alguna de las actividades ilícitas a que se refiere el trascrito art. 323, para su acreditación no es necesario, la existencia de una sentencia previa en ese sentido, sino que en el proceso debe estar patente esa situación, bien sea que la conducta se le cargue a quien se investiga o a un tercero, sin que esa particularidad demande una prueba específica. Ello lo sostuvo al Corte Suprema en sede penal en sentencia del 24 de enero de 2007, radicación número 25219.

Sobre la fundamentación de la imputación por lavado de activos, en pronunciamiento sentencia de 28 de noviembre de 2007, radicación 23174 expresó la Sala panel de la Corte Suprema de Justicia que:

> "...basta con que el sujeto activo de la conducta no demuestre la tenencia legítima de los recursos, para deducir con legitimidad y en sede de sentencia que se trata de esa adecuación típica (lavado de activos), porque en esencia, las diversas conductas alternativas a que se refiere la conducta punible no

> tienen como referente 'una decisión judicial en firme', sino la mera declaración judicial de la existencia de la conducta punible que subyace al delito de lavado de activos'.
>
> ………..

Así las cosas, el lavado de activos, tal como el género de conductas a las que se refiere el art. 323, es comportamiento autónomo y su imputación no depende de la demostración, mediante declaración judicial en firme, sino de la mera inferencia judicial al interior del proceso, bien en sede de imputación, en sede de acusación o en sede de juzgamiento que fundamente la existencia de la(s) conducta(s) punible(s) tenidas como referente en el tipo de lavado de activos.

Y se agregó por parte de la Corte que:

> "Cuando el tenedor de los recursos ejecuta esa mera actividad (aparentar la legalidad del activo) y oculta su origen e inclina su actividad al éxito de ese engaño, orienta su conducta a legalizar la tenencia del activo, es claro que incurre en la conducta punible porque su comportamiento se concreta en dar a los bienes provenientes o destinados a esas actividades apariencia de legalidad; es decir, encubre la verdadera naturaleza ilícita del producto".
>
> "Bajo esa lógica, en el presente caso, para tipificar el delito de lavado de activos, bastaba entonces la demostración de que el sujeto activo de la conducta ocultó o encubrió "la verdadera naturaleza, origen, ubicación, destino, movimiento o derecho sobre tales bienes", sin necesidad de acreditar con una decisión judicial en firme el delito de donde provenían los recursos ilícitos, pues la actividad ilegal subyacente sólo requiere de una inferencia lógica que la fundamente, tal como se expuso en el aludido precedente del 28 de noviembre de 2007".

Así las cosas, demostrar el amparo legal del capital que ostenta o administra, custodia guarda, etc., es cuestión a la que está obligado el tenedor en todo momento; y cuando no demuestra ese amparo legítimo es dable inferir, con la certeza argumentativa que exige el ordenamiento jurídico penal, que la actividad ilegal consiste en "…encubrir la verdadera naturaleza, origen, ubicación, destino, movimiento o derecho sobre tales bienes", de manera que por esa vía se estructura la tipicidad y el juicio de reproche a la conducta de quien se dedica a lavar activos.

Es por ello que, la imputación por lavado de activos es autónoma e independiente de cualquier otra conducta punible y para fundamentar la imputación y la sentencia basta que "se acredite la existencia de la conducta punible subyacente *a título de mera inferencia por la libertad probatoria que marca el sistema penal colombiano*"[2].

---

[2] Sentencia de 9 de abril de 2008, radicación 23754.

De otro modo diríamos que, en el proceso debe estar patente esa situación, bien sea que la conducta se le cargue a quien se investiga o a un tercero, sin que esa particularidad demande una prueba específica[3]. Sobre la fundamentación de la imputación por lavado de activos, en el pronunciamiento ya en cita[4] expresó la Sala que, *"...basta con que el sujeto activo de la conducta no demuestre la tenencia legítima de los recursos, para deducir con legitimidad y en sede de sentencia que se trata de esa adecuación típica (lavado de activos), porque en esencia, las diversas conductas alternativas a que se refiere la conducta punible no tienen como referente "una decisión judicial en firme", sino la mera declaración judicial de la existencia de la conducta punible que subyace al delito de lavado de activos".*

Se reiteró así la tesis de que lavar activos es una conducta punible autónoma y no subordinada:

> "El lavado de activos, tal como el género de conductas a las que se refiere el art. 323, es comportamiento autónomo5 y su imputación no depende de la demostración, mediante declaración judicial en firme, sino de la mera inferencia judicial al interior del proceso, bien en sede de imputación, en sede de acusación o en sede de juzgamiento que fundamente la existencia de la(s) conducta(s) punible(s) tenidas como referente en el tipo de lavado de activos"6.

Y se agregó que:

> "Cuando el tenedor de los recursos ejecuta esa mera actividad (aparentar la legalidad del activo) y oculta su origen e inclina su actividad al éxito de ese engaño, orienta su conducta a legalizar la tenencia del activo, es claro que incurre en la conducta punible porque su comportamiento se concreta en dar a los bienes provenientes o destinados a esas actividades apariencia de legalidad; es decir, encubre la verdadera naturaleza ilícita del producto".

Uno de los elementos del delito de lavado de activos es el origen ilícito de los bienes que constituyen su objeto material, y para demostrar esa circunstancia el sentenciador puede acudir a la prueba directa (testigos, documentos) o indirecta (indicios graves) en el entendido de que, como lo ha reiterado la jurisprudencia, no se requiere de una decisión judicial que declare la existencia y responsabilidad de la conducta delictiva que da origen a los bienes.

---

3 Sentencia del 24 de enero de 2007, radicado No. 25.219.

4 Sentencia de casación del 28 de noviembre de 2007, radicado No. 23.174.

5 Cfr. Corte Suprema de Justicia, Sentencia del 19/01/2005, rad. No. 21044.

6 Sentencia de casación del 28 de noviembre de 2007, radicado No. 23.174.

Este tema que fue abordado también en las sentencias del 28 de noviembre de 2007 y 9 de abril de 2008 (Radicados 23.274 y 23.754, respectivamente), en las que se ratifica que es necesario demostrar en el proceso que los bienes objeto del mismo provienen de alguna de las actividades ilícitas a que se refiere el art. 323, aclarando, sin embargo, que para su acreditación no es necesario la existencia de una sentencia previa en ese sentido, sino que en el proceso debe estar patente esa situación, bien sea que la conducta se le cargue a quien se investiga o a un tercero, sin que esa particularidad demande una prueba específica.

Por lo anterior, al realizarse referencia acerca del origen ilícito de las divisas, no se debe confundir el concepto de ingrediente normativo del tipo, al que se refiere el aspecto en cuestión, con el de ley penal en blanco, pues de una parte, los ingredientes normativos son aquellas expresiones contenidas en los tipos penales que cualifican o bien a los sujetos activo o pasivo, o bien al objeto material de la conducta descrita por el legislador, y, por lo tanto, delimitan tanto el alcance como el contenido de la misma, de manera que le corresponde al juez en cada caso concreto valorar su configuración.

Por ejemplo, en el inciso 1º del art. 323 de la Ley 599 de 2000, modificado por el art. 8 de la Ley 747 de 2002 y el art. 17 de la Ley 1121 de 2006, que consagra el delito de lavado de activos, un elemento normativo del tipo respecto del objeto material "bienes" lo constituye la expresión:

> "... que tengan su origen mediato o inmediato en actividades de tráfico de migrantes, trata de personas, extorsión, enriquecimiento ilícito, secuestro extorsivo, rebelión, tráfico de armas, financiación del terrorismo y administración de recursos relacionados con actividades terroristas, tráfico de drogas tóxicas, estupefacientes o sustancias sicotrópicas, delitos contra el sistema financiero, delitos contra la administración pública, o vinculados con el producto de delitos ejecutados bajo concierto para delinquir".

La ley penal en blanco, por su parte, es aquella que remite a otro ordenamiento jurídico en aras de completar la determinación de aquellos elementos que integran los presupuestos específicos del supuesto previsto por la norma.

Por ejemplo, en el art. 312 del Código Penal, la expresión "actividad establecida como monopolio de arbitrio rentístico", pues sin duda remite para su cabal comprensión a disposiciones de índole administrativa.

De ahí que, cuando el complemento se halla localizado dentro del mismo código o ley que contiene el precepto legal en blanco llamado a completar, no es posible predicar que se está ante una ley penal en blanco, de acuerdo con la opinión dominante en la doctrina contemporánea.

Suele coincidirse en negar el carácter de ley penal en blanco al supuesto en que el complemento se ubica en el mismo cuerpo legal. Ello está justificado, pues es mera cuestión de técnica legal el número de artículos que se utilice para expresar una norma dentro de una misma ley, que en conjunto no podrá considerarse incompleta por el hecho de que acuda a varios –de hecho es regla que sea preciso relacionar varios artículos del Código Penal para obtener una norma"[7].

Se tiene que en determinadas circunstancias el legislador no plasma en el tipo penal la descripción perfecta de la conducta, por ser imposible y sin embargo históricamente se ha considerado que con ello no se vulnera el principio de tipicidad.

Desde la sentencia C-559 de 1999, la Corte Constitucional admitió la legitimidad de este mecanismo alternativo de integración del tipo, al reconocer que no toda la realidad sujeta a regulación penal es susceptible de ser descrita en moldes legales, cerrados y completos. Este criterio fue recientemente reiterado y precisado en la sentencia C-422 de 2011, de la Corte en mención cuando sostuvo que el tipo penal abierto supone cierto grado de indeterminación de los elementos normativos que lo configuran, empero esto no acarrea indefectiblemente su inconstitucionalidad.

Además, como ha señalado con acierto la doctrina todo tipo penal puede ser calificado como abierto porque deja cierto margen a la interpretación, por lo que se trata más bien de una cuestión de grados, hay tipos más cerrados y tipos más abierto.

Por lo tanto, el que la expresión del art. 323 del Código Penal transcrita en precedencia remita para su entera comprensión a otros artículos del mismo ordenamiento (como, en este caso, al art. 327 ibídem, que consagra el delito de *enriquecimiento ilícito de particulares*) no la convierte, por ese solo hecho, en una ley penal en blanco.

Luego entonces, basta con que el sujeto activo de la conducta no demuestre la tenencia legítima de los recursos, para deducir con legitimidad que se trata de esa adecuación típica (lavado de activos), porque en esencia, las diversas conductas alternativas a que se refiere la conducta punible no tienen como referente 'una decisión judicial en firme', sino la mera declaración judicial de la existencia de la conducta punible que subyace al delito de lavado de activos.

Por lo tanto, basta con que el sujeto activo de la conducta no demuestre la tenencia legítima de los recursos, para deducir con legitimidad y en sede de

---

7 MIR PUIG, Santiago. *Derecho penal.* Parte general, B de F. Buenos Aires: 2005. p. 77.

sentencia que se trata de esa adecuación típica de lavado de activos, ya que, en esencia, las diversas conductas alternativas a que se refiere la conducta punible no tienen como referente 'una decisión judicial en firme', sino la mera declaración judicial de la existencia de la conducta punible que subyace al delito de lavado de activos.

Cuando el tenedor de los recursos ejecuta esa mera actividad (aparentar la legalidad del activo) y oculta su origen e inclina su actividad al éxito de ese engaño, orienta su conducta a legalizar la tenencia del activo, es claro que incurre en la conducta punible porque su comportamiento se concreta en dar a los bienes provenientes o destinados a esas actividades apariencia de legalidad; es decir, encubre la verdadera naturaleza ilícita del producto. Bajo esa lógica, para tipificar el delito de lavado de activos, bastaba entonces la demostración de que el sujeto activo de la conducta ocultó o encubrió "la verdadera naturaleza, origen, ubicación, destino, movimiento o derecho sobre tales bienes", sin necesidad de acreditar con una decisión judicial en firme el delito de donde provenían los recursos ilícitos, pues la actividad ilegal subyacente sólo requiere de una inferencia lógica que la fundamente, tal como se expuso en el aludido precedente del 28 de noviembre de 2007:

> "...demostrar el amparo legal del capital que ostenta o administra, etc., es cuestión a la que está obligado el tenedor en todo momento; y cuando no demuestra ese amparo legítimo es dable inferir, con la certeza argumentativa que exige el ordenamiento jurídico penal, que la actividad ilegal consiste en "...encubrir la verdadera naturaleza, origen, ubicación, destino, movimiento o derecho sobre tales bienes", de manera que por esa vía se estructura la tipicidad y el juicio de reproche a la conducta de quien se dedica a lavar activos (...)
>
> Se insiste: la imputación por lavado de activos es autónoma e independiente de cualquier otra conducta punible y para fundamentar la imputación y la sentencia basta que se acredite la existencia de la conducta punible subyacente a título de mera inferencia por la libertad probatoria que marca el sistema penal colombiano[8].

El lavado de activos, tal como el género de conductas a las que se refiere el art. 323, lo adujo la corte Suprema es comportamiento autónomo[9] y su imputación no depende de la demostración, mediante declaración judicial en firme, sino de la mera inferencia judicial al interior del proceso, bien en sede

---

8 Corte Suprema de Justicia, Sala de Casación Penal, sentencia de casación, 9 de abril de 2008, radicado 23754.

9 Sentencia del 19 de enero de 2005, radicado 21044.

de imputación, en sede de acusación o en sede de juzgamiento que fundamente la existencia de la o las conductas punibles tenidas como referente en el tipo de lavado de activos.

En resumen, la estructura típica del lavado de activos, se interpreta de una parte como una figura accesoria al delito subyacente generador de las ganancias económicas que se procuran reintroducir en el mercado; es decir, se concibe al lavado como una forma de encubrimiento, por el segundo, se argumenta que el lavado de activos es un delito autónomo, que afecta a un bien jurídico distinto que el del delito pre cedente.

Así entonces, cuando el tenedor de los recursos ejecuta esa mera actividad de aparentar la legalidad del activo y oculta su origen e inclina su actividad al éxito de ese engaño, orienta su conducta a legalizar la tenencia del activo, es claro que incurre en la conducta punible porque su comportamiento se concreta en dar a los bienes provenientes o destinados a esas actividades apariencia de legalidad; es decir, encubre la verdadera naturaleza ilícita del producto.

Es por esto que, para tipificar el delito de lavado de activos, basta entonces la demostración de que el sujeto activo de la conducta ocultó o encubrió 'la verdadera naturaleza, origen, ubicación, destino, movimiento o derecho sobre tales bienes', sin necesidad de acreditar con una decisión judicial en firme el delito de donde provenían los recursos ilícitos, pues la actividad ilegal subyacente sólo requiere de una inferencia lógica que la fundamente.

De igual manera, para incurrir en la conducta de lavado de activos se tiene como suficiente con que el sujeto activo dolosamente o a sabiendas, oculte o encubra la verdadera naturaleza, origen, ubicación, destino, movimiento o derecho sobre tales bienes o realice cualquier otro acto para ocultar o encubrir su origen ilícito, para incurrir por esa sola conducta en las penas previstas en la norma.

En proveído del 28 de noviembre de 2007 la Corte Suprema en sala penal sostuvo:

> "...demostrar el amparo legal del capital que ostenta o administra, etc., es cuestión a la que está obligado el tenedor en todo momento; y cuando no demuestra ese amparo legítimo es dable inferir, con la certeza argumentativa que exige el ordenamiento jurídico penal, que la actividad ilegal consiste en '...encubrir la verdadera naturaleza, origen, ubicación, destino, movimiento o derecho sobre tales bienes', de manera que por esa vía se estructura la tipicidad y el juicio de reproche a la conducta de quien se dedica a lavar activos.
>
> "(...)

> "Se insiste: la imputación por lavado de activos es autónoma e independiente de cualquier otra conducta punible y para fundamentar la imputación y la sentencia basta que se acredite la existencia de la conducta punible subyacente a título de mera inferencia por la libertad probatoria que marca el sistema penal colombiano".

En este delito al igual que en el de enriquecimiento ilícito, le asiste al indiciado, el derecho a la no autoincriminación ciertamente autoriza al procesado a asumir ciertos comportamientos procesales, pero su silencio o sus aserciones carentes de sustento, pueden objetivamente demeritar su posición si en su contra se reúnen suficientes elementos probatorios allegados por el Estado y no refutados.

Las disposiciones legales suelen prever un tipo penal de comportamientos o conductas alternativas, por las que se contemplan una pluralidad de acciones, con lo que la realización de cualquiera es suficiente para constituir el tipo, de modo que se contemplará un solo delito aun cuando el autor a la vez que ejecuta cualquiera de las acciones previstas en la ley. Dichas conductas tienen capacidad en abstracto para encubrir o ayudar a eludir las consecuencias jurídicas de sus actos o a quienes hubieren participado en él cuando el sujeto activo que las realiza tiene conocimiento de la procedencia ilegal del objeto sobre el cual recae la acción, debiéndose probar dicha circunstancia por encontrarse incluida como un elemento subjetivo del tipo penal, por cuanto al tratarse de una lista abierta de conductas que, por su indeterminación, sin tal previsión legal sería atentatorio al principio de seguridad jurídica.

Según el estudio "Seminario-Taller sobre Lavado de Activos para Jueces, Fiscales y Funcionarios encargados del Cumplimiento de la Ley" San Salvador, El Salvador, 10 de octubre de 2013, Nelson Mena, Sección Antilavado de Activos, Comisión Interamericana para el Control del Abuso de Drogas (CICAD), el sujeto conoce que existe un delito previo, aunque carezca de conocimiento pormenorizado del mismo; sí sabe esencialmente que los elementos patrimoniales tienen su origen en una acción de tal índole. Uno de los elementos del tipo de lavado de activos está constituido por el delito previo del cual proceden los activos (bienes) que son ocultados, recibidos, transferidos o modificados, pero generalmente el delito de lavado de activos se ha tipificado a partir del delito de encubrimiento por cuanto en ambos delitos la acción consiste en ayudar a asegurar el beneficio o el resultado de un delito, a eludir la acción de la justicia, a sustraerse de esta, a eludir el castigo, a suprimir, alterar u ocultar los rastros del crimen.

Es por ello que la cuestión de la autonomía del delito de lavado se relaciona entonces con la carga de la prueba del delito anterior y de esta forma es importante establecer cuáles son los requisitos que resultan necesarios considerar probados en un juicio criminal para tener por acreditada esta circunstancia.

No se puede asociar la demostración con la certeza de la actividad ilícita antecedente, o la prueba de la conducta subyacente o el requerimiento de una declaración judicial en firme que declare la existencia del delito base para fundamentar el elemento normativo del tipo en la conducta de lavado de activos.

El grado de unión o de nexo entre el delito previo o generador y la conducta constitutiva de blanqueo puede expresarse a través del principio de accesoriedad, que ha sido elaborado para resolver los problemas de participación en el delito cometido por otra persona y que determina qué requisitos ha de cumplir el hecho principal para que pueda establecerse la responsabilidad penal del partícipe.

La teoría de la *accesoriedad limitada,* por la cual se afirma que la participación es accesoria respecto del hecho del autor, pero también, por otro lado, que depende de éste hasta cierto punto: basta que el hecho del autor sea antijurídico, no siendo necesario que, además, sea culpable. De dicha aplicación según algunos doctrinantes, pueden extraer dos consecuencias. La primera: cuando los bienes no tienen su origen en un hecho típico, no podrá haber un delito de lavado. La segunda: cuando existe una causa de justificación en el hecho previo que origina los bienes, tampoco podrá haber delito de lavado.

En nuestra legislación penal la conducta se tipifica por cualesquier persona a través de uno cualquiera de los verbos rectores relacionados en la norma –adquirir, resguardar, invertir, **transportar**, transformar, custodiar, administrar– bienes provenientes de los delitos de extorsión, enriquecimiento ilícito, secuestro extorsivo, rebelión, o relacionados con el tráfico de drogas tóxicas, estupefacientes o sustancias sicotrópicas, así como también del tráfico de armas y comportamientos delictivos contra el sistema financiero, la administración pública y los vinculados con el producto de los ilícitos objeto de un concierto para delinquir –conductas estas últimas adicionadas en la nueva normatividad y que no aparecían descritas en el precepto derogado, como también lo fueron las actividades de tráfico de migrantes y trata de personas por el art. 8º de la Ley 747 de 2002; darle apariencia de legalidad o legalizar tales bienes, ocultar o encubrir su verdadera naturaleza, origen ubicación o destino, movimiento o derechos sobre los mismos; o realizar cualquier otro acto para ocultar o encubrir su origen ilícito”[10].

Es por lo anterior que la conducta de transportar con la pretensión de introducir injustificada y clandestinamente al país o sacar de él, eludiendo

---

[10] Cfr. Auto de octubre 27 de 2004, radicado 22673.

todos los controles cambiarios, financieros, aduaneros y policivos una cantidad apreciable de dinero en efectivo, representado en moneda extranjera, como otra de las modalidades utilizadas para el blanqueo de capitales, no solamente es punible en nuestra legislación, sino que la consagración como delito corresponde precisamente al cumplimiento de compromisos internaciones adquiridos por Colombia.

El bien jurídicamente tutelado como puede verse ya no lo es solamente la moral pública sino también, el normal funcionamiento del orden económico y social por cuanto las economías internas de cada país, como consecuencia del ingreso o salida de recursos de contenido económico provenientes de actividades delictivas, o de provocar una economía de tipo subterránea.

Es por ello que se requiere entonces que el sujeto activo desarrolle cualquiera de las conductas enunciadas en la norma, materializando la acción y, de otro, que exista una conducta punible antecesora, generadora de los recursos que se pretende encubrir.

El lavado de activos puede concursar perfectamente con cualquiera de los ilícitos que inicialmente lo originen, pues si de la inferencia efectuada por el investigador en relación con el comportamiento ilícito subyacente, es, suficiente para acreditar la existencia de la actividad ilegal fuente del activo decomisado, resulta independiente la responsabilidad que se tenga o no en el delito de enriquecimiento ilícito de particulares o Testaferrato, por lo que el autor del enriquecimiento ilícito puede ser determinador en el lavado y el Testaferrato.

Se puede incurrir en el delito de lavados de activos cuando aceptamos comprar un inmueble a nuestro nombre con dinero de otra persona que obtuvo ese dinero de manera ilícita o no puede justificar su origen.

De igual forma cuando prestamos nuestra cuenta bancaria para que otro consigne dineros no justificados, o si aceptamos custodiar vehículos o inmuebles de dudosa procedencia, ello si con conocimiento previo de dicho comportamiento, pues no se tiene en modalidad culposa, sino que se requiere del dolo, conocimiento y voluntad del ilícito.

Cuando el tenedor de los recursos ejecuta esa mera actividad (aparentar la legalidad del activo) y oculta su origen e inclina su actividad al éxito de ese engaño, orienta su conducta a legalizar la tenencia del activo, es claro que incurre en la conducta punible porque su comportamiento se concreta en dar a los bienes provenientes o destinados a esas actividades apariencia de legalidad; es decir, encubre la verdadera naturaleza ilícita del producto.

La Corte Suprema, también ha sostenido que aunque en el delito de lavado de activos es necesario demostrar en el proceso que los bienes objeto del mismo provienen de alguna de las actividades ilícitas a que se refiere el trascrito art. 323, para su acreditación no es necesario, sin embargo, la existencia de una sentencia previa en ese sentido, sino que en el proceso debe estar patente esa situación, bien sea que la conducta se le cargue a quien se investiga o a un tercero, sin que esa particularidad demande una prueba específica. (Sentencia de 24 de enero de 2007, radicación número 25219).

En conclusión, si bien la descripción comportamental legal del delito de lavado de activos no consagra expresamente su carácter autónomo, este ha sido deducido por la jurisprudencia, en la medida en que permite la penalización de sus autores o partícipes, sin tener que probar que exista una condena previa por el ilícito determinante o subyacente, debiendo demostrarse sí, que el dinero o los valores que han sido objeto de blanqueo, tienen su origen ilícito en cualquiera de esos comportamientos determinantes o subyacentes, ampliamente enunciados con antelación, sin que dicha demostración del origen del dinero esté sujeta a un especial elemento de prueba, tampoco a un pronunciamiento judicial sobre el punible que lo origina, lo cual puede acreditarse a partir de la mera inferencia judicial al interior del proceso.

El lavado de activos o blanqueo de capitales, como también se le denomina, como se vio anteriormente, consiste en la operación realizada por el sujeto agente para ocultar dineros de origen ilegal en moneda nacional o extranjera y su posterior vinculación a la economía, haciéndolos aparecer como legítimos; esto significa que dicha conducta típica puede ser realizada por cualesquier persona a través de uno cualquiera de los verbos rectores relacionados en la norma –en este caso adquirir, resguardar, invertir o transformar–, bienes (dinero) proveniente del delito de rebelión, extorsión, secuestro etc., o les dé a los bienes (dinero) provenientes de dichas actividades apariencia de legalidad o los legalice, oculte o encubra su verdadera naturaleza, origen, ubicación destino o movimiento.

Es muy posible un error de tipo frente a la modalidad del dolo exigido, debido a la falta de conocimiento o deficiencia en el mismo, cuando ello recaiga sobre las circunstancias fácticas relativas a la proveniencia de los bienes que se reciclan, que excluiría el dolo. Así también, cuando la falta de conocimiento o su deficiencia, no lo sea sobre las circunstancias fácticas sino con relación a la comprensión de la valoración jurídica, incita en el elemento normativo de la figura (proveniencia delictiva de los bienes que se reciclan), constituye, también, un error de tipo que excluye el dolo.

Si bien el legislador no previó el delito de lavados de activos en modalidad culposa, para evitar que mediante dicha inactividad también se pudiere favorecer al delincuente ante la negligencia del servidor público encargado de ejercer los controles preventivos, creo una figura autónomas en modalidad culposa que tienden a dicho fin, que encontramos tipificada en el art. 325 del C.P., el ilícito de OMISIÓN DE CONTROL, que castiga al miembro de junta directiva, representante legal, administrador o empleado de una institución financiera o de cooperativas que ejerzan actividades de ahorro y crédito que, con el fin de ocultar o encubrir el origen ilícito del dinero, omita el cumplimiento de alguno o todos los mecanismos de control establecidos por el ordenamiento jurídico para las transacciones.

IV. Testaferrato

1. DEFINICIÓN

El Testaferrato, hace relación a aquel comportamiento desplegado por cualquier persona, consistente en prestar su identidad civil, firma o bien su personería ya sea física o jurídicamente para encubrir o disfrazar legalmente, o su personería o jurídicamente, emulando el papel de la persona verdaderamente propietaria de bienes muebles o inmuebles a fin de hacerlos aparecer y ver como suyos, permitiendo que con ello se aparente su posesión o propiedad, evadiendo investigaciones penales para el verdadero propietario quién injustificada o ilícitamente los adquirió.

El llamado sujeto activo o testaferro, es a la vez un cooperador ya fuere como determinador, coautor, o cómplice, en el delito de blanqueo de capitales o paraíso fiscal del autor, prestando su nombre para la realización de un negocio jurídico que aparentemente se encuentra dentro de la legalidad, pero teniendo un origen ilícito el dinero o los bienes, utilizado para la realización de ese negocio, siendo castigado cuando actúa de un modo dolosa, al tener conocimiento cierto del origen ilícito de los bienes.

Luego entonces, testaferro resulta ser en términos jurídicos, la persona que presta su nombre o representación legal, para que otro u otros oculten o disimulen su incremento patrimonial no justificado. Se utiliza el Testaferrato para que a nombre del testaferro figuren bienes que no son de su propiedad, ocultando el origen del patrimonio ajeno, para engañar a las autoridades sobre su origen, adquiriendo bienes con dineros provenientes de actividades ilícitas, permitiendo que el verdadero titular de aquellos permanezca en la clandestinidad, evitando la acción de la justicia.

2. HISTORIA

Refieren los historiadores que, en la época de Roma antigua, no se pueden describir a los emperadores como gobernantes de iure, el cargo de emperador era considerado como de 'primero entre iguales' y muchos de ellos no llegaron a ser gobernantes de facto, sino que frecuentemente fueron simples testaferros de poderosos burócratas, funcionarios, mujeres y generales, así como también sucedió en Egipto.

El Testaferrato era conocido como una figura civil lícita de aplicación general, que después repercutió en el giro del comercio y los negocios, se designaba el nombre de testaferro al mandante, al administrador, al mayordomo; así también lo era el que publicaba obras a su nombra cuyo autor no quería revelarse o le era impedido escribir.

También se dice que es una institución que surgió en la edad media para proteger a la familia del caballero cruzado caído en combate, similar en cierta forma a la fiducia.

En la página web "*enigmasdelmundo.com/2011/12/era-Shakespeare -un-testaferro.htm*", se argumenta que, desde fines del siglo XVIII, los eruditos piensan que existe una dicotomía demasiado grande entre un personaje histórico de tan poca monta y una obra tan genial. Se trata de las tesis llamadas "antistratfordianas", que afirman que SHAKESPEARE sólo es el testaferro del verdadero autor de Hamlet y de Otelo. En parte, nacen de interrogantes legítimas: ¿pertenecían estas obras al repertorio del actor SHAKESPEARE? ¿Cómo pudo tener tan poca resonancia su obra entre sus contemporáneos, hasta el punto que la muerte de SHAKESPEARE no se mencione en ningún documento oficial? Además, se basan en el prejuicio que un hombre, a priori sin cultura y de baja extracción social, a pesar de todo, no puede ser un escritor inmenso.

El punto de vista más antiguo y célebre atribuye la obra de SHAKESPEARE al filósofo Francis BACON (1561-1626). Este gran espíritu, importante pensador del Renacimiento, está estrechamente ligado a las intrigas de la corte isabelina. Ahora bien, la obra teatral de Shakespeare revela un dominio sorprendente de los mecanismos de la vida política inglesa de la época. Bacon, ligado primero a un favorito de Isabel I, el conde de Essex, alcanza las cumbres del estado luego del advenimiento de Jacobo I de Inglaterra.

En extracto de A. RODRÍGUEZ, "*El receptum argentarii en el Derecho romano clásico. Una propuesta de análisis*", Madrid, 2004, se concluye que en el período comprendido entre los siglos II a.C. y III d.C. los sujetos participantes en "actividades financieras" se distinguían entre sí, fundamentalmente, por su status social y político.

En general, la sociedad romana de este período estaba integrada por tres grandes grupos de individuos: una minoría componía el grupo privilegiado, poseedor de una inmensa riqueza y controlador de la vida política y económica (clase Senatorial y Ecuestre); un segundo grupo, sin cohesión interna, gozaba de una posición intermedia; y, por último, una inmensa mayoría de individuos, heterogénea y con diferencias muy marcadas entre sí, se encontraba a la cola de la estratificación social y contaba con escasos recursos económicos.

Se asegura que, en la posición más elevada de esta escala social se encontraban los financieros pertenecientes a la aristocracia: senadores, caballeros y oligarcas municipales, que realizaban préstamos a interés, transferencias de fondos y cesión de créditos mediante delegación. Teórica y formalmente los grupos privilegiados no participaban en negocios lucrativos. Existen múltiples referencias en las fuentes que expresan su actitud contraria a los negocios y a la *foeneratio* en particular y parece que llegó a prohibirse la actividad del comercio a los Senadores. Sin embargo, *de facto*, actuaban mediante personas interpuestas o testaferros.

Como ejemplos de personajes que podrían encuadrarse en este grupo son *Lucius Egnatius Rufus, Rabirius Postumus* o el Ático amigo de Cicerón. Algunas de las operaciones realizadas por el Caballero *Egnatius Rufus* fueron comunes con las desempeñadas por los argentarii. Intervino en la concesión de préstamos, recibió depósitos, actuó como intermediario en la adquisición de inmuebles y desempeñó este tipo de negocios en provincias como Bitinia o Cilicia, aunque residía en Italia.

Como algunas personas como los esclavos y plebeyos, no podían mostrara sus riquezas frutos de algunos ahorros o donaciones, o trofeos de guerra, las colocaban a nombre de personas que podían tener dicha capacidad a cambio de bajos réditos.

Sin embargo, cuando el Testaferrato tomó un rumbo ilícito, para esconder grandes fortunas productos de las estafas, hurtos, peculados y la aparición del narcotráfico, como vimos anteriormente, fue en la Convención de Viena de 1988, ratificada en Colombia por la Ley 67 de 1993, que entró en vigencia el 9 de mayo de 1994, sobre lavado de activos y conductas afines, constituyéndose en punto de partida en la política mundial a seguir en contra de esta clase de delitos conocidos como transnacionales, incluido el Testaferrato, fijándose reglas que fueron marco de la persecución del producto ilícito de organizaciones criminales. Se estableció en el art. 3, de dicha convención, lo siguiente:

1. Cada una de las partes adoptará las medidas que sean necesarias para tipificar como delitos penales en su derecho interno, cuando se cometan intencionalmente:

a. La conversión o transferencia de bienes a sabiendas de que tales proceden de alguno o algunos de los delitos tipificados o de conformidad con el inciso 9º del presente párrafo, o de un acto de participación en tal delito o delitos, con objeto de ocultar o encubrir el origen ilícito de los bienes o de ayudar a cualquier persona que participe en la comisión de tal delito a eludir las consecuencias jurídicas de sus acciones: La ocultación o el encubrimiento de la naturaleza, el origen, la ubicación, el destino, el movimiento o la propiedad reales de bienes, o de derechos relativos a tales bienes, a sabiendas de que proceden de alguno o algunos de los delitos tipificados de conformidad con el inciso a) del presente párrafo, o de un acto de participación en tal delito o delitos.

Seguidamente el Grupo de Acción Financiera GAFI y otras entidades asimiladas, en la cumbre de países del G-7 celebrada en París en 1989, creó el Grupo de Acción Financiera sobre el Lavado de Activos partiendo del papel esencial que podían jugar en la prevención y sanción del producto económico del narcotráfico tanto a nivel regional como en el sistema financiero como los Estados.

Por su parte la Asamblea General de las Naciones Unidas el 9 de diciembre de 1999, suscribe el Convenio Internacional para la Represión de la Financiación del Terrorismo, tratado que fue aprobado en Colombia mediante la Ley 808 de 2003, instrumento que exige la penalización de quienes, en forma directa o indirecta, provean o recolecten fondos con la intención de ser utilizados para cometer actos de terrorismo.

A su vez la Organización de Estados Americanos OEA encargó a la Comisión Interamericana contra el Abuso de Drogas CICAD convocar una comisión para investigar la influencia del fenómeno del blanqueo de capitales en el hemisferio americano, que entregó su trabajo final denominado "Reglamento Modelo sobre el Control del Lavado", recibiendo su aprobación en la Asamblea General de la OEA en 1992, con el que se ha venido apoyando la labor de países miembros que han ajustado sus ordenamientos jurídicos, para hacer frente a la persecución del producto económico derivado del tráfico de estupefacientes y actividades conexas como el Testaferrato.

Luego vino la Convención Interamericana contra el Terrorismo de 2002, que dispuso como instrumento del sistema de Naciones Unidas establecer una serie de medidas tendientes a prevenir, combatir y erradicar la financiación de terrorismo, teniendo como base el marco de referencia diseñado por las entidades GAFI, GAFIC, CICAD. Así también aparece la convención de Naciones Unidas contra la Corrupción, suscrita en la ciudad Yucateca de Mérida, el 9 de diciembre de 2003, siendo incorporada a la legislación colombiana mediante la Ley 970 de 2005, se refiere a la necesidad de adoptar medidas preventivas de carácter administrativo para supervisar las operaciones económicas, identificación de clientes, registro de operaciones y en general, el cumplimiento de instrumentos internacionales sobre lavado de activos.

Posteriormente se suscribió Convención de las Naciones Unidas contra la delincuencia organizada transnacional de Palermo Italia, el 12 de diciembre de 2000. Es conocida como la Convención de Palermo, que entró en vigencia en Colombia el 4 de septiembre de 2004.

En su art. 6º, dicha convención incluyó, la persecución de los bienes producto del accionar de organizaciones criminales, dentro de los cuales se ubican el enriquecimiento ilícito, el Testaferrato y el lavado de activos, en los siguientes términos:

1. Cada Estado Parte adoptará, de conformidad con los principios fundamentales de su derecho interno, las medidas legislativas y de otra índole, que sean necesarias para tipificar como delito, cuando se cometan intencionalmente:

a. La conversión o la transferencia de bienes, a sabiendas de que esos bienes son producto del delito, con el propósito de ocultar o disimular el origen ilícito de los bienes o ayudar a cualquier persona involucrada en la comisión del delito determinante a eludir las consecuencias jurídicas de sus actos.

b. La ocultación o disimulación de la verdadera naturaleza, origen, ubicación, disposición, movimiento o propiedad de bienes o del legítimo derecho a estos, a sabiendas de que dichos bienes son producto del delito.

c. Con sujeción a los conceptos básicos de su ordenamiento jurídico: La adquisición posesión o utilización de bienes, a sabiendas, en el momento de su recepción, de que son producto del delito.

d. La participación en la comisión de cual quiera de los delitos tipificados con arreglo al presente art., así como la asociación y la confabulación para cometerlos, el intento de cometerlos, y la ayuda, la incitación, la facilitación y el asesoramiento en aras de su comisión.

e. Para los fines de la aplicación o puesta en práctica del párrafo 1º del presente art.:

    a. Cada Estado Parte velará por aplicar el párrafo 1º del presente art. a la gama más amplia posible de delitos determinantes.

    b. Cada Estado Parte incluirá como delitos determinantes todos los delitos graves definidos en el art. 2 de la presente convención y los delitos tipificados con arreglo a los art. 5, 8 y 23 de la presente convención. Los Estados Parte cuya legislación establezca una lista de delitos determinantes incluirán entre estos, como mínimo, una amplia gama de delitos relacionados con grupos delictivos organizados.

3. ESTRUCTURA DEL DELITO DE TESTAFERRATO

Recordemos que el derecho de propiedad que nuestra Constitución Colombiana garantiza en su art. 58, es el adquirido de manera lícita, ajustada a las exigencias de la ley, sin daño ni ofensa a los particulares ni al Estado y dentro de los límites que impone la moral social. Nadie por lo tanto puede exigir garantía ni respeto a su propiedad cuando el título que ostenta está viciado, ya que, si contraría los postulados mínimos, jurídicos y éticos, que la sociedad proclama, el dominio y sus componentes esenciales carecen de legitimidad.

Se tiene en nuestro país al trabajo como uno de los pilares fundamentales, por ello la Constitución reconoce y ampara la propiedad obtenida con base en el esfuerzo y en el mérito que el trabajo implica, y se le desestimularía en alto grado si se admitiera que, sin apelar a él, de modo fácil, por fuera de escrúpulos y restricciones, pueda obtenerse y acrecentarse el patrimonio personal y familiar.

El Testaferrato resulta ser una forma muy particular de esconder activos, simulando haberlo adquirido mediante trabajo legal u honesto, requiriendo para su consumación de la existencia y ocurrencia de un prestamista y de un prestatario del nombre. El préstamo del nombre se hace a sabiendas de la ilicitud del acto que se encubre, y a cambio de un interés o de un beneficio económico para el prestamista.

El art. 58 de la Constitución Nacional, a la vez, respecto a la propiedad supone la licitud de la misma, pero no ampara tal como lo predica el art. 34 ibídem, la propiedad mal habida, la lograda mediante el delito, a través del enriquecimiento ilícito o cualquier otra forma ilegal, pues se traduce en grave perjuicio para el Tesoro Público y transgrediendo las reglas mínimas de la moral social.

El Testaferrato es un delito de conducta permanente, que se perfecciona en el momento en que, por medio de contrato, escritura o cualquier otro medio legal, un bien pasa a figurar como propiedad de quien realmente no lo es, es decir de una persona que presta su nombre para que figure como suyo bienes que pertenecen a terceras personas y se mantiene en el tiempo mientras subsista la condición de testaferro y dure la ilícita simulación.

De allí que se le considere como factor de corrupción en nuestra sociedad no solo porque implica en sí mismo el delito, sino porque quienes lo cometen hacen ostentación pública ante la sociedad como propietarios de bienes lujosos o costosos, que no le pertenecen.

Se trata pues el Testaferrato de un delito de sujeto activo indeterminado, es decir, que puede ser cometido por cualquier persona sin características especiales.

El delito de Testaferrato se utiliza como regla general como medio para defraudar al Estado, burlando la adquisición de bienes de acuerdo con la forma en que lo ordena la ley. En conclusión, el testaferrato no es más que una forma de lavar o limpiar activos productos del delito, adquiridos o provenientes de actividades ilícitas, dándole apariencia de legalidad a su origen.

De lo anterior inferimos que lo buscado por el legislador al tipificar este comportamiento, es evitar que los agentes en delitos como narcotráfico y conexos, secuestro extorsivo, extorciones u origen injustificado, puedan ocultar sus propiedades por medio de la utilización de terceras personas que van a detentar la propiedad de manera ficta de los bienes que en realidad serían de otros.

El Testaferrato resultar ser un tipo penal de carácter bilateral o recíproca pues para su configuración se exige la presencia mínima de dos personas que necesariamente tienen que concurrir a la realización de la conducta, porque la norma para su tipificación se refiere al sujeto activo como: "Quien preste su nombre", frase que determina que debe hacerlo a otra persona.

El delito de Testaferrato, cuya tipicidad se reclama, estaba previsto en el art. 6° del Decreto 1856 de 1989, como una forma de receptación, que fuera convertido en norma permanente por el art. 7° del Decreto 2266 de 1991, bajo la necesidad de proteger bienes jurídicos perfectamente diferenciados, tales como la administración de justicia, la salud, la seguridad pública, la moral social y el orden económico, entre otros, por la acción persistente e indiscriminada de grupos antisociales relacionados con el narcotráfico que para la época venían perturbando gravemente el normal funcionamiento de las instituciones.

Desde el punto de vista de la estructura típica, puede decirse que es una norma especial de encubrimiento por receptación, en cuanto describe una modalidad concreta de ella, conducta delictiva que venía siendo sancionada por el art. 177 del Código Penal entonces vigente (Decreto 100 de 1989), en los siguientes términos:

> "*Receptación.* El que fuera de los casos de concurso en el delito, oculte o ayude a ocultar o a asegurare el objeto material o el producto del mismo o lo adquiera o enajene incurrirá en prisión de seis (6) meses a cinco (5) años y multa de un mil a cien mil pesos".

Es de observarse que entre las dos normas (art. 177 del Código Penal y 6º del Decreto 1856 de 1989) existe una clara relación de género a especie, al punto que, si mentalmente se suprime la segunda, la conducta quedaría comprendida por la primera, pues prestar el nombre para adquirir bienes con dineros ilícitos, resulta ser una de las múltiples formas de ocultar, o ayudar a ocultar, o de asegurar, el objeto material del ilícito o su producto. Pero como ya se dejó dicho, se quiso configurar un tipo especial de receptación, que recogiera de manera concreta la conducta de "**prestar el nombre para adquirir bienes con dineros provenientes del delito de narcotráfico o conexos**".

Es por esto que de la confrontación de las dos disposiciones (receptación y testaferrato), se establece que la especificidad del nuevo precepto deriva de dos aspectos: la conducta típica, que la nueva disposición refiere de manera exclusiva a la acción de "**prestar el nombre para adquirir**"; y, la naturaleza del delito encubierto, en cuanto exige que se trate de dineros provenientes "**del narcotráfico o conexos**". Esta precisión es importante porque permite determinar, más adelante, si la conducta prevista en el art. 6º del Decreto 1856 de 1989 fue realmente recogida por el art. 31 de la ley 190 de 1995, o los art. 7º o 9º de la Ley 365 de 1997.

Es por ello que, en el año de 1991, el Gobierno Nacional, en ejercicio de la atribución conferida por el art. 8º transitorio de la Constitución Nacional, y previo estudio favorable de la Comisión Especial creada por el art. 6º *ejusdem*, dictó el Decreto 2261, en cuyo art. 7º dispuso adoptar como legislación permanente el art. 6º del Decreto 1856 de 1989, que tipificaba el delito de testaferrato, ratificando, de esta forma, la voluntad de que dicha conducta tuviese regulación autónoma. Desde entonces, hasta el año de 1995, cuando entró en vigencia la Ley 190, ambas normas (art. 6º del Decreto 1856 y 177 del Código Penal) mantuvieron intacta su configuración típica.

En el año de 1995, el art. 31 de la Ley 190 modificó de manera expresa el 177 del Código Penal. La nueva disposición, dice textualmente:

> "*Art. 31. El art. 177 del Código Penal quedará así: Receptación, legalización y ocultamiento de bienes provenientes de actividades ilegales:* El que fuera de los casos de concurso en el delito oculte, asegure, transforme, invierta, transfiera, custodie, transporte, administre o adquiera el objeto material o el producto del mismo o les dé a los bienes provenientes de dicha actividad apariencia de legalidad o los legalice, incurrirá en pena de prisión de tres (3) a ocho (8) años, siempre que el hecho no constituya otro delito sancionado con pena mayor.
>
> "La pena imponible será de cuatro (4) a doce (12) años de prisión si el valor de los bienes que constituye el objeto material o el producto del hecho punible es superior a mil (1000) salarios mínimos legales mensuales vigentes al momento de la consumación del hecho.

"La pena imponible con base en los incisos anteriores se aumentará de la mitad (1/2) a las tres cuartas (3/4) partes en los siguientes casos:

"1. Si los bienes que constituyen el objeto material o el producto del hecho punible provienen de los delitos de secuestro, extorsión, o de cualquiera de los delitos a que se refiere la Ley 30 de 1986. "2. Cuando para la realización de la o las conductas se efectúen operaciones de cambio o de comercio exterior, o se introduzcan mercancías al territorio aduanero nacional o se celebren contratos con personas sujetas a la inspección, vigilancia o control de las Superintendencias Bancaria o de Valores.

"3. Si la persona que realiza la conducta es importados o exportador de bienes de servicios, o es director, administrador, representante legal, revisor fiscal u otro funcionario de una entidad sujeta a la inspección, vigilancia o control de las Superintendencia Bancaria o de Valores, o es accionista o asociado de dicha entidad en una proporción igual o superior al diez por ciento (10%) de su capital pagado o del valor de los aportes cooperativos".

Tal como lo sostuvo la Corte Suprema, en radicado No 14658, sala de casación penal, M.P. Fernando E. Arboleda Ripoll, el diecinueve de diciembre del dos mil uno, al analizar los antecedentes de la nueva disposición, se constata que la norma estuvo inspirada en la necesidad de hacer más drástica la sanción prevista para el delito de encubrimiento por receptación, y de crear, acorde con las tendencias universales y los convenios suscritos por el Estado Colombiano (Convención de las Naciones Unidas contra el Tráfico Ilícito de Estupefacientes y Sustancias Sicotrópicas, aprobado por la Ley 67 de 1993), instrumentos normativos que permitieran combatir el lavado de activos en sus distintas manifestaciones, ante la consolidación económica de los grupos de delincuencia organizada, la sofisticación de sus métodos de actuación criminal, y la diversificación de sus procedimientos, sin pretender modificar, ni tampoco subrogar, las conductas relacionadas con dicha actividad, que venían siendo tipificadas autónomamente, como ocurría con el testaferrato.

Sostuvo el magistrado, que el legislador ordinario hubiese querido excluir del ordenamiento jurídico la tipificación autónoma del delito de testaferrato, habría optado por la derogación expresa de la norma que lo contenía, o por la inclusión en la nueva configuración típica de la específica acción de encubrimiento por receptación prevista en ella (prestar el nombre para adquirir), pero no lo hizo. Y no es dable sostener que operó por el hecho de haberse erigido en agravante la circunstancia de corresponder los bienes al delito de narcotráfico (numeral primero del inciso tercero) porque la especificidad de la conducta prevista en el art. 6º del Decreto 1856 de 1989 deriva no solo, como ya se dijo, de la naturaleza del delito que se pretende ocultar o encubrir, sino de la modalidad comportamental (prestar el nombre), y ésta no fue reproducida por la nueva disposición.

Tampoco puede afirmarse que la agravante dejaría entonces de tener fundamento, puesto que sería aplicable a todos los casos de receptación y levado de activos que la norma consagra, cuando la operación involucre dineros provenientes del narcotráfico, el secuestro, o la extorsión. Por ultimo recalca que tampoco es acertado sostener que "prestar el nombre para adquirir" es expresión equivalente a "ocultar", "legalizar", o "dar apariencia de legalidad", pues quien oculta, legaliza, o da apariencia de legalidad a bienes adquiridos ilícitamente, realiza una acción distinta de quien presta el nombre para hacerlo, y si bien es cierto este último comportamiento podría encontrar adecuación típica en la nueva disposición, porque quien facilita el nombre para adquirir bienes ilícitos está ayudando a ocultar, o contribuyendo a la legalización, para la Corte ha sido y sigue siendo claro que debe ser preferida la norma del testaferrato, por contener elementos estructurales que concretan, especializan y diferencian la modalidad conductual.

Posteriormente para dar mayor autonomía a esta especie delictiva en la Ley 599 de 2000, consagró:

> *Art. 326. Testaferrato.* Quien preste su nombre para adquirir bienes con dineros provenientes del delito de narcotráfico y conexos, incurrirá en prisión de seis (6) a quince (15) años y multa de quinientos (500) a cincuenta mil (50.000) salarios mínimos legales mensuales vigentes, sin perjuicio del decomiso de los respectivos bienes.

Posteriormente mediante el art. 7o. de la Ley 733 de 2000, adicionó el legislador:

> *"La misma pena se impondrá cuando la conducta descrita en el inciso anterior se realice con dineros provenientes del secuestro extorsivo, extorsión y conexos y la multa será de cinco mil (5.000) a cincuenta mil (50.000) salarios mínimos legales mensuales vigentes, sin perjuicio del decomiso de los respectivos bienes".*

Por lo anterior se hace necesario que quien pregona el testaferrato saque a flote, a través de una actividad probatoria minuciosa, la verdadera voluntad contractual, que en concreto demuestre que quien funge como comprador no hizo más que prestar su nombre para ocultar la identidad del verdadero propietario, dentro de lo cual está la causa simulandi, referida en estos casos al deseo de eludir que el estado pueda perseguir dichos bienes que han sido producto de los ilícitos referidos.

En los casos de administración formal de vieja data se pasa por sostener que el testaferro merece en todo caso ser castigado como autor o como partícipe y que los problemas de tipicidad subjetiva deben tratar de superarse no en el ámbito conceptual, sino en el probatorio. De acuerdo con esta premisa, en la medida en que los roles profesionales que objetivamente desempeña cualquier sujeto son un indicio para atribuirle determinados conocimientos a partir de reglas de experiencia, al testaferro, en tanto que administrador de Derecho, le deberían ser imputados todos aquellos conocimientos con los que, en principio, debe contar quien desempeña semejante cargo.

García Cavero, *Derecho penal económico*, 2003, p. 544, sostiene que "no interesa si el miembro de la cúpula de dirección de una empresa tiene o no los conocimientos necesarios para la imputación dolosa, sino si en sus concretas circunstancias personales debe tenerlos consigo" (cursiva en el original). Con todo, en otros pasajes se precisa que la atribución del conocimiento basada en el rol del sujeto no puede llevarse a cabo sin la debida contextualización (cfr. *ibídem*, pp. 521-522).

En general, sobre el rol profesional del sujeto como indicio que permite atribuirle ciertos conocimientos Ragués i Vallès, *El dolo y su prueba en el proceso penal*, 1999, pp. 425 y ss., en un artículo escrito para la Revista Para el Análisis del Derecho, Barcelona, julio de 2008, advierte que debe matizarse, si bien la ocupación profesional de un sujeto es un indicio significativo de que cuenta con ciertos conocimientos, para que tal indicio permita sostener, a partir de la experiencia, que dicho sujeto ha conocido determinados hechos, el ejercicio de dicha ocupación debe contextualizarse de acuerdo con las circunstancias de cada caso.

De otro modo se corre el peligro de confundir los deberes de conocimiento jurídicos –que fundamentan el castigo de la imprudencia– con el "deber conocer" propio de la experiencia, desdibujando los límites entre imprudencia y dolo y convirtiendo en dolosos hechos que nadie cuestiona que deben ser tratados como imprudentes.

Y termina aludiendo que en el concreto caso de los testaferros esta propuesta interpretativa plantea el problema adicional, no menor, de que trata por igual a todos los sujetos que se prestan a desempeñar formalmente el cargo de administrador, tanto al familiar con escasa cultura instrumentalizado en una única ocasión como al auténtico profesional de esta actividad, además de ser una propuesta tal vez aplicable a quienes ejercen como administradores, pero no a los meros socios. Un inconveniente adicional que obliga a concluir que el problema que plantean estos supuestos no debe resolverse en el ámbito probatorio, sino, en todo caso, en el sustantivo.

Se dice que, para evitar la impunidad en el testaferrato, es dable acudir a la doctrina del "doble dolo" que rige en materia de imputación subjetiva en el ámbito de la participación, según Roxin, AT, vol. II, 2003, pp. 223 y ss., pues de conformidad con la versión más clásica de esta teoría, para castigar los actos del partícipe es necesario que éste no sólo sea consciente de los elementos típicos que configuran su propio comportamiento, sino también de que con su conducta favorece o contribuye a la realización de un determinado hecho objetivamente típico por parte del autor, esto es, del llamado "hecho principal".

Se dice que esta doctrina permite entender que existe imputación dolosa en los casos de *dolo alternativo*, es decir, aquéllos en los que un sujeto se representa que puede estar colaborando en más de un delito, aunque sin llegar a decantarse en su representación por ninguna infracción en particular. Así, por ejemplo, el individuo que se presta a administrar formalmente una sociedad dudando entre si ésta se dedicará al blanqueo de dinero o a la defraudación fiscal actúa dolosamente tanto si la mercantil se dedica a una u otra actividad criminal, pues la mera representación de la posibilidad de estar colaborando en la realización de un tipo delictivo basta para afirmar que concurre el citado "doble dolo" con respecto a él. Aquí tampoco puede alegar error de tipo, pues quien no quiere saber la totalidad de aquello que puede y debe conocer, y sin embargo trata de beneficiarse de dicha situación, si es descubierto, no puede alegar ignorancia alguna y, por el contrario, debe responder de las consecuencias de su ilícito actuar.

El testaferrato resulta ser un delito de conducta permanente, porque si bien el delito se ejecuta, en el momento en que por medio de contrato, escritura o cualquier otro medio legal, un bien pasa a figurar como propiedad de quien realmente no lo es, pues se trata simplemente de una persona que presta su nombre para que figuren en su cabeza bienes que en realidad pertenecen a terceras personas, el delito continúa perfeccionándose mientras subsista su condición de testaferro, puesto que el bien jurídico protegido por la norma continúa vulnerándose mientras dure la ilícita simulación.

Analizada su descripción típica y su naturaleza, no cabe duda de que la conducta se proyecta en el tiempo mientras dure la simulación que lo estructura. *Por tanto*, no es que existan entonces algunos delitos que estén excluidos del régimen general de la prescripción, sino que los hay que por virtud de su peculiaridad de permanencia, traducida en ofensa siempre actual al régimen jurídico, esa iniciación de la prescripción se dilata y puede llegar incluso a ser nugatoria.

El término de prescripción por ser delito permanente se contabiliza a partir del último acto de consumación, pero si el bien permanece en cabeza del testaferro, desde el cierre de la investigación en su contra debidamente ejecutoriado.

Así lo sostuvo en reciente pronunciamiento la Corte Suprema de justicia[1], al unificar la jurisprudencia respecto al delito permanente y la aplicabilidad de

---

1 Casación 31407 del 25 de agosto de 2010.

la pena frente al tránsito de legislaciones, precisando que debía ser la norma que rige el último acto, durante la ejecución del delito permanente, la que debía tenerse en cuenta para la determinación de la pena y por contera para calcular el término de prescripción de la acción penal.

En dicha decisión siendo M.P. María del Rosario González de Lemos, Casación 31407 del 25 de agosto de 2010, sostuvo:

> "En tal cometido se tiene que la posición de la Sala sobre el particular no ha sido pacífica, pues en ocasiones ha dicho que tratándose de delitos permanentes rige la nueva ley más gravosa, pero en otras oportunidades ha puntualizado que se aplica la normativa inicial más beneficiosa en virtud del principio de favorabilidad.

Ejemplo de la primera postura se observa en providencia del 26 de septiembre de 2002 (Rad. 11885), reiterada en fallo del 20 de mayo de 2008. (Rad. 23538) en la cual se expresó:

> .... Muestra de la segunda postura se verifica en el proveído del 30 de marzo de 2006 (Rad. 22813), reiterada en auto del 29 de julio de 2009 (Rad. 30166) y sentencia del 19 de agosto de 2009 (Rad. 31790), así como en fallos del 19 de agosto de 2009 (Rad. 28542) y del 7 de octubre de 2009 (Rad. 32732).

Consideró la Sala, que advertido lo anterior era oportuno reexaminar el tema a fin de cumplir con una de las finalidades del recurso de casación, esto es, la unificación de la jurisprudencia (art. 180 de la Ley 906 de 2004). En dicha labor encontró la Colegiatura que tratándose de delitos permanentes cuya comisión comenzó en vigencia de una ley, pero que se postergó hasta el advenimiento de una legislación posterior más gravosa, se impone aplicar esta última normatividad.

De conformidad con lo expuesto, concluyó la Sala que en primer lugar, que cuando se trata de delitos permanentes iniciados en vigencia de una ley benévola pero que continúa cometiéndose bajo la égida de una ley posterior más gravosa, es ésta última la normativa aplicable, pues en tal caso no se dan los presupuestos para acoger el principio de favorabilidad, sino que opera la regla general, esto es, la ley rige para los hechos cometidos durante su vigencia y en segundo término, si la situación es inversa, esto es, el delito permanente comienza bajo la vigencia de una ley más gravosa, pero posteriormente entra a regir una legislación más benévola, también se aplicará la nueva ley conforme con la anunciada regla, en cuanto expresión de la política criminal del Estado.

Aquí vuelve el campo de la discusión, pues nuestra Corte suprema de Justicia en Colombia, doctrinal y jurisprudencialmente, sostiene que el enriquecimiento ilícito es de ejecución instantánea, pero de estado o efectos permanentes, en igual sentido, ¿por qué no aceptar que el testaferrato también lo es?, pues si el enriquecimiento ilícito prescribe en un término igual a la pena máxima a imponer sin ser mayor a 20 años, desde el momento de la obtención del dinero no justificado, pero el delincuente al momento de la prescripción aún lo conserva, ¿qué diferencia existe con el que prestó su nombre para encubrir el verdadero propietario de bienes mal habidos y aún continúan con estos a su nombre con aquel que se enriqueció ilícitamente?.

Es de mejor recibo que como el *fraude procesal*, (se engaña al registrador de instrumentos públicos) si resulta ser permanente mientras cese el error o engaño, acudir entones al concurso material de dichos ilícitos con éste último en el caso del testaferrato donde se simula y engaña, para evitar su prescripción, pero dejándolo de ejecución instantánea con efectos permanentes como realmente en lógica dogmática resulta ser.

La tipificación del delito de testaferrato en la legislación colombiana se sustentó originalmente en la necesidad de combatir de manera específica, y desde luego más enérgica, una de las modalidades de encubrimiento por receptación utilizadas con mayor frecuencia por la delincuencia organizada del narcotráfico para ocultar los bienes adquiridos con los dineros producto de sus actividades ilícitas, radicándolos en cabeza de terceras personas, ajenas al negocio.

Para el mismo comportamiento, el art. 326 del Código Penal actualmente en vigor señala de 6 a 15 años de prisión, que resultan más gravosas frente a los fijados para el enriquecimiento ilícito.

La naturaleza jurídica del delito de testaferrato, en su descripción típica tiene referencia con una práctica muy común en el derecho privado, consistente en que una persona presta su nombre para que otra adquiera determinado bien, siendo la doctrina y la jurisprudencia las que acuñaron el *nomen juris* en cuanto tal, dentro una de las clasificaciones del punible de encubrimiento, que a su turno se compone desde el punto de vista subjetivo y objetivo de tres elementos a saber:

1. La realización de una actividad que en principio acepta el ordenamiento jurídico como lícita **prestar el nombre a sabiendas**.
2. El segundo elemento es adquirir bienes acto que por sí solo es también en principio lícito y;
3. Que los **dineros** con los cuales se adquieren los bienes, deben **provenir** del delito de **narcotráfico u otro delito conexo**. De tal suerte que el elemento objetivo de la conducta está integrado por dos elementos, que

por sí solos no revisten ilicitud alguna, en tanto que el tercero domina los dos anteriores cobijándolos con el manto de ilicitud.

Desde el punto de vista subjetivo, es necesario que la persona que realiza la transacción esté plenamente consciente de que adquiere bienes para otro, pero simulando que son para ella misma y que lo hace con dineros producto de una actividad ilícita, pues de lo contrario se presentaría una situación de atipicidad, y tal valoración, agrega, ha de hacerse objetivamente, o sea considerando las condiciones y circunstancias en que el hecho se presenta, pues lo que a la postre se sanciona es esa actividad encaminada a permitirle a un tercero que con el uso de su nombre se eluda la acción de la justicia y se legalicen bienes de origen ilícito.

En conclusión, es requerido el conocimiento de la existencia del ilícito, realización de actos efectivos para ocultar el punible, sus resultados y sus autores y la inequívoca intención en ese sentido frente a la autoridad encargada de su investigación y por eso, es en esencia un delito doloso.

Para este autor, ciertamente, las actividades delictivas de las cuales provengan los bienes mal habidos pueden ser un hecho notorio, mas no es necesario que aparezcan independizadas, menos a través de condenas proferidas en sentencias judiciales, por los delitos que consagra la norma, pues basta que quien los recicle sepa, así sea en abstracto y sin especificidades, que su procedencia es delictuosa, conocimiento cierto que bien puede ser genérico, como habrá de ser acreditado en el mismo proceso en el que consiguientemente se determine la responsabilidad del testaferro.

Es así posible, y no impide la comprobación certera, que no se logre escindir que el objeto, de indiscutible mal origen, procede de una conducta punible concreta, o que al testaferro no le haya interesado individualizarla.

Es que el ordenamiento jurídico no puede proteger la acumulación ilícita de capitales, ni en las manos de un ser humano vivo[2], como tampoco en los beneficiarios de un delincuente muerto[3]. De esa orientación filosófica es la siguiente providencia, en un caso de testaferrato[4], que explica con mayor precisión el contenido del concepto del bien jurídico moral social:

---

2 Cfr. En este mismo sentido el fallo del 18/07/2001, rad. No. 15348, M.P. Herman Galán Castellanos.

3 Ello justifica la acción de extinción de dominio, sin perjuicio de la conducta ilícita en que puedan incurrir los "herederos".

4 El Testaferrato regulado antes en el artículo 6 del Decreto 1856 de 1989, adoptado como legislación permanente por el Decreto 2266 de 1991, artículo 7, y luego tipificado de forma autónoma en la L. 599, artículo 326, adicionado por la L. 733 de 2002, artículo 7, consiste en prestar el nombre para adquirir bienes con dineros provenientes del delito de narcotráfico o conexos, secuestro extorsivo,

"...La autónoma criminalización de esta grave manifestación del testaferrato [igual sucede con el enriquecimiento ilícito] pretende así mismo combatir los desajustes en la Economía nacional, generados por la introducción descontrolada y masiva de moneda extranjera, con la consecuente distorsión en los niveles de adquisición de divisas, el régimen cambiario y las políticas anti-inflacionarias, con negativos efectos en el mercado de bienes y servicios y el deterioro de las iniciativas empresariales lícitas pero menos rentables. También coadyuva a la afectación contra la salud pública, pues referido con el tipo penal de narcotráfico, sirve a los propósitos de éste; y al grave deterioro de la moral social (arts. 34, Const. y 2° num. 3°. Ley 333/96), entre otras razones por la opulencia de capitales adquiridos en forma fácil, producto de actividades ilícitas que desalientan el trabajo honrado y la libre empresa como función social sana base del desarrollo, al igual que la propiedad y demás derechos adquiridos con justo título.

El tipo penal que se comenta debe entonces valorarse como una disposición autónoma de naturaleza pluriofensiva, que se integra al sistema de represión del narcotráfico y que, como se ha observado, protege distintos bienes jurídicos perfectamente diferenciados en la forma indicada: la Administración de justicia, la salud, la seguridad pública, la moral social, el orden económico, etc."[5].

En definitiva, el Testaferrato, se trata, como lo expuso la Corte Suprema de Justicia en auto de 9 de noviembre de 1990 (rad. 5597, M.P. Edgar Saavedra Rojas), de una infracción de conducta permanente, porque el delito se perfecciona "en el momento en que por medio de contrato, escritura o cualquier otro medio legal, un bien pasa a figurar como propiedad de quien realmente no lo es, pues se trata simplemente de una persona que presta su nombre para que figuren en su cabeza bienes que en realidad pertenecen a terceras personas. Y este delito continúa perfeccionándose mientras subsista su condición de testaferro, puesto que el bien jurídico protegido por la norma continúa vulnerándose mientras dure la ilícita simulación".

Así mismo en providencia de fecha 12 de noviembre de 1998, rad. 14.852, con ponencia del Dr. Nilson E. Pinilla Pinilla, esa Alta Corporación precisó, que en principio se observaba que el bien jurídico tutelado era la administración de justicia, en la medida que se trataba de una forma autónoma de encubrimiento, toda vez que el propósito perseguido por el narcotraficante al utilizar testaferros para que a nombre de éstos figuren bienes de su propiedad, disimulando la

extorsión y conexos. Cfr. Corte Suprema de Justicia, sentencia del 11 de julio de 2002, rad. No. 18476, M.P. Nilson Pinilla Pinilla y Álvaro Orlando Pérez Pinzón.

5 CORTE SUPREMA DE JUSTICIA, auto del 12 de noviembre de 1998, M.P. Nilson Pinilla Pinilla. Véase en Jurisprudencia Penal, Segundo Semestre de 1998, Editora Jurídica de Colombia, pp. 588-591.

magnitud y el origen de su patrimonio y de esa manera engañar a las autoridades sobre sus ilícitas actividades y el lucro de ellas obtenido.

Así también que la infracción se fundamentaba en la necesidad de proteger otros bienes jurídicos, como la seguridad pública, en tanto la acumulación de fortunas por actividades vinculadas al narcotráfico resquebraja los cimientos de la sociedad, colocando inmensas cantidades de dinero en manos que han propiciado el terrorismo, el sicariato y otros comportamientos lesivos del orden público y de la indemnidad ciudadana. En ultimas el legislador al prever que dicha actividad en si lo que afectaba era el orden económico y social del País, la enmarcó para proteger el citado bien jurídico, ya que casi siempre viene concursando con el enriquecimiento ilícito y el lavado de activos.

Es por ello que la autónoma criminalización de esta grave manifestación del 'testaferrato' pretende combatir los desajustes en la economía nacional, generados por la introducción descontrolada y masiva de moneda extranjera, con la consecuente distorsión en los niveles de adquisición de divisas, el régimen cambiario y las políticas anti-inflacionarias, con negativos efectos en el mercado de bienes y servicios y el deterioro de las iniciativas empresariales lícitas, pero menos rentables. También coadyuva a la afectación contra la salud pública, pues referido con el tipo penal de narcotráfico, sirve a los propósitos de éste; y al grave deterioro de la moral social (artículos 34 Const. y 2° num. 3° Ley 333/96), entre otras razones por la opulencia de capitales adquiridos en forma fácil, producto de actividades ilícitas que desalientan el trabajo honrado y la libre empresa como función social sana base del desarrollo, al igual que la propiedad y demás derechos adquiridos con justo título.

Es por lo anterior que el citado tipo penal debe ser valorado como una disposición autónoma de naturaleza pluriofensiva, que se integra al sistema de represión del narcotráfico y que, protege distintos bienes jurídicos perfectamente diferenciados en la forma indicada: la administración de justicia, la salud, la seguridad pública, la moral social, el orden económico, etc.

El testaferrato admite la tentativa, por ejemplo, cuanto quién se presta para figurar como dueño, solamente ha suscrito un contrato de compraventa respecto del bien a aparentar, siendo este, la apariencia el elemento característico.

Si bien puede asegurarse que el testaferrato solamente incrimina al prestamista del nombre, existen casos en que el prestatario puede concurrir con carácter determinador.

Este delito solamente concursa con los delitos de narcotráfico y conexos. Para los casos de otros delitos como peculados u otras apropiaciones y estafas ilícitas se debe optar por acudir a la figura del encubrimiento por favorecimiento del artículo 446 del Código Penal.

V. La extinción de dominio

1. DEFINICIÓN

La extinción del dominio resulta ser el mecanismo y la figura más útil y novedosa que va más allá del comiso para combatir el producto ilícito de los delitos anteriormente tratados, los que desde su comienzo continúan siendo ilícitos de manera indefinida sin que el transcurrir del tiempo ni su traspaso a cualquier título puedan eliminar esta característica. Así las cosas, el Estado puede, en cualquier tiempo, iniciar las acciones pertinentes para extinguir el dominio sobre tales bienes, teniendo como única limitante los derechos de los terceros de buena fe, actuando de forma retrospectiva frente a la ley penal.

El doctrinante Jairo Ignacio Acosta Aristizabal, en su obra *La extinción de dominio como instrumento de lucha contra el crimen organizado*, precisa que: "La acción de extinción de dominio, de estirpe constitucional, se erige como un instrumento vital en la lucha por la reparación a las víctimas y el restablecimiento del derecho". Se trata de recuperar de manos de las organizaciones criminales las ganancias que logran de manera rápida y continua y a cuyo disfrute tranquilo aspiran, para regresárselas a quienes legítimamente les corresponden.

Tanto la función social de la propiedad como el amparo restrictivo de la misma a su adquisición con justo título y con arreglo a las leyes civiles, permiten a esta herramienta judicial de carácter autónomo, determinar cuándo es aparente la titularidad del derecho de dominio que se ostenta.

El nuevo código de Extinción de dominio, Ley 1708 de 2014, reformada por la ley 1849 de 2017, sostiene que esta figura resulta ser una consecuencia patrimonial de actividades ilícitas o que deterioran gravemente la moral social, consistente en la declaración de titularidad a favor del Estado de los bienes a que se refiere dicha ley (la cual estudiaremos), por sentencia, sin contraprestación ni compensación de naturaleza alguna para el afectado.

Es así como el segundo inciso de la primera legislación extintiva, Ley 333 de 1996, advertía que la extinción del dominio habrá de declararse con independencia de la época de la adquisición o destinación ilícita de los bienes o derechos, aun tratándose de situaciones jurídicas existentes con anterioridad a la vigencia de la Ley. Esta previsión no implicaba que se autorizare a los jueces para desconocer derechos adquiridos con arreglo al orden jurídico precedente, pues si ello fuese así se tendría sin duda una flagrante inconstitucionalidad, dada la garantía que contempla el art. 58 de la Carta Política, el cual asegura que los derechos adquiridos con arreglo a las leyes civiles "no pueden ser desconocidos ni vulnerados por leyes posteriores".

Para la Corte constitucional, el principio de irretroactividad de la ley descansa más en la necesidad de realizar la seguridad jurídica, como valor de interés público, que en la protección ciega y absoluta del interés individual.

La Corte Constitucional, Sentencia C-740 de 2003, aludió que no tendría ningún sentido la concepción del Estado como social de derecho y, en consecuencia, como Estado de justicia; ni la inclusión del valor superior justicia en el Preámbulo de la Carta, ni la realización de un orden social justo como uno de los fines del Estado, ni la detenida regulación de la libertad y de la igualdad como contenidos de la justicia; si se permitiera, por una parte, que se adquieran derechos mediante títulos ilegítimos y, por otra, que esos derechos ilícitamente adquiridos fueran protegidos por la Constitución misma.

Por el contrario, la concepción del Estado, sus valores superiores, los principios, su régimen de derechos y deberes, imponen, de manera irrefutable, una concepción diferente: Los derechos sólo se pueden adquirir a través de mecanismos compatibles con el ordenamiento jurídico y sólo a éstos se extiende la protección que aquél brinda.

Los títulos ilegítimos, incluidas estas modalidades introducidas expresamente por el constituyente, generan sólo una relación de hecho entre el aparente titular y los bienes, que no es protegida por el ordenamiento jurídico y que en cualquier momento puede ser extinguida por el Estado.

En Colombia, el art. 19 de la Ley 333 de 1996, o primera ley de extinción de dominio, consagraba la posibilidad para el demandante, desde la presentación de la demanda y en cualquier estado del proceso, de pedir la práctica de medidas cautelares de los bienes sobre los cuales se pretende la extinción de dominio lo cual debe efectuarse observando las reglas contenidas en el libro IV, título XXXV, del Código de Procedimiento Civil.

2. HISTORIA

De acuerdo a las investigaciones realizadas por el doctrinante GUILLERMO JORGE, en su estudio *El decomiso del producto del delito*, en la antigüedad, el decomiso de bienes en favor del Estado cumplió un rol importante en este sentido. Paralelamente a los decomisos ligados a ideas religiosas expiatorias, los delitos cometidos con fines de lucro usualmente eran castigados con decomisos proporcionales al enriquecimiento producido. Las reglas del "*deodand*" del derecho inglés, fuente de los actuales decomisos *in rem*, regulaba qué bienes debían ser ofrendados a Dios para expiar la ofensa con independencia del hecho de que los titulares de tales bienes hubieran sido condenados.

Excepcionalmente, para algunos delitos como la "la alta traición", el decomiso era una de las consecuencias de la pena de *degradación cívica*, que implicaba la pérdida de todos los derechos civiles, incluyendo el de propiedad. La pena de "*attainder*" en el derecho inglés, incluía la pérdida de todos los bienes; Blackstone lo justificaba así "aquel que ha violado los principios fundamentales del gobierno, y quebrado su parte del contrato original entre el Rey y el pueblo, ha abandonado su conexión con la sociedad, y no posee más derecho a obtener ventajas de esa conexión, a las que tenía derecho únicamente como miembro de la comunidad: entre esas ventajas sociales, el derecho de transferir y transmitir propiedad a otros es uno de los principales".

Los normandos introdujeron tanto en el derecho sajón como en el derecho continental el decomiso de bienes basado en la idea de la "*corrupción de la sangre*", por el que se privaba de la totalidad del patrimonio a todo condenado por delitos graves. Los abusos de esta figura para aumentar las rentas fiscales de las monarquías no tardarían en proliferar, como tampoco las disputas con la nobleza sobre el destino de los bienes decomisados.

La corrupción de la sangre implicaba tanto la prohibición de transmitir propiedad como de heredarla. Blackstone calificaba estos decomisos "Esta es una de esas nociones que nuestras leyes han adoptado de las constituciones feudales, durante la conquista Normanda; y que es totalmente desconocida en las posesiones o en las divisiones de herencia indiscutiblemente Sajonas... De acuerdo al antiguo derecho inglés, sólo en casos de traición la tierra era decomisada en favor del Rey, pero no había corrupción de la sangre, ni impedimentos para los descendientes; y en los juicios por delitos menores, no había decomisos a favor de los Barones. Por lo tanto, como toda otra marca opresiva que es actualmente desterrada de estos reinos, es esperable que la corrupción de la sangre, y todas las consecuencias que conlleva, no sólo en relación con los decomisos sino también en relación con la capacidad de heredar las futuras generaciones, sea oportunamente abolida por un acto del Parlamento.

Para contrarrestar el poder de la delincuencia como ya observamos en el acápite de las estrategias para combatir la corrupción los estados fueron incrementado medidas internas y otras contenidas en tratados en aras de cooperación internacional, estableciendo entre estas aquellas que tenían que ver con el producto del ilícito, así como el desojo de los elementos con que estos se cometían, pues el mensaje más duro para el delincuente aún más que la propia cárcel es perder en el plano económico lo adquirido por este, ya que es su mayor objetivo, es estabilizar su familia y su futuro en el plano económico.

La legislación colombiana con fundamento en el art. 34 constitucional, expidió la *Ley 333 de 1996*. Esta ley radicaba la competencia para ejercer la acción de extinción de dominio en la Dirección Nacional de Estupefacientes, la Contraloría General de la República y la Procuraduría General de la Nación –de oficio o a petición de parte–, y en la Fiscalía General de la Nación –únicamente de oficio– (art. 8); y la competencia para declarar la extinción en los "jueces competentes para conocer de las actuaciones penales" (art. 10). Adicionalmente, establecía un proceso que se dividía en tres etapas (art. 15):

En la primera etapa, el fiscal de conocimiento ordenaba la iniciación del proceso mediante providencia interlocutoria en la que debía (i) indicar los hechos en que fundaba su decisión, los bienes que podían ser objeto de extinción y las pruebas o indicios existentes; (ii) prevenir sobre la suspensión del poder dispositivo; y (iii) decretar la aprehensión y ocupación de los bienes, y las medidas preventivas pertinentes.

En la segunda etapa, luego de notificar la resolución de inicio del proceso al Ministerio Público y a las demás personas afectadas, de recaudar otras pruebas y de escuchar a las partes, el fiscal debía resolver sobre la procedencia o improcedencia de la acción de extinción del dominio, y remitir el asunto al juez de conocimiento.

En la tercera etapa, el juez regional o penal del circuito, según el caso, debía dictar la respectiva sentencia de extinción del dominio, una vez hubiera verificado que durante el trámite adelantado por la Fiscalía se hubieran respetado el debido proceso, la plenitud de las formas y los derechos fundamentales de los afectados.

Posteriormente, la *Ley 504 de 1999,* modificó apartes de la Ley 333 y precisó que debían conocer de la extinción del dominio "(...) los Fiscales Delegados ante los Jueces Penales de Circuito Especializados y el supervisor de éstos en los asuntos penales de su competencia y, en los demás casos, la Fiscalía adscrita a la Unidad Especializada, o la que determine el Fiscal General de la Nación, así como los Jueces Penales de Circuito Especializados o el Juez Penal del Circuito que está conociendo de la actuación" (art. 34).

La Ley 333 de 1996, fue suspendida por el *Decreto Legislativo 1975 de 2002*, expedido por el Gobierno durante el estado de conmoción interior declarado por el Decreto 1837 de 2002, con el propósito de "acelerar los procesos de extinción de dominio sobre los patrimonios ilegítimos" en el marco del objetivo más amplio de atacar el poder de las bandas de narcotraficantes, secuestradores y extorsionistas por medio de la adopción de mecanismos que debilitaran su capacidad económica.

Este decreto hizo énfasis en la autonomía de la acción de extinción de dominio respecto de la acción penal mediante (i) la eliminación de toda referencia al trámite de la primera en el curso de un proceso penal, (ii) una aclaración expresa de que la extinción de dominio es distinta a la responsabilidad penal, (iii) la eliminación de reglas de prejudicialidad, (iv) la abolición de la posibilidad de interponer excepciones previas y algunos incidentes procesales (art. 17), y (v) la prohibición de acumular los procesos de extinción de dominio con los procesos penales o de otra naturaleza.

También concentró la competencia para iniciar la acción de oficio en la Fiscalía General de la Nación, bien con fundamento en información obtenida por ella o con fundamento en información suministrada por la Procuraduría General de la Nación, la Contraloría General de la República, la Fuerza Pública, la Dirección Nacional de Estupefacientes, cualquier institución pública, persona natural o jurídica, o los organismos internacionales habilitados para el efecto por un tratado o convenio de colaboración recíproca (art. 5). Por otra parte, asignó a los jueces penales del circuito especializados del lugar donde se encuentren los bienes, la competencia para dictar la sentencia de extinción (art. 11). Por último, redujo los términos procesales (art. 13), dio prelación al trámite de la acción de extinción de dominio en los despachos judiciales (art. 7) e introdujo estímulos por colaboración con la justicia (art. 6).

La Ley 333 fue finalmente derogada por la Ley 793 de 2002, la cual a grandes rasgos reprodujo el esquema procedimental implementado en el Decreto Legislativo 1975 de 2002. La constitucionalidad de la Ley 793, como se explicó en apartes previos fue analizada en la sentencia C-740 de 2003.

La Ley 793 reiteró el diseño del proceso de extinción de dominio en tres etapas, las cuales fueron descritas por la Corte en dicho fallo de la siguiente manera:

i. "Una fase inicial que se surte ante la Fiscalía, en la que (i) se promueve una investigación para identificar bienes sobre los que podría iniciarse la acción de extinción de dominio, (ii) se pueden practicar medidas cautelares y (iii) se ejercen facultades de administración sobre los bienes afectados con tales medidas.

ii. Otra posterior, que se inicia con la decisión de la Fiscalía de perseguir bienes determinados y en la que hay lugar a (i) ordenar medidas cautelares o solicitarlas si hasta entonces no han sido ordenadas o solicitadas, (ii) la comunicación de esa decisión al Ministerio Público y la notificación a las personas afectadas, (iii) el emplazamiento de los afectados y la designación de curador ad litem, si no pudieron ser localizados, (iv) la solicitud de pruebas y la práctica tanto de aquellas solicitadas como de las ordenadas de oficio por la Fiscalía General, (iii) el traslado común a los intervinientes para alegar de conclusión, (iv) la decisión de la Fiscalía General sobre la procedencia o improcedencia de la extinción de dominio y la remisión de lo actuado al juez competente.

ii. Con esa remisión se inicia la tercera etapa que se surte ante el juez de conocimiento y en la que hay lugar a (i) un traslado a los intervinientes para que controviertan la decisión de la Fiscalía General y a (ii) la emisión de la sentencia declarando la extinción de dominio o absteniéndose de hacerlo.

En la sentencia C-740 de 2003, la Corte constitucional reiteró que la acción de extinción de dominio es una acción constitucional autónoma distinta a la acción penal y a las demás acciones ordinarias. Por esta razón, las funciones que cumple la Fiscalía en el proceso de extinción de dominio, aunque son jurisdiccionales, no son de naturaleza penal; se trata de funciones jurisdiccionales de instrucción distintas y especiales, asignadas por el legislador en ejercicio de su libertad de configuración en materia procesal y con fundamento en dos disposiciones constitucionales: (i) el numeral 9 del art. 250, según el cual corresponde a la Fiscalía "cumplir las demás funciones que establezca la ley", y (ii) el numeral 4 del art. 251 que encarga al Fiscal General de la Nación de "participar en el diseño de la política del Estado en materia criminal (…)". Las funciones de la Fiscalía consistían principalmente en:

Iniciar y realizar la investigación de oficio o con fundamento en información suministrada de conformidad con el art. 5º de la Ley 793, es decir, por la Procuraduría, la Contraloría, la Fuerza Pública, la Dirección Nacional de Estupefacientes, cualquier institución pública, cualquier persona natural o jurídica, o los organismos internacionales habilitados para el efecto por un tratado o convenio de colaboración recíproca (inciso primero del art. 12 de la Ley 793, modificado por el art. 77 de la Ley 1395). La investigación debe tener el fin de identificar los bienes sobre los cuales podría iniciarse la acción y recaudar los medios de prueba que evidencien cualquiera de las causales previstas en el art. 2º de la Ley 793 y que quebranten la presunción de buena fe respecto de bienes en cabeza de terceros (inciso primero del art. 12 de la Ley 793, modificado por el art. 77 de la Ley 1395).

Para el efecto, la Fiscalía puede emplear técnicas probatorias como registros y allanamientos, interpretaciones de comunicaciones telefónicas y similares, recuperación de información dejada al navegar por Internet u otros medios tecnológicos que produzcan efectos equivalentes, y vigilancia de cosas (art. 12-A de la Ley 793, adicionado por el art. 78 de la Ley 1395).

Después de culminar la investigación, la Fiscalía debía decidir sobre la procedencia de la acción. En virtud de esta función puede, (i) si no logra identificar bienes sobre los cuales podría iniciarse la acción o no se acredita la existencia de alguna de las causales previstas en el art. 2o de la Ley 793, abstenerse de iniciar trámite de extinción de dominio mediante resolución interlocutoria (art. 12-B de la Ley 793, adicionado por el art. 79 de la Ley 1395); o (ii) si lograba identificar bienes y recaudar material probatorio suficiente, dictar resolución interlocutoria de inicio del trámite en la que debe indicar los hechos en que se funda, la identificación de los bienes que se persiguen, la causal que se predica sobre los bienes afectados y las pruebas directas o indiciarias conducentes que evidencien la causal invocada (numeral primero del art. 13 de la Ley 793). Luego de esta resolución, corresponde a los jueces continuar con el trámite del proceso.

Decretar medidas cautelares o solicitar al juez competente que las decrete, según corresponda (inciso segundo del art. 12 de la Ley 793, modificado por el art. 77 de la Ley 1395). Tales medidas comprenden la suspensión del poder dispositivo, el embargo y el secuestro de los bienes, de dinero en depósito en el sistema financiero, de títulos valores y de sus rendimientos, así como la orden de no pagarlos cuando fuere imposible su aprehensión física.

De conformidad con el Código de procedimiento penal en sus art. 82 a 101, así como el Decreto 2535 de 1993 art. 88 y ss., la Ley 793 de 2002 y la Ley 1395 de 2010, teniéndose como bienes todo aquello que sea susceptible de valoración económica o pueda recaer derecho de dominio, corporales, incorporales, muebles o inmuebles, tangibles, intangibles, así como documentos o instrumentos que coloquen de manifiesto el derecho sobre los mismos. Ahora, tan pronto como al Fiscal se le coloquen a disposición bienes que se hayan incautado producto de una situación de flagrancia o de un registro o allanamiento, o de cualquier otra situación, procederá a advertir en primer lugar el valor del mismo como EMP o EF, luego evaluará como en el caso de los macro elementos, así como explosivos, armas, granadas, sustancias narcóticas o químicas ilícitas, objetos para toma de huellas o rastros, que consigna el art. 256 ibídem, si existe la posibilidad de que una vez sean examinados por peritos, se proceda grabarlos en video cinta, o a fotografiarlos, y someterlos a cadena de custodia.

En Colombia, además del comiso como se adujo, se creó la figura de la extinción de dominio, con la Ley 333 de 1996 o ley de extinción de dominio, sobre bienes adquiridos de forma ilícita, al respecto dispone en su art. 1º que se entiende por extinción del dominio la pérdida de este derecho en favor del Estado, sin contraprestación ni compensación de naturaleza alguna para su titular.

De igual manera la ley en comento en su artículo segundo enunciaba las causales que originan la extinción del dominio.

Consagraba el artículo en mención que: por sentencia judicial se puede declarar la extinción del derecho de dominio de los bienes provenientes directa o indirectamente del ejercicio de las siguientes actividades o de aquellos que hayan sido utilizados como medios o instrumentos necesarios para la realización de las mismas:

1. Enriquecimiento ilícito de servidores públicos, de particulares.
2. Perjuicio del Tesoro Público que provenga de delitos de peculado, interés ilícito en la celebración de contratos, de contratos celebrados sin requisitos legales, emisión ilegal de moneda o de efectos o valores equiparados a moneda, ejercicio ilícito de actividades monopolísticas o de arbitrio rentístico, hurto sobre efectos y enseres destinados a seguridad y defensa nacionales; delitos contra el patrimonio que recaigan sobre bienes del Estado; utilización indebida de información privilegiada; utilización de asuntos sometidos a secreto o reserva.
3. Grave deterioro de la moral social, entendiendo por tal los hechos que configuran los delitos contemplados en el Estatuto Nacional de Estupefacientes, el Testaferrato, el lavado de activos, los delitos contra el orden económico y social, los delitos contra los recursos naturales, la fabricación y tráfico de armas y municiones de uso privativo de las fuerzas militares, la concusión, el cohecho, el tráfico de influencias, la rebelión, sedición, asonada o provenientes del secuestro, secuestro extorsivo o extorsión.

En el mismo sentido se encontraba el art. 14 de la ley de extinción del dominio (Ley 333 de 1996), el cual modificó el art. 340 del anterior Código de Procedimiento Penal.

En nuestra legislación penal, la acción de extinción de dominio se dotó de una particular naturaleza, pues se trata de una acción constitucional pública, jurisdiccional, autónoma, directa y expresamente regulada por el constituyente y relacionada con el régimen constitucional del derecho de propiedad. Resulta ser una acción *constitucional* porque no ha sido concebida ni por la legislación ni por la administración, sino que, al igual que otras como la acción de tutela, la acción de cumplimiento o las acciones populares, ha sido consagrada por el poder primario constituyente originario como primer nivel de juridicidad de nuestro sistema democrático.

En la nueva ley de acción de extinción de dominio 1708 de 2014, se promulga nuevamente que es de naturaleza constitucional, pública, jurisdiccional, directa, de carácter real y de contenido patrimonial, y procederá sobre cualquier bien, independientemente de quien lo tenga en su poder o lo haya adquirido, y en ningún caso procederá la prejudicialidad para impedir que se profiera sentencia, ni incidentes distintos a los previstos en esta ley.

Es también una acción *pública* porque el ordenamiento jurídico colombiano sólo protege el dominio que es fruto del trabajo honesto y por ello el Estado, y la comunidad entera, alientan la expectativa de que se extinga el dominio adquirido mediante títulos ilegítimos, pues a través de tal extinción se tutelan intereses superiores del Estado como el patrimonio público, el Tesoro público y la moral social. Es una acción *judicial* porque, dado que a través de su ejercicio se desvirtúa la legitimidad del dominio ejercido sobre unos bienes, corresponde a un típico acto jurisdiccional del Estado y, por lo mismo, la declaración de extinción del dominio está rodeada de garantías como la sujeción a la Constitución y a la ley y la autonomía, independencia e imparcialidad de la jurisdicción.

De otra parte, es una acción *autónoma* e *independiente* tanto del *ius puniendi* del Estado como del derecho civil. Lo primero, porque no es una pena que se impone por la comisión de una conducta punible, sino que procede independientemente del juicio de culpabilidad de que sea susceptible el afectado. Y lo segundo, porque es una acción que no está motivada por intereses patrimoniales sino por intereses superiores del Estado. Es decir, la extinción del dominio ilícitamente adquirido no es un instituto que se circunscribe a la órbita patrimonial del particular afectado con su ejercicio, pues, lejos de ello, se trata de una institución asistida por un legítimo interés público. Es una acción *directa* porque su procedencia está supeditada únicamente a la demostración de uno de los supuestos consagrados por el constituyente: enriquecimiento ilícito, perjuicio del Tesoro público o grave deterioro de la moral social.

Tal como lo sostuvo la Corte Constitucional, en Sentencia C-740 del 2003, también es una acción que está estrechamente relacionada con el régimen constitucional del derecho de propiedad, ya que a través de ella el constituyente estableció el efecto sobreviniente a la adquisición, solo aparente, de ese derecho por títulos ilegítimos.

Esto es así, al punto que consagra varias fuentes para la acción de extinción de dominio y todas ellas remiten a un título ilícito. Entre ellas está el enriquecimiento ilícito, prescripción que resulta muy relevante, pues bien, se sabe que el ámbito de lo ilícito es mucho más amplio que el ámbito de lo punible y en razón de ello, ya desde la Carta la acción de extinción de dominio se desliga de la comisión de conductas punibles y se consolida como una institución que desborda el marco del poder punitivo del Estado y que se relaciona estrechamente con el régimen del derecho de propiedad.

Por su parte, en las leyes 599 de 2000 en su art. 100 y 600 del 2000, el cual entró a regir el 24 de julio del año 2001, en su art. 68 y 906 de 2004, art. 82 a 85, la legislación colombiana faculta a sus autoridades de policía para incautar y proceder a decretar el comiso sobre los bienes objeto de los ilícitos. Incluso, tal como está contenido en el nuevo código de extinción de dominio, el comiso puede derivar en la extinción del dominio sobre tales bienes o extenderse a bienes de valor equivalente, sin perjuicio de los derechos de terceros de buena fe. Estas medidas facultan a la autoridad competente para:

1. Identificar, localizar y evaluar los bienes objeto de decomiso.
2. Adoptar medidas provisionales, tales como el congelamiento y el embargo, para impedir su comercialización, transferencia o disposición.
3. Adoptar las medidas de investigación pertinentes.

Las facultades otorgadas por la ley permiten anular contratos por objeto y causa ilícita, cuando tal condición es previamente conocida por las partes o podría haber sido razonablemente deducida por ellas; o cuando pretenden desviar la capacidad del Estado para conseguir el decomiso o la imposición de las multas u otras sanciones.

Sin embargo, el primer obstáculo interpretativo con el que generalmente se encontraba este instrumento, es que los intérpretes judiciales y particulares, pretendían asimilarlo a la confiscación, que constitucionalmente significa como la pena de la privación absoluta de los bienes de una persona a favor del fisco, prohibida tanto en la Constitución Colombiana de 1886 como en al de 1991. (Ver C-176-94). Así también era considerada como una sanción penal equiparable al comiso, esta última que lo que representa es, ser una consecuencia accesoria de la pena para convertirse en una consecuencia accesoria de la acción típica, ya que lo que pretende en si la extinción de dominio es desarrollar en el derecho lo atinente a la regulación al régimen de la propiedad, tanto en su adquisición como en su lícita tenencia.

De conformidad con el Código de procedimiento penal en sus art. 82 a 101, así como el Decreto 2535 de 1993 art. 88 y ss., la Ley 793 de 2002 y la Ley 1395 de 2010, se tienen como bienes, todo aquello que sea susceptible de valoración económica o pueda recaer derecho de dominio, corporales, incorporales, muebles o inmuebles, tangibles, intangibles, así como documentos o instrumentos que coloquen de manifiesto el derecho sobre los mismos.

En la extinción del dominio la titularidad del derecho de dominio es meramente aparente, por haber sido adquirido el bien en cualquiera de las circunstancias establecidas en el art. 34 inciso 2º de la Constitución, implica la potestad para el Estado de actuar, en cualquier momento, para declarar la pérdida de tal derecho a su favor, sin contraprestación ni compensación de naturaleza alguna para su titular. Otra cosa es cuando de conformidad con el art. 58 de la constitución nacional, por motivos de utilidad pública o interés social procede por vía administrativa la expropiación mediante sentencia judicial, pero mediando previamente la indemnización para su titular.

Respecto a la protección a los terceros de buena fe en Colombia, la Ley 333 de 1996, por la cual se establecieron las normas de extinción de dominio sobre los bienes adquiridos de forma ilícita, establecía en su art. 4, que, respecto de los bienes transferidos por acto entre vivos, procederá la extinción del dominio cuando un tradente los haya adquirido en los casos contemplados en el artículo segundo de esa misma ley y los adquirentes hubieren actuado con dolo o culpa grave respecto del conocimiento de las causales allí contempladas.

En los casos en que se hubiere constituido fiducia o encargo fiduciario sobre los bienes respecto de los cuales se pretenda la extinción de dominio, bastará para su procedencia que alguna de las causales señaladas en el art. segundo sea predicable del encargante o constituyente, sin perjuicio de los derechos de la fiduciaria a su remuneración y de los derechos de beneficiarios y terceros que no hubieren actuado con dolo o culpa grave.

Las disposiciones de la ley de extinción de dominio no afectan los derechos que con arreglo a las leyes civiles se deriven de los negocios jurídicos válidamente celebrados ni de los de su invalidez, nulidad, resolución, rescisión e ineficacia para las partes y terceros, ni los inherentes al pago de lo no debido ni al ejercicio de las profesiones liberales.

En concordancia con lo anterior, el art. 12 de la ley en comento consagra la protección de los derechos de los terceros de buena fe al expresar que no podrá declararse la extinción del dominio en los siguientes casos:

1. En detrimento de los derechos de los titulares legítimos y terceros de buena fe.

2. Si no estuvieren probadas las circunstancias contempladas en la ley.
3. Si no se hubiere garantizado el debido proceso y el derecho de defensa.
4. En todos los casos se respetará el principio de la cosa juzgada.

Los titulares de derechos o los poseedores de bienes objeto de la acción de extinción de dominio, así como los terceros, pueden comparecer al proceso dentro de las oportunidades procesales previstas en la ley antes mencionada para el ejercicio de su derecho de defensa.

En la sentencia C-1007 del 18 de noviembre de 2002, que examinó la constitucionalidad del decretó que reguló en su oportunidad la acción y el trámite de la extinción del dominio, la Corte Constitucional haya sostenido que:

> "(…) aunque un bien haya sido adquirido por compra o permuta pero provienen directa o indirectamente, de una actividad ilícita, el tercero adquiriente del mismo debe ser protegido si demuestra haber obrado con buena fe exenta de culpa y por lo tanto no tendrá que soportar las consecuencias de la extinción de dominio".
>
> "En este orden de ideas, si bien es cierto que la buena fe es un principio que anima y sustenta el cumplimiento de las relaciones entre particulares y entre éstos y los agentes estatales, no es posible afirmar que con su consagración constitucional se pretenda garantizar un principio absoluto, ajeno a limitaciones y precisiones, o que su aplicación no deba ser contrastada con la protección de otros principios igualmente importantes para la organización social, como el bien común o la seguridad jurídica.
>
> …
>
> En estas ocasiones resulta claro que la garantía general -art. 83 C.P.–, recibe una connotación especial que dice relación a la necesidad de desplegar, más allá de una actuación honesta, correcta, o apoyada en la confianza, un comportamiento exento de error, diligente y oportuno, de acuerdo con la finalidad perseguida y con los resultados que se esperan –que están señalados en la ley–. Resulta proporcionado que en aquellos casos, quien desee justificar sus actos, o evitar la responsabilidad que de ellos se deriva, sea quien tenga que dar pruebas, de su apropiada e irreprochable conducta".

La Sentencia C-1007 del 18 de noviembre de 2002, en la que al analizar la figura de la extinción del dominio y refiriéndose a la adquisición de bienes por enajenación o permuta, la Corte Constitucional sostiene que existen dos tipos de buena fe, a saber:

(i) la *simple*, exigida normalmente a las personas en todas sus actuaciones, es la que equivale a obrar con lealtad, rectitud y honestidad; y (ii) la *cualificada, creadora de derecho* o *exenta de culpa*, que es la que tiene la virtud de crear una realidad jurídica o dar por existente un derecho o una situación que realmente no existía.

Sobre esa buena fe *cualificada*, la misma alta Corporación precisó que tiene dos elementos: uno *objetivo*, referente a la conciencia de obrar con lealtad, y otro *subjetivo*, el cual exige tener la seguridad de que el tradente es realmente el propietario, lo cual demanda averiguaciones adicionales que comprueban tal situación.

La buena fe creadora o buena fe cualificada, interpreta adecuadamente una máxima legada por el antiguo derecho al moderno: "*Error communis facit jus*", y que ha sido desarrollada en nuestro país por la doctrina desde hace más de cuarenta años, precisando que, tal máxima indica que si alguien en la adquisición de un derecho o de una situación comete un error o equivocación, y creyendo adquirir un derecho o colocarse en una situación jurídica protegida por la ley, resulta que tal derecho o situación no existen por ser meramente aparentes, normalmente y de acuerdo con lo que se dijo al exponer el concepto de la buena fe simple, tal derecho no resultará adquirido.

Ahora bien, si el error o equivocación es de tal naturaleza que cualquier persona prudente y diligente también lo hubiera cometido, por tratarse de un derecho o situación aparentes, pero en donde es imposible descubrir la falsedad o no existencia, nos encontramos forzosamente, ante la llamada buena fe cualificada o buena fe exenta de toda culpa.

La buena fe cualificada o creadora de derecho tiene plena aplicación en el caso de los bienes adquiridos por compra o permuta y que provienen directa o indirectamente de una actividad ilícita. Es así que, si alguien adquiere un bien con todas las formalidades exigidas por la ley para adquirir la propiedad, y si ese bien proviene directa o indirectamente de una actividad ilícita, en principio, aquel adquirente no recibiría ningún derecho pues nadie puede transmitir un derecho que no tiene y sería procedente la extinción de dominio; pero, si se actuó con buena fe exenta de culpa, dicho tercero puede quedar amparado por el ordenamiento jurídico al punto de considerarse que por efecto de su buena fe cualificada se ha radicado plenamente el derecho de propiedad en su cabeza, y por lo tanto sobre tal bien no podría recaer la extinción de dominio.

Pero, para su aplicación, en los casos en que se convierte en real un derecho o situación jurídica aparentes, para satisfacer las exigencias de buena fe, se requiere el cumplimiento de los siguientes elementos:

a. Que el derecho o situación jurídica aparentes, tenga en su aspecto exterior todas las condiciones de existencia real, de manera que cualquier persona prudente o diligente no pueda descubrir la verdadera situación. La apariencia de los derechos no hace referencia a la acreencia subjetiva de una persona, sino a la objetiva o colectiva de las gentes. De ahí que los romanos dijeran que la apariencia del derecho debía estar constituida de tal manera que todas las personas al examinarlo cometieran un error y creyeran que realmente existía, sin existir. Este es el *error communis*, error común a muchos.

b. Que la adquisición del derecho se verifique normalmente dentro de las condiciones exigidas por la ley; y

c. Finalmente, se exige la concurrencia de la buena fe en el adquirente, es decir, la creencia sincera y leal de adquirir el derecho de quien es legítimo dueño.

Como se observa de lo antes anotado, en esta materia Colombia daba cabal cumplimiento a las recomendaciones plasmadas en el Reglamento Modelo de la CICAD-OEA, al proteger plenamente los derechos de los terceros de buena fe.

En Colombia, el art. 26 de la ley de extinción de dominio (Ley 333 de 1995), en punto de la destinación de los bienes sobre los cuales se ha de declarar la extinción de dominio, indicaba que los bienes y recursos sobre los cuales se declare la extinción del dominio, sin excepción alguna ingresarán al fondo para la rehabilitación, inversión social y la lucha contra el crimen organizado y serán asignados por el Consejo Nacional de Estupefacientes, de conformidad con los reglamentos, para:

a. Financiar programas y proyectos en el área de educación, recreación y deporte. Así mismo los programas que prevengan el consumo de la droga, como los que atiendan a la rehabilitación y la promoción de la cultura de la legalidad;

b. Financiar programas de desarrollo alternativo para la erradicación de cultivos ilícitos;

c. Financiar programas para prevenir, combatir y erradicar la corrupción administrativa en cualquiera de sus manifestaciones;

d. Financiar programas de reforma agraria y de vivienda de interés social para los desplazados por la violencia y los involucrados en los programas de erradicación de cultivos ilícitos;

e. Reembolsar en la hipótesis de que trata esta ley, los daños causados a los nacionales titulares y terceros de buena fe. Para ello financiará la contratación de seguros que cubran los riesgos por actos terroristas súbitos y violentos y los perjuicios en que pueda incurrir la población civil por esos mismos actos, cuando no estén amparados por el Gobierno Nacional mediante pólizas de seguros. Igualmente garantizar mediante la contratación de pólizas expedidas por compañías de seguros, la protección de los bienes sobre los cuales esté vigente una medida cautelar o sobre aquéllos que sean objeto de extinción de dominio;

f. Financiar programas que ejecute el deporte asociado, con el objeto de fomentar, masificar y divulgar la práctica deportiva. Igualmente, apoyar programas recreativos, formativos y social comunitarios;

g. Financiar la inversión en preparación técnica y tecnológica, en soportes logísticos, adquisición de equipos y nueva tecnología, y en general, en el fortalecimiento de las acciones del Estado de su lucha contra el delito del narcotráfico. Los bienes culturales e históricos serán asignados a las entidades estatales pertinentes para los efectos consagrados en la legislación sobre la materia;

h. Financiar programas de rehabilitación, educación, capacitación y microempresas para la población carcelaria;

i. Financiar programas de reubicación dentro de la frontera agrícola, a colonos asentados en la Amazonía y la Orinoquía colombiana;

j. Financiar todos los aspectos atinentes al cumplimiento de las funciones que compete al Consejo Nacional de política Criminal;

k. Para financiar programas de nutrición a la niñez de estratos bajos, a través del Instituto Colombiano de Bienestar Familiar;

l. Para financiar en parte la administración de Justicia a través del Consejo Superior de la Judicatura;

m. Financiar los programas de las mujeres cabeza de familia, menores indígenas tercera edad;

n. Para financiar el programa de bibliotecas públicas de Santafé de Bogotá;

o. Para financiar la asignación de recursos al fondo de seguridad de la rama Judicial y del Ministerio Público;

p. Financiar programas de desarrollo humano sostenible en las regiones de ecosistemas frágiles en los cuales se han realizado cultivos ilícitos;

q. Los bienes y recursos que se encuentren dentro de la Juris-dicción del departamento archipiélago de san Andrés, Providencia y Santa

Catalina y cuya extinción de dominio se haya decretado, conforme a la presente ley, serán asignados por el Consejo Nacional de Estupefacientes instituto de tierras del archipiélago, para el cumplimiento de sus fines, consagrados en la legislación correspondiente.

Mientras se creaba el instituto de tierras del archipiélago el Consejo Nacional de Estupefacientes asignaría los bienes a programas de vivienda de interés social, reforma agraria, obras públicas o para financiar programas de educación en el archipiélago y promover su cultura;

r. Financiar programas para población de los discapacitados físicos, psíquicos y sensoriales;

s. Financiar programas de recreación y cultura de pensionados y la tercera edad;

t. Implementación de programas de vivienda de interés social, y

u. Financiar programas para erradicar la indigencia en el país.

Las tierras aptas para la producción y que ingresen al fondo que se crea en la presente ley, se adjudican a los campesinos e indígenas que cumplan los requisitos establecidos. La adjudicación se haría de conformidad con lo dispuesto en la Ley 160 de 1994. Los desplazados por la violencia y los involucrados en los programas de erradicación de cultivos ilícitos tienen prioridad para la adjudicación.

Los bienes incautados entonces eran puestos por la Fiscalía a órdenes de la Dirección Nacional de Estupefacientes, para que a través de un fondo especial se destinen para fortalecer las actividades relacionadas con la prevención, a las autoridades que combaten los delitos fuente y a entidades dedicadas a labores de rehabilitación.

En Colombia, el numeral 1° del art. 102 del Decreto 663 de 1993 o Estatuto Orgánico del Sistema Financiero, mediante un enunciado general estableció la obligación de adoptar para las entidades financieras controles a actividades delictivas.

Las instituciones sometidas al control y vigilancia de la Superintendencia Bancaria están obligadas a adoptar medidas de control apropiadas y suficientes, orientadas a evitar que en la realización de sus operaciones puedan ser utilizadas como instrumento para el ocultamiento, manejo, inversión o aprovechamiento, en cualquier forma de dinero u otros bienes provenientes de actividades delictivas, o para dar apariencia de legalidad a las actividades activas o a las transacciones o fondos vinculados con las mismas.

En Colombia, este aspecto está recogido en el art. 103 de Estatuto Orgánico del Sistema Financiero, de conformidad con el cual toda institución financiera debe dejar constancia, en formulario especialmente diseñado al efecto, de la información relativa a las transacciones en efectivo que realice, en moneda legal o extranjera cuyo valor sea superior a las cuantías que periódicamente señale la Superintendencia Bancaria. Estos formularios deben contener, por lo menos:

a. (Ley 365 de 1997 art. 24). La identidad, la firma y dirección de la persona que físicamente realice la transacción. Cuando el registro se lleve en forma electrónica, no se requiere la firma.
b. La identidad y la dirección de la persona en nombre de la cual se realice la transacción.
c. La identidad del beneficiario o destinatario de la transacción, si la hubiere.
d. La identidad de la cuenta afectada por la transacción, si existe.
e. El tipo de transacción de que se trata (depósitos, retiros, cobro de cheques, compra de cheques o certificados, cheques de cajero u órdenes de pago, transferencias, etc.).
f. La identificación de la institución financiera en la que se realizó la transacción.
g. La fecha, el lugar, la hora y el monto de la transacción.

Las transacciones múltiples en efectivo, tanto en moneda legal como extranjera que en su conjunto superen cierto monto, serán consideradas como una transacción única si son realizadas por o en beneficio de determinada persona durante el día o en cualquier otro plazo que fije la Superintendencia Bancaria.

Las transacciones realizadas entre instituciones financieras sujetas a control y vigilancia, no requerirán de registro especial.

Cuando el giro ordinario de los negocios de un cliente determinado implique la realización corriente de numerosas transacciones en efectivo, la entidad financiera respectiva puede llevar un registro de transacciones en efectivo en lugar del formulario individual, en el cual se debe anotar toda la información que debe consignarse en el formulario individual. Las entidades financieras que decidan llevar dichos registros deben informar mensualmente a la Superintendencia Bancaria las personas que sean objeto de este procedimiento.

La Unidad tiene como objetivo la detección, prevención y en general la lucha contra el lavado de activos en todas las actividades económicas, para lo cual centraliza, sistematiza y analiza la información recaudada en desarrollo de lo previsto en los art. 102 a 107 del Estatuto Orgánico del Sistema Financiero, las normas tributarias, aduaneras y demás información que conozcan las entidades del Estado o privadas que pueda resultar vinculadas con operaciones de lavado de activos (art. 3 de la citada ley).

Dichas entidades están obligadas a suministrar, de oficio o a solicitud de la Unidad, la información de que trata el presente artículo. Así mismo, la Unidad puede recibir información de personas naturales.

La Unidad, en cumplimiento de su objetivo, comunica a las autoridades competentes y a las entidades legitimadas para ejercitar la acción de extinción del dominio cualquier información pertinente dentro del marco de la lucha integral contra el lavado de activos y las actividades descritas en el art. 2º de la Ley 333 de 1996.

La Unidad puede hacer el seguimiento de capitales en el extranjero en coordinación con las entidades de similar naturaleza en otros Estados.

La reserva bancaria tampoco es obstáculo para que las entidades financieras cumplan con su deber de colaboración con las autoridades para prevenir el lavado de activos (artículos 102 y siguientes del Decreto 663 de 1993, Estatuto Orgánico del Sistema Financiero).

De otra parte, el art. 24 de la Ley 975 de 2005 o ley de Justicia y Paz, al regular el contenido de la sentencia prevé, entre otros requisitos, que debe incluirse "la extinción del dominio de los bienes que se destinarán a la reparación".

Por su parte, el art. 8º del Decreto 4760 de 2005, reproduce tal contenido y el art. 15 *ibídem*, al señalar las medidas cautelares que proceden sobre los bienes ilícitos y el destino que se les debe dar provisionalmente, es decir, que se dejarán a disposición de Acción Social –hoy Fondo para la Reparación de las Víctimas, indica que así será "hasta tanto se profiera la sentencia de extinción de dominio a su favor".

Ahora, el inciso 1º del art. 14 del Decreto 3391 de 2006, señaló que en el evento de que el bien no haya sido previamente enlistado y entregado con destino a la reparación de las víctimas, o cuando existiendo prueba de su despojo tampoco se produzca la entrega efectiva del bien, la autoridad judicial procederá a compulsar las copias para que se inicien los procesos penales a que haya lugar y decretará la extinción de dominio respectiva con destino a la reparación de las correspondientes víctimas.

Así las cosas y como quiera que esta norma, en el aparte final, pareciera contener una contradicción con las citadas anteriormente en punto del momento para declarar la extinción del dominio sobre bienes en el marco del proceso de justicia transicional regulado por la Ley 975 de 2005, pues no fija una oportunidad concreta, es preciso recordar que Sentencia C-370 de 2006, la Corte Constitucional sostuvo:

> "Así las cosas, de conformidad con el sistema de justicia transicional regulado por la Ley 975 de 2005 donde se adopta una pena alternativa, es claro que cuando en el art. 14 del Decreto 3391 de 2006, se alude a que "la autoridad judicial procederá a compulsar copias para que se inicien los procesos penales a que haya lugar" con fundamento en que los desmovilizados no cumplieron con la obligación descrita en los art. 10.2, 11.5 y 17 de la Ley 975 de 2005, es decir, "Que entreguen los bienes producto de la actividad ilícita" y, a su vez, "se decretará la extinción del dominio con destino a la reparación de las correspondientes víctimas; se alude a que ésta extinción se hará en la sentencia.
>
> Ello también se desprende de lo preceptuado en el art. 18 del Decreto 3391 de 2006, donde son mencionados los bienes que integran el Fondo para la Reparación de las Víctimas, pues allí se establece que es posible la entrega provisional de un bien a la víctima "hasta que se resuelva sobre el mismo en la sentencia, de conformidad con lo dispuesto por el art. 15 del Decreto 4760 de 2.005, en aras de garantizar el derecho de restitución", toda vez que a su vez en esta última norma se prevé que "Los bienes sobre los que se adopten medidas cautelares quedarán de inmediato a disposición de Acción Social – Fondo para la Reparación de la Víctimas el cual tendrá la administración de los mismos que será provisional hasta tanto se profiera la sentencia de extinción de dominio a su favor. Sin embargo, en aras de garantizar el derecho a la restitución, el magistrado que ejerza el control de garantías, a solicitud de la Fiscalía, del Ministerio Público o de la Víctima, podrá entregar en provisionalidad el bien a la víctima hasta que se resuelva sobre el mismo en la sentencia".

Se concluye entonces que únicamente en la sentencia es posible decretar la extinción del dominio en el marco del proceso de justicia transicional regulado por la Ley 975 de 2005 y, por ende, es de competencia de la Sala de Conocimiento de los Tribunales Superiores de Justicia y Paz del Tribunal Superior adoptar la decisión, y recaerá sobre bienes entregados o perseguidos a los postulados, vivos, muertos, o excluidos.

Posteriormente y en lo que respecta a bienes producto o comprometidos en narcotráfico, enriquecimiento ilícito, testaferrato o lavado de activos, ordena a la Fiscalía y a los jueces, proceder a compulsar copias para que sobre los mismos se adelante proceso de extinción de dominio al tenor de la Ley 793 de 2002 modificada por la Ley 1395 de 2010, la que a su vez fue modificada por la Ley 1708 de 2014 y 1849 de 2017.

CUADRO ESQUEMÁTICO DE LEGISLACIÓN

CARACTERÍSTICAS	NORMA APLICABLE
Tipificación del delito	Art. 324, 325, 326 y 327 de la Ley 599 del 2000; art. 65, 66, 340, 441, 450 de la Ley 600 del 2000, art. 8 de la Ley 747 de 2002, art. 8, 9, 10 de la Ley 733 de 2002, Ley 785 de 2002, Ley 1395 de 2010. Ley 1708 de 2014, Cuarenta Recomendaciones del Grupo GAFI (recomendaciones 4, 5, 6, 40), Reglamento Modelo (art. 1). Ley 975 de 2005, art. 24. Decreto 3391 de 2006, inciso 1º del art. 14.
Medidas cautelares	Art. 19 de la Ley 333 de 1996, Decreto número 1975 de 2002, Ley 785 de 2002, Ley 1395 de 2010. Ley 1708 de 2014 Cuarenta Recomendaciones del Grupo GAFI (recomendación 7), Reglamento Modelo, art. 4. Decreto 4760 de 2005, art. 8. Ley 1395 de 2010, Ley 1708 de 2014 y ley 1849 de 2017 fase inicial es reservada.
Decomiso de bienes productos o instrumentos	Ley 600 del 2000 (art. 67 comiso, 68 extinción del dominio); Ley 333 de 1996 (extinción del dominio), Ley 785 de 2002, Ley 1708 de 2014 y Ley 1849 de 2017. Cuarenta Recomendaciones del Grupo GAFI (recomendación 7), Reglamento Modelo, art. 5.
Terceros de buena fe .	Ley 333 de 1996, art. 4 y 12, Ley 785 de 2002, Ley 1708 de 2014 Cuarenta Recomendaciones del Grupo GAFI (recomendación 7) Reglamento Modelo, art. 6. Ley 1395 de 2010, Ley 1708 de 2014 y Ley 1849 de 2017.
Destino de los bienes productos o instrumentos decomisados	Ley 333 de 1996, art. 26, Ley 1395 de 2010, Ley 1708 de 2014, Cuarenta Recomendaciones del Grupo GAFI (recomendación 38) y Ley 1849 de 2017.
Sujetos obligados	Art. 102 del Estatuto Orgánico del Sistema Financiero, Cuarenta Recomendaciones del Grupo GAFI (recomendaciones 8, 9), Reglamento Modelo, art. 10 y Ley 1849 de 2017.
Identificación de clientes, mantenimiento de registro	E.O.S.F. (art. 102); Acuerdo Interbancario de Conocimiento del Cliente (junio de 1996), Cuarenta Recomendaciones del Grupo GAFI (recomendaciones 10, 11, y 13), Reglamento Modelo, art. 11, Circular Básica Jurídica, con las modificaciones introducidas por la Circular 25 de 2003.
Disponibilidad de los registros	Art. 102 y 105 del Estatuto Orgánico del Sistema Financiero; Circular Básica Jurídica de la Superintendencia Bancaria., Cuarenta Recomendaciones del Grupo GAFI (recomendación 12), Cuarenta Reglamento Modelo, art. 12.

Registro y notificación de transacciones en efectivo	E.O.S.F. (art. 103 y 104, este último modificado por el art. 27 de la Ley 795 de 2003); Circular Básica Jurídica de la Superintendencia Bancaria, con las modificaciones introducidas por la Circular 25 de 2003Circular DCIN-30 del 5 de julio de 2002 del Banco de la República, Cuarenta Recomendaciones del Grupo GAFI (recomendaciones 22, 23, 24), Reglamento Modelo, art. 13.
Comunicación de transacciones financieras sospechosas	- E.O.S.F. (art. 102 y ss.); Circular Básica Jurídica de la Superintendencia Bancaria con las modificaciones introducidas por la Circular 25 de 2003 y Convenio de Cooperación Asobancaria – Fiscalía; Ley 526 de 1999, Cuarenta Recomendaciones del Grupo GAFI (Recomendaciones 14 a 18, 32).
Programa de cumplimiento obligatorio	E.O.S.F. (art. 102, 209 y 211); art. 75 de la Ley 795 de 2003 y Circular Básica Jurídica de la Superintendencia Bancaria con las modificaciones introducidas por la Circular 25 de 2003, Cuarenta Recomendaciones del Grupo GAFI (recomendaciones 19, 20, 21), Reglamento Modelo, art. 16.
Extensión de obligaciones a otros sujetos	Estatuto Orgánico del Sistema Financiero–E.O.S.F. (art. 102 a 107); Ley 190/95 (art. 39, extiende el control a las personas sometidas a la Superintendencia de Valores); Ley 365 de 1997 (art. 23, extiende a cooperativas); Ley 383 de 1997; Ley 526 de 1999; Ley 785 de 2002, ley 1708 de 2014 y Ley 1849 de 2017. Decreto 1851/97 (somete a las cooperativas a vigilancia de la Superintendencia Bancaria–S.B.); Circular Externa 39/97 S.B. (compra y venta de inversiones); Circulares Externas 14/95 y 3/97 Superintendencia de Valores; Circulares Externas 11/96 y 7/97 Departamento Nacional de Cooperativas – DANCOOP y Circular 88 de 1999 expedida por la DIAN (extiende las obligaciones a los depósitos, las sociedades de intermediación aduanera, las sociedades de certificación internacional, las sociedades portuarias, los usuarios de zonas francas, las empresas transportadoras, las empresas de mensajería y las casas de cambio.), Cuarenta Recomendaciones del Grupo GAFI (recomendaciones 8 y 9), Reglamento Modelo, artículo 17.
Responsabilidad de los sujetos obligados	E.O.S.F. art. 107, 209, 210 y 211, estos últimos modificados por el art. 45 de la Ley 795 de 2003; Ley 599 del 2000, art. 323, Ley 785 de 2002, Ley 1708 de 2014 y Ley 1849 de 2017. Cuarenta Recomendaciones del Grupo GAFI, recomendación 26, Reglamento Modelo, art. 15. Circular Básica Jurídica, con las modificaciones introducidas por la Circular 25 de 2003.
Autoridades de supervisión y regulación	Art. 106 del E.O.S.F. y Circular Básica Jurídica (Circular 007 de 1996), Cuarenta Recomendaciones del Grupo GAFI (Recomendaciones 26, 27, 28, 29, 31), Reglamento Modelo, art. 19.

Unidad de inteligencia financiera	– Ley 526 de 1999, Cuarenta Recomendaciones del Grupo GAFI (Recomendaciones 31, 32), Reglamento Modelo, art. 9, Decreto 1497 del 19 de julio de 2002, art. 1, 25, 6.
Cooperación internacional	- a) Extradición: Constitución Política (art. 35 y 29); Nuevo Código de Procedimiento Penal (artículos 499 y 500), Ley 526 de 1999, Cuarenta Recomendaciones del Grupo GAFI recomendaciones 3, 32, 36 a 40 Reglamento Modelo, art. 20.
Secreto o reserva bancaria	Constitución Política (art. 15); art. 102 y ss. del EOSF y Circular Básica Jurídica expedida por la Superintendencia Bancaria, Cuarenta Recomendaciones del Grupo GAFI (Recomendación 2), Reglamento Modelo, art. 21.

Desde la Ley 793 de 2002, se consagró que la extinción del derecho de dominio procedía principalmente contra bienes ilícitos (art. 2º obtención de una utilidad económica ilegal, tales como delitos contra la administración pública, el patrimonio económico, contra la salud pública y contra la libertad individual), salvo en aquellos casos donde la propiedad, a pesar de ser adquirida legítimamente, su uso atenta contra los recursos naturales y el medio ambiente.

En este sentido la Corte Constitucional en Sentencia C-740 de 2003, en relación con la extinción de dominio por incumplimiento de la función social y ecológica de la propiedad privada, manifestó que el punto de partida para la acción estatal no está determinado por la adquisición sólo aparente del derecho en razón de la ilegitimidad implícita en el título, pues se está ante un derecho legítimamente adquirido y por lo mismo protegido por la Constitución y la ley, pero lo que ocurre en este caso es que el derecho de propiedad, en el contexto, primero, de un Estado social y, luego, de un Estado constitucional, impone obligaciones al propietario. Éste tiene una facultad de disposición sobre sus bienes.

No obstante, sostiene, esta facultad tiene límites impuestos por la Constitución misma, límites que se orientan a que tales bienes sean aprovechados económicamente no sólo en beneficio del propietario, sino también de la sociedad de la que hace parte y a que ese provecho se logre sin ignorar el deber de preservar y restaurar los recursos naturales renovables. Ese es el sentido de la propiedad en cuanto a la función social y ecológica.

De allí que cuando el propietario, pese a haber adquirido justamente su derecho, se desentiende de la obligación que le asiste de proyectar sus bienes a la producción de riqueza social y del deber de preservar y restaurar los recursos naturales renovables, incumpla una carga legítima impuesta por el Estado y que éste, de manera justificada, opte por declarar la extinción de ese derecho.

Hay que indicar que la configuración legal del proceso de extinción de dominio consagraba una estructura de la que hacen parte tres etapas: Una fase inicial que se surtía ante la Fiscalía, en la que se promovía una investigación para identificar bienes sobre los que podría iniciarse la acción de extinción de dominio y en la que puede haber lugar a medidas cautelares; una segunda fase, que se inicia con la decisión de la Fiscalía de perseguir bienes determinados y que culminaba con la decisión sobre la procedencia o improcedencia de la extinción de dominio y la remisión de lo actuado al juez competente y una última fase, que se surtía ante el juez de conocimiento, y en la que había lugar a un traslado a los intervinientes para que controviertan la decisión de la Fiscalía General y a la emisión de la sentencia declarando la extinción de dominio o absteniéndose de hacerlo.

Seguidamente hace su aparición la Ley 1395 de julio 12 de 2010, conocida como Ley de descongestión judicial, en donde se implementan nuevas medidas y procedimientos que faciliten y agilicen los procedimientos para extinguir el dominio de bienes de procedencia ilícita. Es así como en su art. 73 se erigen funciones de policía administrativa a la dirección nacional de estupefacientes, en cabeza del Subdirector Jurídico de la Dirección Nacional de Estupefaciente quién tendrá funciones para hacer efectiva la entrega real y material de los bienes inmuebles urbanos o rurales, muebles, sociedades y/o establecimientos de comercio ordenada por el Juez en la sentencia de extinción de dominio de acuerdo a lo establecido en el art. 18 de la Ley 793 de 2002.

Así mismo, tendrá funciones de índole administrativa para hacer efectiva la entrega favor de la Nación– Fondo para la Rehabilitación, Inversión Social y Lucha contra el Crimen Organizado Frisco– Dirección Nacional de Estupefacientes DNE, de los bienes respecto de los cuales la autoridad judicial haya decretado las medidas de embargo secuestro y suspensión del poder dispositivo. En este evento, las oposiciones presentadas serán dirimidas por la autoridad judicial de conocimiento en la oportunidad procesal respectiva y, en este caso no se suspenderá el cumplimiento de la medida cautelar decretada, ni el curso de la diligencia.

En cuanto a las autoridades de Policía locales, departamentales y nacionales estarán obligadas a prestar el apoyo que requiera el Subdirector Jurídico para estas actuaciones. Corresponde al Subdirector Jurídico en el término de cuarenta y ocho (48) horas hacer efectiva la entrega ordenada por la Autoridad Judicial competente de bienes sobre los cuales recae la medida cautelar o la sentencia de extinción de dominio.

El acto que disponga hacer efectiva la entrega, se comunicará por el medio más expedito al poseedor, tenedor o persona que a cualquier título se encuentre ocupando administrando el bien y transcurridos tres (3) días desde la fecha de comunicación del acto, el Subdirector Jurídico practicará la diligencia directamente o por comisión al Inspector, Corregidor o Comisario de Policía.

Se dispuso en el art. 74 que la Ley 793 de 2002, tendría un nuevo art., cuyo texto será el siguiente, que, al hacer relación como los medios de prueba, se enfatizaría que ellos serían la inspección, la peritación, el documento, el testimonio y la confesión, y el indicio, pero que el fiscal podría practicar otros medios de prueba no contenidos en esta ley, de acuerdo con las disposiciones que lo regulen, respetando siempre los derechos fundamentales.

De igual manera en el art. 75, se agregó a la Ley 793 de 2002, un nuevo artículo, que concierne a un trámite abreviado, para los casos de incautación de dineros o valores tales como metales preciosos, joyas u otros similares que no tengan propietario, poseedor o tenedor identificado o identificable, por lo que una vez surtido el emplazamiento, y siempre que no compareciere alguien que demostrare interés legítimo, el operador judicial de conocimiento debería dictar, dentro de los diez días siguientes, resolución de procedencia de la acción de extinción de dominio, y la remitiría al juez competente para que adelante el trámite correspondiente para la declaración de extinción de dominio a favor del Fondo para la Rehabilitación, Inversión Social y Lucha contra el Crimen Organizado, a más tardar dentro de los quince días siguientes al recibo de la respectiva resolución.

Mediante el art. 76, se modifica el art. 11 de la Ley 793 de 2002, en cuanto a la competencia, quedando la acción en cabeza del Fiscal General de la Nación directamente, o a través de los Fiscales Delegados que conforman la Unidad Nacional para la Extinción del Derecho de Dominio y contra el Lavado de Activos o en su defecto los Fiscales Delegados ante los Jueces Penales del Circuito Especializados de cada seccional, y la segunda instancia de las decisiones proferidas en el trámite de extinción se surtirá ante la Unidad de Fiscalías Delegadas ante Tribunal-Extinción del Derecho de Dominio y contra el Lavado de Activos.

En lo que respecta a los jueces penales del circuito especializados, correspondería la causa, al del lugar donde se encontraren ubicados los bienes, proferir la sentencia que declare la extinción de dominio. Si se hubieren encontrado bienes en distintos distritos judiciales, será competente el juez determinado por reparto, de aquel distrito que cuente con el mayor número de jueces penales del circuito especializado. La aparición de bienes en otros lugares, posterior a la resolución de inicio de la acción, no alterará la competencia.

En la citada ley de descongestión y reformatoria de la Ley 793 de 2002, el fiscal competente para conocer la Acción de Extinción de Dominio, iniciaría la investigación, de oficio o por información que le haya sido suministrada, con el fin de identificar los bienes sobre los cuales podría iniciarse la acción, recaudaría los medios de prueba que evidencien cualquiera de las causales en la precitada ley y no quebranten la presunción de buena fe respecto de bienes en cabeza de terceros.

En el desarrollo de esta fase, el fiscal podrá decretar medidas cautelares, o solicitar al Juez competente, la adopción de las mismas, según corresponda, que comprenderán la suspensión del poder dispositivo, el embargo y el secuestro de los bienes, de dinero en depósito en el sistema financiero, de títulos valores, y de los rendimientos de los anteriores, lo mismo que la orden de no pagarlos cuando fuere imposible su aprehensión física. En todo caso la Dirección Nacional de Estupefacientes será el secuestre o depositario de los bienes embargados o intervenidos.

Durante la fase inicial y con el exclusivo propósito de identificar bienes y recaudar elementos materiales probatorios que fundamenten la causal a invocar, el fiscal podrá utilizar como técnicas de investigación, los Registros y Allanamientos, las Interpretaciones de comunicaciones telefónicas y similares, la Búsqueda selectiva en base de datos, la recuperación de información dejada y la Vigilancia de cosas, mediante decisión de sustanciación que contenga las razones o motivos fundados para su práctica, debiéndose cumplir con las exigencias previstas para ellas en la Ley 906 de 2004.

Ahora bien, en consecuencia, si durante la fase inicial no se logran identificar bienes sobre los cuales podría iniciarse la acción o no se acredita la existencia de alguna de las causales previstas en el art. 2o de la ley, el Fiscal competente se abstendría de iniciar trámite de extinción de dominio mediante resolución interlocutoria contra la cual proceden los recursos de ley. Dicha decisión podría ser revocada de oficio o a petición de parte, aunque se encuentre ejecutoriada, siempre que aparezcan nuevas pruebas que desvirtúen los fundamentos que sirvieron de base para proferirla.

En lo que hacía relación con el procedimiento, se debería cumplir de conformidad con las siguientes reglas:

1. El Fiscal que iniciara el trámite dictaría resolución interlocutoria en la que propondría los hechos en que se funda, la identificación de los bienes que se persiguen, la causal que se predica sobre los bienes afectados y las pruebas directas o indiciarias conducentes que evidencien la causal invocada. Tratándose de bienes en cabeza de terceros se deberá relacionar y analizar los medios de prueba que quebranten la presunción de buena fe que se predica sobre los mismos.

Si aún no se hubiere hecho en la fase inicial, el fiscal decretaría las medidas cautelares, o podía solicitar al juez competente, la adopción de las mismas, según correspondiera, las cuales se ordenarían y ejecutarían antes de notificada la resolución de inicio a los afectados, de conformidad con lo dispuesto en la misma ley y contra la decisión procederían los recursos de ley.

2. La resolución de inicio se comunicaría al Agente del Ministerio Público y se notificaría dentro de los cinco (5) días siguientes a las personas afectadas enviándoles comunicación a la dirección conocida en el proceso y fijando en el inmueble objeto de la acción, noticia suficiente del inicio del trámite y el derecho que le asiste a presentarse al proceso.

   Cuando el afectado se encuentre fuera del país la notificación personal se surtiría con su apoderado a quien se le haya reconocido personería jurídica en los términos de la ley.

3. Transcurrido cinco (5) días después de libradas las comunicaciones pertinentes y de haberse fijado la noticia suficiente, se dispondría el emplazamiento de quienes figuren como titulares de derechos reales principales o accesorios según el certificado de registro correspondiente o en su defecto a sus herederos o beneficiarios en caso de bienes en sucesión por causa de muerte, para que comparecieren a hacer valer sus derechos.

4. El emplazamiento se surtiría por edicto, que permanecería fijado en la Secretaría por el término de cinco (5) días y se publicaría por una vez dentro de dicho término, en un periódico de amplia circulación nacional y en una radiodifusora con cobertura en la localidad. Si el emplazado o los emplazados no se presentaren dentro de los tres (3) días siguientes al vencimiento del término de fijación del edicto, el proceso continuaría con la intervención del curador *ad litem*, quien velaría por el cumplimiento de las reglas del debido proceso a favor de los afectados que no hayan comparecido al trámite.

5. Posesionado el curador ad litem o notificados personalmente todos los afectados, por Secretaría se correrá un traslado común de cinco (5) días a los intervinientes, quienes podrán solicitar las pruebas que estimen conducentes y eficaces para fundar su oposición.

6. Transcurrido el término en cita, se decretarían, las pruebas solicitadas que se consideren conducentes y las que oficiosamente considere oportunas el investigador, las que se practicarían en un término de

treinta (30) días que no sería prorrogable. La negativa de decretar pruebas solicitadas por el afectado sería susceptible de los recursos de ley.

La decisión que decretare pruebas de oficio no sería susceptible de recurso alguno.

7. Concluido el término probatorio, el fiscal ordenaría que por Secretaría se corra el traslado por el término común de cinco (5) días, durante los cuales los intervinientes alegarían de conclusión. Esta decisión solo sería susceptible del recurso de reposición.

8. Transcurrido el término anterior, durante los quince (15) días siguientes el fiscal dictaría una resolución en la cual decidiría respecto de la procedencia o improcedencia de la extinción de dominio.

9. Ejecutoriada la resolución de que trata el numeral anterior se remitiría el expediente completo al juez competente, quien daría el traslado de la resolución a los intervinientes por el término de cinco (5) días, para que pudieren controvertirla aportando o solicitando pruebas.

   Dentro de los quince (15) días siguientes de practicadas las pruebas solicitadas el juez dictaría la respectiva sentencia que declarará la extinción de dominio o se abstendrá de hacerlo. La sentencia que se profiriere tendría efectos *erga ommes.*

10. En contra de la sentencia que decretara la extinción de dominio solo procedería el recurso de apelación, interpuesto por las partes o por el Ministerio Público, que sería resuelto por el superior dentro de los treinta (30) días siguientes a aquel en que el expediente llegare a su Despacho. La sentencia de primera instancia que negara la extinción de dominio y que no fuere apelada, se sometería en todo caso al grado jurisdiccional de consulta.

11. Cuando se decretará la improcedencia sobre un bien de un tercero de buena fe, el fiscal debería someter la decisión al grado jurisdiccional de consulta. En los demás casos, sería el Juez quien decidiera sobre la extinción o no del dominio, incluida la improcedencia que dicte el fiscal sobre bienes distintos a los mencionados en este numeral. En todo caso, se desestimaría de plano cualquier incidente que los interesados propusieran con esa finalidad.

Los términos establecidos en se tornan en improrrogables y de obligatorio cumplimiento, y su desconocimiento se constituiría en falta disciplinaria gravísima.

En cuanto a los recursos se fijaba que contra las providencias interlocutorias proferidas por el fiscal que conocía del trámite, procederían los recursos de reposición, apelación y queja, que se interpondrían por escrito y se tramitarían conforme al procedimiento establecido en la Ley 600 de 2000, en lo que no sea fuere incompatible con lo dispuesto en la ley reformatoria.

Las decisiones que declaraban desierto el recurso de apelación y la que ordenara el traslado a los sujetos procesales para alegar de conclusión, serían las únicas resoluciones de sustanciación impugnables, contra las cuales solo procedería el recurso de reposición.

En los eventos en que el material probatorio allegado por el recurrente demostrara de manera anticipada que sobre el bien de su propiedad no concurría la causal invocada en la resolución de inicio, el fiscal que conociere de los recursos podría excluir el bien como objeto de la acción, siempre que tal decisión no se fundara en un medio de prueba que requiriera ser controvertido en el debate probatorio.

La aludida ley de descongestión 1395, fue demandada en estas reformas, pero la Corte Constitucional, mediante sentencia C-540 de 2011 la consideró ajustada a derecho.

Al reclamar los demandantes la intervención de los jueces de control de garantías, tanto previas como posteriores para que ejercieren el control constitucional, respecto a la práctica de pruebas, la Corte consideró desde la expedición de los art. 343 y 351 del Decreto 2700 de 1991, que ya había sido objeto de revisión de su parte, se permitía la práctica de allanamientos e interceptaciones de comunicaciones con fundamento en orden judicial, sin distinguir entre jueces y fiscales, razón por la cual, en la sentencia C-657 de 1996, la Corte interpretó que comprendía a los fiscales. Luego, bajo la Ley 600 de 2000, los art. 294 y siguientes también permitían al fiscal, realizar allanamientos, registros, retención de correspondencia, solicitar copias de comunicaciones telegráficas, abrir correspondencia, e interceptar comunicaciones sin necesidad de orden de un juez.

Sostuvo la Corte Constitucional en los considerandos de dicha providencia:

> "Sin embargo, en el caso del proceso de extinción de dominio, tal intervención no es requerida por el texto constitucional, por las razones que a continuación se exponen:
>
> En el proceso penal, el control judicial posterior de las medidas restrictivas de los derechos fundamentales fue ordenado expresamente por el constituyente derivado, mandato que fue materializado por el legislador en la Ley 906. En efecto como explicó la Corte en la sentencia C-740 de 2003, en el nuevo sistema penal acusatorio, "(...) por autorización constitucional expresa, la

Fiscalía General de la Nación conserva la facultad excepcional de tomar medidas restrictivas de derechos fundamentales como capturas, registros, allanamientos, incautaciones e interceptaciones de comunicaciones". No obstante, estas medidas, por expreso mandato constitucional, están sujetas a un control posterior ante el juez de control de garantías.

Por el contrario, en el caso del proceso de extinción de dominio, en tanto el constituyente guardó silencio al respecto, el legislador goza de libertad de configuración y puede prescindir del juez de control de garantías. Ciertamente, en el proceso de extinción de dominio, la Fiscalía puede emplear estas técnicas de investigación sin necesidad de que intervenga un juez de control de garantías, pues como se indicó en la sentencia C-740 de 2003, la Constitución no lo requiere en atención a que el proceso de extinción de dominio (i) no se basa en el ius puniendi del Estado y (ii) en tanto acción autónoma, puede tener una configuración distinta a la del proceso penal. La Corte afirmó:

"Sin embargo, como la acción de extinción de dominio remite a una acción constitucional pública consagrada de manera directa y expresa por el constituyente y no al ejercicio del ius puniendi del Estado, el proceso en el que aquella se promueve no se rige por la estructura básica de acusación y juzgamiento ya indicada sino que es fijado, con una autonomía constitucionalmente limitada, por el legislador. Entonces, dada la diversa naturaleza que le asiste a la acción de extinción de dominio en relación con la acción penal, el Congreso no está constitucionalmente obligado a ordenar que en el proceso en que aquella se promueve, intervenga el juez de control de garantías".

No obstante, la Sala precisa que las funciones que en materia de exclusión de pruebas irregulares desempeña el juez de control de garantías en el proceso penal, en el proceso de extinción de dominio debe cumplirlas el juez de conocimiento. A este juez corresponde entonces, si encuentra que la Fiscalía ha vulnerado los derechos fundamentales y las garantías constitucionales, no reconocer legitimidad a su actuación y, lo que es más importante, reputar inexistentes y no valorar los elementos de prueba recaudados, en concordancia con el art. 29 superior, según el cual es nula de pleno derecho toda prueba obtenida con violación del debido proceso.

En resumen, en virtud de los art. 15 y 28 constitucionales, los registros y allanamientos al domicilio, así como la interceptación de comunicaciones requieren de orden judicial previa. De acuerdo con la jurisprudencia constitucional, dentro de la categoría de "autoridad judicial" se hallan los fiscales. Si bien es cierto el art. 250-2 de la Constitución introduce exige el control posterior del juez de control de garantías, esta excepción debe interpretarse de manera restrictiva, es decir, únicamente en el marco del proceso penal, no en el contexto del proceso de extinción de dominio".

Por tanto, antes de la expedición de la Ley 1395, con fundamento en el art. 7 de la Ley 793, el fiscal que adelantaba las primeras fases del proceso de extinción de dominio podía acudir a las técnicas de investigación ahora señaladas expresamente en el art. 78 de la Ley 1395, sin necesidad de orden judicial previa.

En Conclusión la Corte Constitucional encontró la Ley 1395 exequible, pues (i) para efectos de la aplicación de las prohibiciones de los art. 15 y 28 constitucionales, los fiscales que adelantan la acción de extinción de dominio se entiende que también son autoridades judiciales competentes, y (ii) la Constitución, a diferencia de lo que ocurre en el proceso penal, no exige para el empleo de las técnicas de investigación allí enunciadas, la intervención posterior de un juez de control de garantías.

Posteriormente se expide la Ley 1453 de junio 24 de 2011, conocida como Ley de seguridad ciudadana, en donde se amplían los términos para presentar escritos de acusación y celebración de juicio oral en materia penal frente a delitos graves, impidiendo el beneficio de la libertad condicional y exclusión de beneficios de subrogados penales, sistemas de vigilancia electrónica como sustitutivos de la prisión, y la procedencia de la detención preventiva para los ilícitos que tienen que ver directamente, relativos a la protección del bien jurídico de la administración pública en lo concerniente con la contratación estatal, así como el concierto para delinquir, la captación ilícita de dineros, el narcotráfico, lavado de activos entre otros, impidiendo con ello que las personas detenidas por dichos ilícitos puedan obtener prontamente su libertad y huyan, así como consagrando un aumento punitivo para el delito de Lavado de Activos cuya pena oscila ahora entre 10 y 30 años de prisión.

En lo referente a la extinción de dominio aumento en dicha ley las causales para su procedencia, así como algunas normas de competencia, procedencia e investigación.

Respecto de la naturaleza de la extinción de dominio, la Corte Constitucional, en la sentencia C-740 de 2003[1], señaló que se trata de una acción constitucional pública, jurisdiccional, autónoma e independiente de la acción penal, directa, expresamente regulada por el constituyente y relacionada con el régimen constitucional del derecho de propiedad. En síntesis, la extinción de domino reviste las siguientes características:

- **Es una acción constitucional** porque no ha sido concebida ni por la legislación ni por la administración, sino que, al igual que otras como la acción de tutela, la acción de cumplimiento o las acciones populares,

---

1 Referencia: expediente D-4449. Demanda de inconstitucionalidad contra la Ley 793 de 2002 "por la cual se deroga la Ley 333 de 1996 y se establecen las reglas que gobiernan la extinción de dominio". Actor: Pedro Pablo Camargo. M.P. Jaime Córdoba Triviño.

ha sido consagrada por el poder constituyente originario como primer nivel de juridicidad de nuestro sistema democrático.

- **Es una acción pública** porque el ordenamiento jurídico colombiano sólo protege el dominio que es fruto del trabajo honesto y por ello el Estado, y la comunidad entera, alientan la expectativa de que se extinga el dominio adquirido mediante títulos ilegítimos, pues a través de tal extinción se tutelan intereses superiores del Estado como el patrimonio público, el Tesoro público y la moral social.
- **Es una acción judicial**, porque, dado que a través de su ejercicio se desvirtúa la legitimidad del dominio ejercido sobre unos bienes, corresponde a un típico acto jurisdiccional del Estado y, por lo mismo, la declaración de extinción del dominio está rodeada de garantías como la sujeción a la Constitución y a la ley y la autonomía, independencia e imparcialidad de la jurisdicción.
- **Es una acción autónoma e independiente** tanto del *ius puniendi* del Estado como del derecho civil. Lo primero, porque no es una pena que se impone por la comisión de una conducta punible, sino que procede independientemente del juicio de culpabilidad de que sea susceptible el afectado. Y lo segundo, porque es una acción que no está motivada por intereses patrimoniales sino por intereses superiores del Estado. Es decir, la extinción del dominio ilícitamente adquirido no es un instituto que se circunscribe a la órbita patrimonial del particular afectado con su ejercicio, pues, lejos de ello, se trata de una institución asistida por un legítimo interés público.
- **Es una acción directa** porque su procedencia está supeditada únicamente a la demostración de uno de los supuestos consagrados por el constituyente: enriquecimiento ilícito, perjuicio del Tesoro público o grave deterioro de la moral social.

Finalmente, es una acción que está estrechamente relacionada con el régimen constitucional del derecho de propiedad, ya que a través de ella el constituyente estableció el efecto sobreviniente a la adquisición, solo aparente, de ese derecho por títulos ilegítimos.

Esto es así, al punto que consagra varias fuentes para la acción de extinción de dominio y todas ellas remiten a un título ilícito. Entre ellas está el enriquecimiento ilícito, prescripción que resulta muy relevante, pues se sabe que el ámbito de lo ilícito es mucho más amplio que el ámbito de lo punible y en razón de ello, ya desde la Carta la acción de extinción de dominio se desliga de la comisión de conductas punibles y se consolida como una institución que desborda el marco del poder punitivo del Estado y que se relaciona estrechamente con el régimen del derecho de propiedad.

De otro lado, acerca de la primera causal de extinción de dominio, la Corte, en la misma sentencia referida anteriormente indicó que:

> "De un lado, la Corte resalta que el ejercicio de la acción de extinción de dominio no está condicionado a la existencia de una sentencia condenatoria previa por el delito de enriquecimiento ilícito de servidores públicos, tal como lo afirma el actor. Ello es así por cuanto se trata de una acción constitucional pública, consagrada directamente por el constituyente, relacionada con el régimen constitucional del derecho a la propiedad y que prevé los efectos sobrevinientes en caso de ilegitimidad del título generador del dominio. Un dominio amparado en un título injusto se extingue, indistintamente de que para la consecución de tal título se haya cometido o no una conducta punible.
>
> Éste es el carácter de la acción y de allí por qué resulte vano todo esfuerzo por ligarla a la responsabilidad penal y al fallo en que ésta se declare.
>
> (...)
>
> Consideró la Corte Constitucional que tratándose de una acción constitucional orientada a excluir el dominio ilegítimamente adquirido de la protección que suministra el ordenamiento jurídico, no pueden configurarse límites temporales, pues el solo transcurso del tiempo no tiene por qué legitimar un título viciado en su origen y no generador de derecho alguno. Mucho más si aún bajo el régimen constitucional anterior no fue lícita la adquisición del dominio de los bienes."

De igual forma, en relación con el numeral 2º del art. 2º de la Ley 793 de 2002, la Corte, expresó, que un bien proviene directamente de una actividad ilícita cuando su adquisición es consecuencia inmediata del ejercicio de la actividad proscrita por el constituyente como modo de adquisición del dominio. Y, por otra, un bien proviene indirectamente de una actividad ilícita cuando su adquisición es consecuencia mediata del ejercicio de esa actividad. En este último caso, la acción recae sobre los bienes obtenidos con otros obtenidos directamente por el ejercicio de esa actividad o con su producto.

Con respecto de la autonomía de la acción de extinción de dominio y la carga de la prueba, se dejó sentado en la mencionada sentencia, que el régimen legal consagrado por la Ley 793 de 2002 es muy distinto, pues obedece a un contexto diferente y está alentado por una finalidad también diversa. De allí que ahora se afirme la autonomía de la extinción de dominio en unas condiciones completamente diferentes. De acuerdo con éstas, la acción procede autónomamente, así esté en trámite un proceso penal y, además, ella no tiene carácter complementario de la acción penal.

Esta profundización del carácter autónomo de la acción de extinción de dominio y esta desvinculación total de la responsabilidad penal que eventualmente pueda asistirle al titular de los bienes objeto de extinción, imponen un análisis diferente de la institución, pues si hoy ya no se trata de una acción complementaria de la acción penal y de la clase de responsabilidad que en ella se discute, no concurren argumentos para extenderle una garantía propia del ejercicio del poder sancionado.

De acuerdo con lo expuesto, si bien la presunción de inocencia no es aplicable en el ámbito de la acción de extinción de dominio, en ésta tampoco hay lugar a presumir la ilícita procedencia de los bienes que son objeto de ella, pues el Estado, a través de las autoridades competentes, se halla en el deber de demostrar esa ilícita procedencia.

Ahora bien, satisfecha esa exigencia, es decir, practicado un compendio probatorio suficiente para que las autoridades infieran, de manera probatoriamente fundada, que el dominio ejercido sobre unos bienes no tiene una explicación razonable en el ejercicio de actividades lícitas, sino que obedece al ejercicio de actividades ilícitas; el afectado tiene derecho a oponerse a la declaratoria de la extinción del dominio. Ésta es una facultad legítima que está llamada a materializar el derecho de defensa del afectado, pues en virtud de ella puede oponerse a la pretensión estatal de extinguir el dominio que ejerce sobre los bienes objeto de la acción.

No obstante, este derecho de oposición a la procedencia de la declaratoria de extinción implica un comportamiento dinámico del afectado, pues es claro que no puede oponerse con sus solas manifestaciones. Es decir, las negaciones indefinidas, en el sentido que no es ilícita la procedencia de los bienes, no lo eximen del deber de aportar elementos de convicción que desvirtúan la inferencia, probatoriamente fundada, del Estado en cuanto a esa ilícita procedencia. De allí que al afectado con el ejercicio de la acción de extinción de dominio, le sea aplicable la teoría de la carga dinámica de la prueba, de acuerdo con la cual quien está en mejores condiciones de probar un hecho, es quien debe aportar la prueba al proceso. Así, en el caso de la acción de extinción de dominio, ya que el titular del dominio sobre los bienes es el que está en mejores condiciones de probar su origen lícito, es él quien debe aportar las pruebas que acrediten ese hecho y que desvirtúen el alcance de las pruebas practicadas por las autoridades estatales en relación con la ilícita procedencia de esos bienes.

Por último y en relación con los procesos en curso, sostuvo que el art. 20 de la Ley 793 regula el trámite al que se sujetan los procesos de extinción de dominio que se hallan en curso. Sobre ese particular, el legislador puede ejercer su capacidad de configuración de derecho positivo y no se advierte que haya vulnerado precepto superior alguno al disponer que a los procesos en curso se aplicará el nuevo régimen, con la sola excepción de los términos y recursos que habían empezado a correr. Por lo que pretender que la norma se declare inexequible por no permitir la aplicación ultractiva de las normas procesales de efectos sustanciales consagradas en la anterior legislación, resulta infundado, pues el principio de la extractividad de la ley penal, que comprende la aplicación retroactiva y ultractiva de la ley penal favorable, no es aplicable **por no tratarse de un proceso penal sino de un proceso especial en el que no se debate responsabilidad penal alguna sino la legitimidad del título con base en el cual se ejerce el dominio sobre unos bienes**.

La extinción de domino, también se contempla como una acción de carácter real y no personal, tal como lo sostuvo el Tribunal Superior de Bogotá, en Sala de Descongestión, en la sentencia proferida el 9 de enero de 2007, cuando respecto de la procedencia de la acción de extinción de dominio expresó:

> "En síntesis, la extinción de dominio no es una sanción penal, pues su ámbito es mucho más amplio que el de la represión y el castigo del delito. Su objeto se centra en la privación del reconocimiento jurídico a la propiedad lograda en contravía de los postulados básicos proclamados por la sociedad, no solamente mediante el punible sino a través del aprovechamiento indebido del patrimonio público.
>
> (...)
>
> En consecuencia, al ser una acción de carácter real y no personal, la extinción de dominio no se dirige en contra de personas, sino que procede respecto de bienes, independientemente de quién los tenga en su poder o figure como presunto titular de los mismos.
>
> (...)
>
> Así las cosas, en el presente trámite se afirma que en ningún momento se violó el principio de la Cosa Juzgada, ya que, en el proceso penal y en el trámite de extinción de dominio adelantado anteriormente, no se realizó frente a los bienes un estudio en relación a los recursos con los cuales se obtuvieron ni tampoco acerca del origen de los mismos. Por lo tanto, el análisis que sobre este patrimonio se hace, constituye una acción independiente y autónoma que por primera vez toma los elementos de juicio para poder llegar a establecer acerca de la procedencia de la referida acción".

Pues bien, se tiene que mediante la Ley 1453 de junio 24 2011, conocida como Nueva Ley de seguridad Ciudadana, el legislador, introdujo reformas a las reglas sobre extinción de dominio, consagrando en su artículo 72 como causales de extinción de dominio y reformando el art. 2º de la Ley 793 de 2002, las siguientes:

1. Cuando exista incremento patrimonial injustificado, en cualquier tiempo, sin que se explique el origen lícito del mismo.
2. Cuando el bien o los bienes de que se trate provengan directa o indirectamente de una actividad ilícita.
3. Cuando los bienes de que se trate hayan sido utilizados como medio o instrumento para la comisión de actividades ilícitas, sean destinadas a estas o correspondan al objeto del delito.
4. Cuando los bienes o recursos de que se trate provengan de la enajenación o permute de otros que tengan su origen, directa o indirectamente, en actividades ilícitas, o que hayan sido destinados a actividades ilícitas o sean producto, efecto, instrumento u objeto del ilícito.
5. Cuando los bienes de que se trate tengan origen licito, pero hayan sido mezclados, integrados o confundidos con recursos de origen ilícito. Se exceptúan los títulos depositados en los Depósitos Descentralizados de Valores, siempre y cuando los tenedores de esos títulos cumplan satisfactoriamente las normas en materia de prevención del lavado de activos y financiación del terrorismo que le sean exigibles.

Parágrafo 1o. El afectado deberá probar a través de los medios idóneos, los fundamentos de su oposición y el origen lícito de los bienes.

Parágrafo 2o. Las actividades ilícitas a las que se refiere el presente art. son:

1. El delito de enriquecimiento ilícito.
2. Las conductas cometidas, en perjuicio del Tesoro Público y que correspondan a los delitos de peculado, interés ilícito en la celebración de contratos, de contratos celebrados sin requisitos legales, emisión ilegal de moneda o de efectos o valores equiparados a moneda; ejercicio ilícito de actividades monopolísticas o de arbitrio rentístico; hurto sobre efectos y enseres destinados a seguridad y defensa nacionales; delitos contra el patrimonio que recaigan sobre bienes del Estado; utilización indebida de información privilegiada; utilización de asuntos sometidos a secreto o reserva.
3. Las que impliquen grave deterioro de la moral social. Para los fines de esta norma, se entiende que son actividades que causan deterioro a la moral social, las que atenten contra la salud pública, el orden económico y social, los recursos naturales y el medio ambiente, la seguridad pública, la administración pública, el régimen constitucional y legal, el secuestro, el secuestro extorsivo, la extorsión, el proxenetismo, la trata de personas y el tráfico de inmigrantes".

Un ciudadano al considerar que la expresión acusada del art. 72 de la Ley 1453 de 2011, que a su vez modificó el art. 2º de la Ley 793 de 2002, "*por la cual se deroga la Ley 333 de 1996 y se establecen las reglas que gobiernan la extinción de dominio*", desconoce los art. 29 y 83 de la Carta Política demando por inconstitucional dicho art., al concitar que la inocencia no puede probarse, sino que se presume, y por ello los jueces no declaran a alguien "*inocente*" sino "*no culpable*". En tal sentido, recuerda que las sociedades organizadas han optado por presumir la licitud de las conductas, tal y como fue recogido en el caso colombiano en los art. 29 (inciso 4º) y 83 de la Constitución.

Sin embargo la Corte Constitucional en Sentencia C-591/12 encontró que si bien el actor acreditó su condición de ciudadano colombiano, para lo cual efectuó la diligencia de presentación personal de la demanda de inconstitucionalidad, lo cierto es que en el devenir procesal constató que desde el momento mismo de la interposición de la demanda el demandante se encontraba suspendido en el ejercicio de sus derechos políticos y, en esa medida, carecía –y carece aún– de legitimación para ejercer la acción pública de inconstitucionalidad.

Posteriormente mediante la Ley 1152 de 2007, el legislador estableció un "*Capítulo III*" *denominado Procedimiento administrativo de extinción del dominio*, que consagraba:

> *Art. 144°.* Establézcase en favor de la Nación la extinción del derecho de dominio o propiedad sobre los predios rurales en los cuales se dejare de ejercer posesión en la forma establecida en el art. 131 de esta Ley durante tres (3) años continuos, salvo fuerza mayor o caso fortuito, o cuando los propietarios violen las disposiciones sobre conservación, mejoramiento y utilización racional de los recursos naturales renovables y las de preservación y restauración del ambiente.
>
> Lo dispuesto en este art. no se opone a la declaratoria de extinción del dominio cuando, a la fecha en que empiece a regir esta Ley, hubiere transcurrido un lapso de tres (3) años de inexplotación del inmueble, o si dicho término se cumpliere dentro de la vigencia de esta norma.
>
> Cuando la posesión se hubiere ejercido sobre una parte del predio solamente, la extinción del dominio no comprenderá sino las porciones incultas que no se reputen poseídas conforme a lo dispuesto en el art. 131 de esta Ley.
>
> La Unidad Nacional de Tierras Rurales tendrá a su cargo adelantar las diligencias y dictar las resoluciones sobre extinción del derecho de dominio privado sobre predios rurales, según lo previsto en la presente Ley.
>
> Parágrafo: La acción de dominio no procederá en los casos de predios de resguardos indígenas, los de propiedad colectiva de comunidades negras y los demás que de acuerdo con la Constitución Nacional ostenten la calidad de imprescriptibles, inalienables e inembargables.

> *Art. 145°.* En el estatuto que regule el procedimiento administrativo de extinción de dominio, además de las disposiciones que se consideren necesarias, se incluirán las siguientes:
>
> La resolución que inicie el procedimiento será inscrita en la oficina de Registro de Instrumentos Públicos correspondiente. Quien adquiera derechos reales a partir de este registro, asumirá desde entonces las diligencias en el estado en que se encuentren.
>
> Los términos probatorios no podrán exceder de treinta (30) días, distribuidos como indique el reglamento. La resolución sobre extinción de dominio deberá dictarse dentro de los quince (15) días siguientes al vencimiento del término probatorio.
>
> Contra la resolución que declare que sobre un fundo o parte de él se ha extinguido el derecho de dominio privado sólo proceden el recurso de reposición, dentro de los cinco (5) días siguientes a su notificación, y la acción de revisión ante el Consejo de Estado, Sala de lo Contencioso Administrativo, en única instancia, según lo previsto en el numeral 8o. del art. 128 del Código Contencioso Administrativo. La demanda de revisión deberá presentarse dentro de los quince (15) días siguientes a la fecha de ejecutoria del acto administrativo correspondiente. Si no se presenta la demanda de revisión en el término indicado, o si aquella fuere rechazada, o la sentencia del Consejo de Estado negare la revisión demandada, la Unidad procederá a remitir a la Oficina de Registro de Instrumentos Públicos correspondiente copia de la resolución que decretó la extinción del dominio privado, para su inscripción y la consecuente cancelación de los derechos reales constituidos

En ejercicio de la acción pública consagrada en el art. 241 de la Constitución, varios ciudadanos demandaron la inconstitucionalidad contra los art. 144 y 145 de la citada Ley 1152 de 2007 "*por la cual se dicta el Estatuto de Desarrollo Rural, se reforma el Instituto Colombiano de Desarrollo Rural, Incoder, y se dictan otras disposiciones*".

La Corte Constitucional mediante Sentencia C-175 de 2009 declaró la inexequibilidad de la totalidad de la ley, al comprobar que las actividades desarrolladas por el Gobierno Nacional no cumplieron con las condiciones constitucionales de la consulta. En especial, los procesos de acercamiento fueron realizados de forma inoportuna, cuando el trámite legislativo ya se encontraba en curso, circunstancia incompatible con la vigencia del principio de buena fe en los procesos de consulta previa.

Adicionalmente, tampoco se comprobó que fuera adelantado un procedimiento preconsultivo con las comunidades tradicionales, tendiente a definir las reglas de deliberación del proceso de consulta previa. De este modo, resultaba desacertado sostener que dichos acercamientos extemporáneos suplen el requisito de consulta previa, puesto que fueron ejecutados luego de haberse iniciado el trámite legislativo y en escenarios propios de éste. En ese sentido, responden a formas de participación democrática de carácter general, los cuales difieren de las modalidades concretas de incidencia de las comunidades indígenas y afrodescendientes a las que se refiere el art. 6º del Convenio 169 de la OIT, las cuales corresponde a un procedimiento sustantivo de índole constitucional, dirigido a satisfacer el derecho fundamental a la consulta previa, del cual son titulares las comunidades indígenas y afrodescendientes.

3. DEL NUEVO CÓDIGO DE EXTINCIÓN DE DOMINIO

El 20 de enero de 2014, con la expedición de la Ley 1708, el legislador entra a conformar una nueva ley que contiene las causales y el nuevo procedimiento en lo atinente a la extinción de dominio, conocido como Código De Extinción De Dominio, que entraría a regir seis (6) meses después de la fecha de su promulgación, o sea hacia el mes de julio de 2014, la mayor parte de la normatividad de las Leyes 793 y 785 de 2002, Ley 1330 de 2009, así como todas las demás leyes que las modifican o adicionan, y también todas las leyes que sean contrarias o incompatibles con las disposiciones de este Código, ello sin perjuicio de lo anterior, el art. 18 de la Ley 793 de 2002, y los art. 9° y 10 de la Ley 785 de 2002, los cuales seguirán vigentes.

Posteriormente la Ley 1708 de 2014, es reformada por la Ley 1849 de julio 19 de 2017, en algunos de sus artículos, corrigiendo errores gramaticales, pero en su mayoría, pretendiéndose agilizar los procedimientos y el manejo de los bienes incautados,

En la Ley 1708 de 2014, en sus primeros tres artículos el legislador prevé, que para la interpretación y aplicación de dicha ley, se deberán tener en cuenta en cuenta las siguientes definiciones:

1. Afectado. Persona que afirma ser titular de algún derecho sobre el bien que es objeto del procedimiento de extinción de dominio, con legitimación para acudir al proceso.

Es de tenerse en cuenta que la afirmación de ser titular de algún derecho, surgiría en el caso de la posesión que se detente con ánimo de señor y dueño, de igual manera un tercero comprador de buena fe que tenga título de compraventa o escritura, quién alegue derechos sucesorales o cuota societaria o quién figure como propietario en la oficina de registro e instrumentos públicos.

Es preciso que ese interés como afectado se demuestre, y que no obstante, ello no significa que cualquier persona que alegue que tiene un interés en que se establezca la verdad y se haga justicia pueda constituirse en parte civil –aduciendo que el delito afecta a todos los miembros de la sociedad– **ni que la ampliación de las posibilidades de participación a actores civiles interesados sólo en la verdad o la justicia pueda llegar a transformar el proceso penal en un instrumento de retaliación contra el procesado.**

Se requiere que haya un daño real, no necesariamente de contenido patrimonial, concreto y específico, que legitime la participación de la víctima o de los perjudicados en el proceso penal para buscar la verdad y la justicia, el cual ha de ser apreciado por las autoridades judiciales en cada caso[2].

Demostrada la calidad de víctima, o en general que la persona ha sufrido un daño real, concreto y específico, cualquiera sea la naturaleza de éste, está legitimado para constituirse en parte civil, y puede orientar su pretensión a obtener exclusivamente la realización de la justicia, y la búsqueda de la verdad, dejando de lado cualquier objetivo patrimonial. Es más: aun cuando esté indemnizado el daño patrimonial, cuando este existe, si tiene interés en la verdad y la justicia, puede continuar dentro de la actuación en calidad de parte. Lo anterior significa que el único presupuesto procesal indispensable para intervenir en el proceso, es acreditar el daño concreto, sin que se le pueda exigir una demanda tendiente a obtener la reparación patrimonial.

La determinación en cada caso de quien tiene el interés legítimo para intervenir en el proceso penal, también depende, entre otros criterios, del bien jurídico protegido por la norma que tipificó la conducta, de su lesión por el hecho punible y del daño sufrido por la persona o personas afectadas por la conducta prohibida, y no solamente de la existencia de un perjuicio patrimonial cuantificable.

Habiendo clarificado los derechos constitucionales de la víctima dentro del proceso penal, pasa la Corte a analizar si la forma como el legislador ha

---

2 Esta posibilidad no resulta del todo extraña en nuestro sistema penal, como quiera que el legislador penal previó, por ejemplo, para los eventos de lesiones a bienes jurídicos colectivos la constitución de un actor civil popular. La acción civil popular dentro del proceso penal está prevista en el artículo 45 de la Ley 600 de 2000, que dice: Artículo 45.-Titulares. "La acción civil individual o popular para el resarcimiento de los daños y perjuicios individuales y colectivos causados por la conducta punible, podrá ejercerse ante la jurisdicción civil o dentro del proceso penal, a elección de las personas naturales o jurídicas perjudicadas, por los herederos o sucesores de aquéllas, por el Ministerio Público o por el actor popular cuando se trate de una lesión directa a bienes jurídicos colectivos. En este último evento, sólo podrá actuar un ciudadano y será reconocido quien primero se constituya. El actor popular gozará del beneficio del amparo de pobreza de que trata el Código de Procedimiento Civil. Si el titular de la acción indemnizatoria no tuviere la libre administración de sus bienes y optare por ejercerla en el proceso penal, se constituirá en parte civil mediante demanda presentada por su representante legal." (subrayado fuera de texto). Esta acción ha sido empleada por ONGs en casos de lucha contra la corrupción. Ver, Estudios Ocasionales CIJUS, "Acceso a la justicia y defensa del interés ciudadano en relación con el patrimonio público y la moral administrativa", Ediciones Uniandes, Bogotá, Marzo, 2001.

regulado la intervención de la parte civil dentro del proceso penal en el art. 137, resulta conforme a la Carta y garantiza la efectividad de los derechos al resarcimiento, a la verdad y a la justicia. (Ver C-228 de 2002).

2. Actividad Ilícita. Resulta ser toda aquella conducta tipificada como delictiva, independiente de cualquier declaración de responsabilidad penal, así como toda actividad que el legislador considere susceptible de aplicación de esta ley por deterioro a la moral social.

Quedan incluidos entonces, toda clase de hechos delictivos de los cuales puedan derivarse la procedencia de los bienes, sin que se haga necesario que contra quién se dirija la acción tenga una condena penal en su contra por dichos hechos, ya que aquí juega la inferencia judicial acerca de la procedencia ilícita o sin causa lícita del bien. En los casos de deterioro a la moral social como acontece con las propiedades que se arriendan o destinan para ilícitos como los expendios o cultivos de droga, almacenamiento de armas o de precursores, concertaciones delictivas o de refugios de maleantes etc.

Sostiene la Dra. Juana Marina Pachón Rojas, Procuradora Segunda Delegada para la Casación Penal, en concepto jurídico brindado a la Corte Suprema el día 30 de septiembre de 2004, frente a la moral social y la intervención de bienes por dicho factor, lo siguiente:

> "El concepto de moral social se va desarrollando a partir de la filosofía misma del estado social [*recuérdese que Colombia es un Estado social, liberal* –o de derecho–, *democrático, participativo y pluralista*] que es la connotación que le permite a la Institución –*Estado Colombiano*–, participar en el logro de los fines mismos por los que se integra el pueblo de Colombia como Institución Estado, y en ese orden intervenir directamente en el desarrollo social, incentivar la convivencia, mandar conductas, prohibir conductas, porque ese es el sentido que le imprime la filosofía social es la que lo hace distante del estado liberal puro (*dejar hacer–dejar pasar*).
>
> Por ello, es legítimo que el Estado intervenga en las relaciones económicas, las regule, las maneje, prohíba los monopolios, prohíba la acumulación ilícita de capitales, etc., precisamente porque es un estado social.
>
> Bajo los preceptos dogmáticos de la Constitución, es válido que el Estado exija –*a través de su órgano jurídicopenal que es la fuerza lícita pública*– de los ciudadanos '*deberes y obligaciones*' tales como los previstos en el art. 95 fundamental: "*2.- Obrar conforme al principio de solidaridad social, respondiendo con acciones humanitarias ante situaciones que pongan en peligro la vida o la salud de las personas; 6.- Propender al logro y mantenimiento de la paz; 7.- Colaborar para el buen funcionamiento de la administración de justicia; 9.- Contribuir al financiamiento de los gastos e inversiones del Estado dentro de conceptos de justicia y equidad, etc.*" y todas las normas legales que desarrollan ese precepto.

Un concepto de paz económica propende porque los ciudadanos tengan acceso a la riqueza, a un nivel de vida digno, consigan el dinero necesario para el sustento diario, erradiquen la pobreza absoluta, etc., y por ello, el Estado social tiene que propender porque se eviten comportamientos de los hombres que propendan por acumular ilícitamente la riqueza, los capitales, etc., con las obvias exclusiones que ello implica". (Hasta aquí al cita doctrinal).

3. Bienes. Se entenderán por estos, todos los que sean susceptibles de valoración económica, mueble o inmueble, tangible o intangible, o aquellos sobre los cuales pueda recaer un derecho de contenido patrimonial.

Se exceptuarán los bienes públicos y de uso público. Frente a los bienes de una herencia de un menor, es procedente dar aviso el bienestar Familiar para que intervenga en su nombre y se proteja al menor.

A este respecto la Corte Constitucional en sentencia C-740 de 2003 precisó:

> Se indicó que el constitucionalismo colombiano, de manera progresiva, había configurado un completo régimen del derecho de dominio y demás derechos adquiridos. De acuerdo con él, para su adquisición se exige un título legítimo y para su mantenimiento se precisa del cumplimiento de una función social y ecológica y de la no concurrencia de motivos de utilidad pública o interés social legalmente acreditados. Si el primer presupuesto no concurre, hay lugar a la extinción de dominio por la ilegitimidad del título y la acción se basa en el art. 34 superior. Si el segundo presupuesto no concurre, hay lugar a la extinción de dominio por incumplimiento de la función social y ecológica de la propiedad y la acción se basa en el art. 58 constitucional. Finalmente, si concurren los motivos de utilidad pública o interés social legalmente acreditados, hay lugar a la expropiación.

En los subsiguientes artículos, consagra los principios rectores y garantías fundamentales que protegerán a los sujetos procesales, y a su vez se comprenderán además de los consagrados en la normatividad penal los siguientes:

Dignidad. La extinción de dominio tendrá como límite y fundamento el respeto a la dignidad humana.

Derecho a la propiedad. La extinción de dominio tendrá como límite el derecho a la propiedad lícitamente obtenida de buena fe exenta de culpa y ejercida conforme a la función social y ecológica que le es inherente.

Nuestra Corte Constitucional en Sentencia T-259/06 M.P. Manuel José Cepeda, frente a este aspecto refirió:

> "11. De acuerdo con la jurisprudencia examinada sobre el tema de la cancelación de títulos y registros, en los procesos que puedan resultar con esta medida es necesario que el funcionario judicial tome previsiones para la

> protección de los derechos de los terceros de buena fe. Es por eso que se ha entendido que la medida de cancelación puede dictarse en cualquier momento, pero que solamente tendrá un carácter definitivo en la sentencia que haga tránsito a cosa juzgada. Ello permite a los terceros de buena fe hacer valer sus derechos dentro del proceso. También es esa la razón para que dentro del art. 66 de la Ley 600 de 2000 se hubiera contemplado, en el inciso tercero, que los terceros de buena fe podrán hacer valer sus derechos en un trámite incidental. Finalmente, con el mismo objetivo de proteger a los terceros de buena fe se incluyó en el inciso cuarto del mismo artículo la figura del embargo especial".

Debido proceso. En el ejercicio y trámite de la acción de extinción de dominio se garantizará el derecho al debido proceso que la Constitución Política y este Código consagran.

Garantías e integración. En la aplicación de la ley, se garantizarán y protegerán los derechos reconocidos en la Constitución Política, así como en los tratados y convenios internacionales sobre derechos humanos ratificados por Colombia, que resulten compatibles con la naturaleza de la acción de extinción de dominio.

La prueba resultará ilegal cuando por vía de integración, se pretermitan los formalismos que señala el artículo séptimo, numeral 13 de la Convención de Viena del año 1988, aprobada por el Estado colombiano mediante Ley 67 de 1993, revisada por la Corte Constitucional en sentencia C-176 de 1994, en donde se prohíbe utilizar, sin previo consentimiento del Estado requerido, la información o las pruebas proporcionadas en otras investigaciones, procesos o actuaciones diferentes de la que cures en Colombia.

Principio de Objetividad y transparencia. En ejercicio de la acción de extinción de dominio, los servidores públicos actuarán con objetividad y transparencia, cuidando que sus decisiones se ajusten jurídicamente a la Constitución Política y la ley.

Presunción de buena fe. Se presume la buena fe en todo acto o negocio jurídico relacionado con la adquisición o destinación de los bienes, siempre y cuando el titular del derecho proceda de manera diligente y prudente, exenta de toda culpa.

A este respecto es necesario acotar que la buena fe exenta de culpa se acredita demostrando no solo la conciencia de haber actuado correctamente sino también la presencia de un comportamiento encaminado a verificar la regularidad de la situación.

Sobre este particular la Corte Constitucional en las sentencias C-1007 de 2002 y C-740 de 2003 al estudiar el tema en relación con la acción de extinción de dominio, argumentó que, en relación con la protección que la parte final del art. 3º suministra a los derechos de los terceros de buena fe exentos de culpa, hay que indicar que ella resulta compatible con la Carta pues quien ha adquirido un bien desconociendo, pese a la prudencia de su obrar, su ilegítima procedencia, no puede ser afectado con la extinción del dominio así adquirido. Este tema fue analizado con detenimiento en la Sentencia C-1007 de 2002, oportunidad en la que se contextualizó tanto la buena fe simple como la buena fe cualificada y se le reconocieron, a ésta última, efectos en el ámbito de la extinción de dominio"[3].

Concluye que, a diferencia de la buena fe simple que exige sólo una conciencia recta y honesta, la buena fe cualificada o creadora de derecho exige dos elementos a saber: uno subjetivo y otro objetivo. El primero hace referencia a la conciencia de obrar con lealtad, y el segundo exige tener la seguridad de que el tradente es realmente el propietario, lo cual exige averiguaciones adicionales que comprueben tal situación. Es así que, la buena fe simple exige sólo conciencia, mientras que la buena fe cualificada exige conciencia y certeza"[4].

Así también ha de tenerse en cuenta la denominada "teoría de la apariencia", desarrollada por esta Corte en las sentencias del 20 de mayo de 1936 y 23 de junio de 1958, según la cual el error en que puede incurrir cualquier persona prudente y diligente, tiene la virtud de convertir la apariencia en realidad, de crear de la nada un derecho o situación, todo para proteger los derechos de los terceros adquirentes de buena fe, tesis que ha sido apoyada por la doctrina.

Contradicción. Los sujetos procesales tendrán el derecho a controvertir las pruebas y aquellas decisiones que sean susceptibles de recursos dentro del proceso de extinción de dominio. A tal efecto, el funcionario judicial deberá motivar las decisiones que afecten sus derechos fundamentales o reales o que resuelvan de fondo aspectos sustanciales del proceso.

En cuento a la legalidad de la evidencia, este concepto cobija los principios de oportunidad, publicidad y contradicción de las evidencias. De esta forma siendo la prueba ordenada por un despacho oportunamente y brindando simultáneamente a los sujetos procesales la opción de su conocimiento y contradicción, no se encentra razón alguna para cuestionar la legalidad de la prueba que se ha dispuesto.

Autonomía e independencia judicial. Las decisiones judiciales proferidas dentro del proceso de extinción de dominio serán la expresión del ejercicio de la función constitucional de administrar justicia. Los funcionarios judiciales serán independientes y autónomos.

---

3 Corte Constitucional, sentencia C-740 de agosto 28 de 2003.

4 Corte Constitucional, sentencia C-1007 de noviembre 18 de 2002.

Publicidad. Este principio fundamental fue modificado por el artículo10 de la Ley 1849 de 2017, manteniéndose que durante la fase inicial la actuación será reservada, incluso para los sujetos procesales e intervinientes y que el juicio de extinción de dominio será público.

Así también que cuando la Procuraduría General de la Nación, el Consejo Superior de la Judicatura o quien haga sus veces, o alguna autoridad judicial no penal requiera información acerca de un trámite de extinción de dominio sometido a reserva, o trasladar medios de prueba, así lo solicitará al Fiscal que, tenga asignado el conocimiento de la actuación. En cada caso, el Fiscal correspondiente evaluará la solicitud y determinará qué medios de prueba puede entregar, sin afectar la investigación ni poner en riesgo el éxito de la misma.

De igual forma cualquier solicitud de información relacionada con los bienes que hacen parte del FRISCO proveniente de toda persona, organismo, entidad o corporación de carácter público deberá ser atendida por el sujeto obligado.

Durante la fase inicial la actuación será reservada, incluso para los sujetos procesales e intervinientes.

Doble instancia. Las decisiones que afecten derechos fundamentales o que resuelvan de fondo aspectos sustanciales del proceso podrán ser apeladas por quien tenga interés legítimo para ello, dentro de las oportunidades previstas en este Código y salvo las excepciones contenidas en el mismo.

Cosa juzgada. Los derechos que hayan sido discutidos al interior de un proceso de extinción de dominio en el que se haya producido decisión definitiva y de fondo por sentencia ejecutoriada o mediante providencia que tenga la misma fuerza de cosa juzgada, no serán sometidos a una nueva actuación por las mismas causales cuando exista identidad respecto a los sujetos, al objeto y a la causa.

Resulta discutible, cómo no se consagra expresamente el principio de la presunción de inocencia ante actos en los que el Estado debe conllevar la carga de la prueba como en todo proceso de índole penal, ello de conformidad con los tratados internacionales ha suscrito nuestro país. Sin embargo, la propia corte constitucional abordando este tema ha considerado que, en materia de extinción de dominio, el Estado debe llegar a una inferencia razonable sobre el origen ilegal de los bienes y que el eventual afectado debe proceder a ejercer su derecho de defensa mediante la oposición acompañada de los documentos que desee hacer valer para demostrar el origen lícito de sus bienes. La Corporación ha expresado, además, que las garantías del proceso penal no son extensivas al trámite de extinción de dominio, por lo que resulta aplicable el principio de carga dinámica de la prueba, según el cual corresponde probar un hecho determinado, a quien se encuentra en mejores condiciones para hacerlo.

Es que dicho Tribunal también ha establecido, sin ambigüedad alguna, que no puede declararse la extinción de dominio en ausencia de prueba, y que la no aplicación de la presunción de inocencia no implica la existencia de una presunción de origen ilícito de los bienes ni una justificación a la inactividad estatal, o la derogación o anulación de los principios de la sana crítica.

Por ello la Sala constitucional, no considera que esas insuficiencias deban ser resueltas en favor del peticionario, precisamente porque en el trámite de extinción de dominio no se aplica la presunción de inocencia. Lo que sí resulta evidente es que el dictamen, por sí solo, no es prueba suficiente para sostener, en todo su alcance, el dictamen pericial es insuficiente para sostener la declaratoria de extinción de dominio en su integridad.

-Derechos del afectado-

En su artículo 3º la Ley 1849 de 2017 reforma el artículo 13 de la ley 1708 de 2014 estableciendo como derechos del afectado, además de todas las garantías expresamente previstas en la ley, tendrá también los siguientes derechos:

1. Tener acceso al proceso, directamente o a través de la asistencia y representación de un abogado, desde la notificación del auto admisorio de la demanda de extinción de dominio, o desde la materialización de las medidas cautelares. Únicamente en lo relacionado con ellas.
2. Conocer los hechos y fundamentos que sustentan la demanda, de extinción de derecho de dominio, expuestos en términos claros y comprensibles, en las oportunidades previstas en esta ley.
3. Oponerse a la demanda de extinción de derecho de dominio.
4. Presentar, solicitar y participar en la práctica de pruebas.
5. Probar e! origen legítimo de su patrimonio y de los bienes cuyo título se discute, así como la licitud de su destinación.
6. Probar que los bienes de que se trata no se encuentran en las causales de procedencia para la extinción de dominio.
7. Probar que, respecto de su patrimonio, o de los bienes que específicamente constituyen el objeto de la acción, se ha producido una decisión favorable que deba ser reconocida como cosa juzgada dentro de un proceso de extinción de dominio, por identidad respecto a los sujetos, al objeto y a la causa.
8. Controvertir las pretensiones que se estén haciendo valer en contra de los bienes

9. Renunciar al debate probatorio y optar por una sentencia anticipada de extinción de dominio.
10. Realizar cualquier otro tipo de acto procesal en defensa de sus derechos.

En cuanto a la Defensa de personas en condiciones de vulnerabilidad, la ley contempla que corresponde al Sistema Nacional de Defensoría asumir dicha asistencia y representación judicial, así como garantizar el pleno e igual acceso a la administración de justicia en los procesos de extinción de dominio de las personas que se encuentren en evidentes condiciones de vulnerabilidad por razones de pobreza, genero, discapacidad, diversidad étnica o cultural o cualquier otra condición semejante.

Como se observó anteriormente esta ley consagra que la extinción de dominio deriva como una consecuencia patrimonial de actividades ilícitas o que deterioran gravemente la moral social, por lo cual se produce una declaración de titularidad a favor del Estado de dichos bienes, por sentencia, sin contraprestación ni compensación de naturaleza alguna para el afectado.

-CAUSALES, PARA LA PROCEDENCIA DE LA EXTINCIÓN DE DOMINIO-

Ahora bien, prevé la Ley que dentro de las causales para declarar extinguido el dominio sobre los bienes, debe probarse que estos se encuentren en las siguientes circunstancias:

1. Los que sean producto directo o indirecto de una actividad ilícita.
2. Los que correspondan al objeto material de la actividad ilícita, salvo que la ley disponga su destrucción.
3. Los que provengan de la transformación o conversión parcial o total, física o jurídica del producto, instrumentos u objeto material de actividades ilícitas.
4. Los que formen parte de un incremento patrimonial no justificado, cuando existan elementos de conocimiento que permitan considerar razonablemente que provienen de actividades ilícitas.
5. Los que hayan sido utilizados como medio o instrumento para la ejecución de actividades ilícitas.

Esta norma entra a subsumir la figura del comiso y tiene su sustento cuando la Corte Constitucional de sentencia C-782 de 2012 sostuvo que, en materia penal, la legislación colombiana ha establecido que los instrumentos y efectos con los que se haya cometido la conducta punible o que provengan de su ejecución, pasarán a manos de la Fiscalía General de la Nación, a través del Fondo especial para la administración de bienes, a menos que la ley disponga su destrucción o destinación diferente. No obstante, la ley deja a salvo los derechos de las víctimas y de los terceros de buena fe. Aunque en materia penal el comiso no está catalogado en estricto sentido como una pena, sí se trata de una consecuencia jurídica de la conducta punible, toda vez que "el Estado no puede avalar o legitimar la adquisición de la propiedad que no tenga como fuente un título válido y honesto; es decir, que la propiedad se obtiene en cierto modo mediante la observancia de los principios éticos". La protección estatal de la propiedad, "no cobija a la riqueza que proviene de la actividad delictuosa de las personas; es decir, no puede premiarse con el amparo de la autoridad estatal la adquisición de bienes por la vía del delito".

De esta manera la naturaleza y fines del comiso están vinculados a una estrategia de política criminal orientada a la prevención general y especial del delito. En efecto, una eficaz labor investigativa tendente a identificar no sólo al delincuente, sino a los medios e instrumentos que despliega para la preparación y ejecución de la actividad criminal, así como el destino y ubicación de los beneficios que la actividad delictiva reporta, con fines de incautación, son objetivos que se encuentran en la base de esta institución.

6. Los que de acuerdo con las circunstancias en que fueron hallados, o sus características particulares, permitan establecer que están destinados a la ejecución de actividades ilícitas.
7. Los que constituyan ingresos, rentas, frutos, ganancias y otros beneficios derivados de los anteriores bienes.
8. Los de procedencia lícita, utilizados para ocultar bienes de ilícita procedencia.
9. Los de procedencia lícita, mezclados material o jurídicamente con bienes de ilícita procedencia.
10. Los de origen lícito cuyo valor sea equivalente a cualquiera de los bienes descritos en los numerales anteriores, cuando

la acción resulte improcedente por el reconocimiento de los derechos de un tercero de buena fe exenta de culpa.

11. Los de origen lícito cuyo valor corresponda o sea equivalente al de bienes producto directo o indirecto de una actividad ilícita, cuando no sea posible la localización, identificación o afectación material de estos.
12. Los bienes objeto de sucesión por causa de muerte, cuando en ellos concurra cualquiera de las causales previstas en esta ley.

Es que el delito por sí mismo no puede ser fuente de derechos y en este sentido, la doctrina constitucional tiene determinado que el delito no puede ser fuente válida de derechos.

En efecto, en la sentencia C-245 del 24 de junio de 1993, emanada del Alto Tribunal Constitucional, a través de la cual se declaró la exequibilidad del art. 61 del Decreto 2700 de 1991, que consagraba la facultad del instructor para cancelar los registros obtenidos de manera fraudulenta, se dijo que la protección que establece la Constitución en favor de la propiedad privada y demás derechos y bienes adquiridos, se condiciona a que los mismos hayan sido adquiridos con justo título y de conformidad con las leyes civiles, pues, el delito por sí mismo no puede ser fuente de derechos. La Carta, en dicha Providencia precisó:

> "...no autoriza romper el principio de la proscripción de la causa ilícita de los mismos; por tanto, la ley no puede patrocinar la protección de aquellos títulos, ni la de los registros de aquellos en contra de los derechos del titular, mucho menos cuando se adelanta la actuación de los funcionarios judiciales encargados de poner en movimiento las competencias punitivas del Estado.
>
> En verdad se trata de una resolución judicial que afecta los vínculos obligacionales que nacen viciados por una causa ilícita y punible y, además, paraliza con una medida eficaz de origen judicial, la continuidad del delito y su extensión en una cadena de nuevos títulos y de nuevos registros, una vez comprobada la tipicidad de la conducta frente a las leyes penales.
>
> Obviamente, se parte de la base de que se adelanta un proceso penal bajo el conocimiento de una autoridad judicial, dentro del cual se debaten los derechos del sindicado y de los terceros de buena fe, dentro de las oportunidades y siguiendo los ritos debidos conforme a la ley (Cfr. arts. 150 a 155 del C.P.P.); en este sentido se advierte que la expresión "en cualquier momento del proceso en que aparezca demostrada la tipicidad del hecho punible", significa nada menos que se trata de aquella etapa procesal en la que se haya comprobado judicialmente la ocurrencia de la conducta sancionable penalmente, y en la que dicha tipicidad sea atribuible al sindicado autor o interesado en el título o en el registro espurio, ilícito, falso o apócrifo. No pasa por alto la Corte que contra este tipo de actuaciones de carácter eminentemente formal y escrito (auto interlocutorio), proceden los recursos correspondientes a la naturaleza sustancial de la medida que se adopta, para efectos de controlar su legalidad y el respeto de los derechos constitucionales de los interesados".

Para fundamentar la decisión reseñada, la Corte Constitucional se apoyó en antiguo, pero aún vigente proveído de la Sala Plena de la Corte Suprema de Justicia, del 3 de diciembre de 1987, en la que esta alta corporación sobre el tópico había manifestado que como la protección de la propiedad privada en nuestro ordenamiento constitucional se condiciona a su adquisición con justo título y de acuerdo con las leyes civiles, no encontraba la Corte vicio de inconstitucionalidad alguno en que el legislador le haya impuesto al juez penal la obligación de ordenar la cancelación de los títulos espurios, pues además de ser consustancial a su misión la restitución de los bienes objeto del hecho punible para restablecer el estado predelictual, *(restitutio in pristinum)* la adquisición de ellos aún por un tercero de buena fe, no es lícita en razón del hecho punible que afecta la causa de su derecho y que el juez penal debe declarar de oficio para restablecer el derecho de la víctima.

Se trata sostuvo, de una forma de resarcimiento del daño que tiende a restablecer el quebranto que experimenta la víctima del hecho punible mediante la restitución originaria de los bienes objeto material del delito. Pero la orden del juez penal y su ejecución no agotan el deber indemnizatorio del procesado de quien puede exigirse el pleno resarcimiento del daño en el proceso penal mediante la constitución de parte civil, o en proceso civil una vez decidida la responsabilidad penal.

Aludió que no se podía cuestionar entonces el deber que le impone la ley al juez de ordenar la cancelación de los registros espurios, simplemente por ser una función que tradicionalmente cumplía el juez civil en el correspondiente proceso de nulidad del acto jurídico vertido en el documento adulterado, ya que en razón del principio de la unidad de jurisdicción al juez penal se extiende la competencia para decidir sobre cuestiones civiles vinculadas con el hecho punible y por tanto complementarias con la defensa jurídica y social del crimen.

Aceptar entonces, anonadar la integridad del precepto acusado, implicaría reconocer que el delito puede ser fuente o causa lícita de aquellos derechos que la Constitución denomina 'adquiridos con justo título' y que deben ser protegidos por la ley aun en detrimento de los derechos del legítimo titular, de los que pretendió despojarlo el autor del hecho criminal.

Y finalmente añadió, que tal decisión sólo puede adoptarse una vez que se haya dado oportunidad a los poseedores o adquirentes de buena fe de los bienes objeto del delito y sujetos a registro, de hacer valer sus derechos en el proceso penal.

En la Ley de extinción de dominio hemos de tener en cuenta que la actuación procesal deberá desarrollarse teniendo en cuenta el respeto a los derechos fundamentales y la necesidad de lograr la eficacia de la administración de justicia en los términos de la ley, y el funcionario judicial está en la obligación de corregir los actos irregulares, respetando siempre los derechos y garantías de los sujetos procesales e intervinientes.

Esta legislación al igual que las de los demás sistemas ordinarios contempla que, todas las actuaciones se surtirán pronta y cumplidamente sin dilaciones injustificadas y que los términos procesales son perentorios y de estricto cumplimiento, por lo que, para ello, los fiscales, jueces y magistrados que conocen de los procesos de extinción de dominio se dedicarán en forma exclusiva a ellos y no conocerán de otro tipo de asuntos.

La acción de extinción de dominio se rige además por el principio de la intemporalidad, o retrospectividad, que consiste en que la acción de extinción de dominio es imprescriptible, y se declarará con independencia de que los presupuestos para su procedencia hayan ocurrido con anterioridad a la vigencia de esta ley.

Se tiene además que una vez demostrada la ilicitud del origen de los bienes afectados en el proceso de extinción de dominio se entenderá, que el objeto de los negocios jurídicos que dieron lugar a su adquisición es contrario al régimen constitucional y legal de la propiedad y por tanto los actos y contratos que versen sobre dichos bienes en ningún caso constituyen justo título y se considerarán nulos ab initio (nulos desde su origen o inicio). Lo anterior, tal como lo observamos en las figuras jurídicas anteriores, sin perjuicio de los derechos de los terceros de buena fe exenta de culpa. El funcionario judicial siempre buscará la efectividad y prevalencia del derecho sustancial.

En el trámite de la acción de extinción del derecho de dominio se deberá atender en lo pertinente, los criterios de priorización de situaciones y casos establecidos por el Fiscal General de la Nación. Dicha priorización tendrá en cuenta una evaluación costo-beneficio de la extinción de los bienes, así como del riesgo que dichos bienes generan a la seguridad nacional. La acción de extinción de dominio se sujetará exclusivamente a la Constitución y a las disposiciones de la presente ley.

En los eventos no previstos se atenderán las siguientes reglas de integración:

1. En la fase inicial, el procedimiento, medidas cautelares, control de legalidad, régimen probatorio y facultades correccionales de los funcionarios judiciales, se atenderán las reglas previstas en el Código de Procedimiento Penal contenido en la Ley 600 de 2000.
2. En la fase inicial, las técnicas de indagación e investigación y los actos especiales de investigación como la interceptación de comunicaciones,

los allanamientos y registros, la búsqueda selectiva en bases de datos, las entregas vigiladas, la vigilancia y seguimiento de personas, la vigilancia de cosas, la recuperación de información dejada al navegar por internet y las operaciones encubiertas se aplicarán los procedimientos previstos en la Ley 906 de 2004, excepto en lo relativo a los controles judiciales por parte del juez de garantías o de la Dirección Nacional de Fiscalías, así como en todo aquello que no sea compatible con el procedimiento previsto en el Código de acción de extinción de dominio.

3. En cuanto a las actividades ilícitas sobre las cuales versan las causales, se observarán las normas del Código Penal y las disposiciones complementarias.
4. En los aspectos relativos a la regulación de los derechos de la personas, bienes, obligaciones y contratos civiles, con lo previsto en el Código Civil.
5. En lo relativo a los bienes, obligaciones y contratos mercantiles, con lo previsto en el Código de Comercio y las disposiciones complementarias.

Son *sujetos procesales* la Fiscalía General de la Nación y los afectados.

La Fiscalía General de la Nación tendrá como atribuciones las siguientes:

1. Investigar y determinar si los bienes objeto del trámite se encuentran en alguna de las causales de extinción de dominio.
2. Asegurar los bienes objeto del trámite de extinción de dominio, adoptando las medidas cautelares que sean procedentes.
3. Corregir de oficio o a solicitud de parte los actos irregulares que se hubieren llevado a cabo en el curso de la fase inicial.
4. Presentar ante los jueces competentes el requerimiento de extinción de dominio o de improcedencia, según corresponda.
5. Dirigir y coordinar técnica, operativa y jurídicamente las funciones de policía judicial que en forma permanente cumplen el Cuerpo Técnico de Investigaciones de la Fiscalía General de la Nación, la Policía Nacional y los demás organismos que señale la ley.
6. Velar por la protección de los testigos e intervinientes en el proceso.
7. Las demás que le atribuye el estatuto orgánico de la Fiscalía General de la Nación.

Se considera afectada dentro del trámite de extinción de dominio a toda persona, natural o jurídica, que alegue ser titular de derechos sobre alguno de los bienes que sean objeto de la acción extinción de dominio:

1. En el caso de los bienes corporales, muebles o inmuebles, se considera afectada toda persona, natural o jurídica, que alegue tener un derecho real sobre los bienes objeto de la acción de extinción de dominio.
2. Tratándose de los derechos personales o de crédito se considera afectada toda persona, natural o jurídica, que alegue estar legitimada para reclamar el cumplimiento de la respectiva obligación.
3. Respecto de los títulos valores se considera afectada toda persona, natural o jurídica, que alegue ser tenedor legítimo de esos bienes o beneficiario con derecho cierto.
4. Finalmente, con relación a los derechos de participación en el capital social de una sociedad, se considera afectada toda persona, natural o jurídica, que alegue ser titular de algún derecho real sobre una parte o la totalidad de las cuotas, partes, interés social o acciones que son objeto de extinción de dominio.

Como *Intervinientes*, se tendrá al *Ministerio Público*, quién actuará en el trámite de extinción de dominio en defensa del orden jurídico, del patrimonio público y de los derechos y garantías fundamentales. Este podrá intervenir a partir de la fijación provisional de la pretensión con las mismas facultades de los sujetos procesales, y será ejercido por el Procurador General de la Nación por medio de sus delegados y agentes, correspondiéndole velar por el respeto de los derechos de los afectados determinados que no comparecieren y de los indeterminados.

El Ministerio de Justicia y del Derecho, quién actuará en el trámite de extinción de dominio en defensa del interés jurídico de la Nación y representación del ente responsable de la administración de los bienes afectados en el curso del procedimiento. Este podrá intervenir a partir de la fijación provisional de la pretensión y tendrá la facultad de presentar las solicitudes y los recursos que estime necesarios en procura de los intereses del Estado.

-COMPETENCIAS-

Corresponderá a la Fiscalía General de la Nación dirigir, realizar y coordinar la investigación en materia de extinción de dominio. La Fiscalía General de la Nación actuará a través del Fiscal General de la Nación o de los fiscales que este considere delegar para dicha materia, que lo serán los Delegados ante los Jueces Penales del Circuito Especializado y los Fiscales Delegados ante los Jueces Penales del Circuito, teniendo competencia la Fiscalía a nivel Nacional.

El Fiscal General de la Nación conocerá de la acción de extinción de dominio sobre bienes cuya titularidad recaiga en un agente diplomático extranjero debidamente acreditado ante el Gobierno de la República de Colombia. Lo anterior, sin perjuicio de su facultad para delegar especialmente estos asuntos.

En cuanto a esta competencia se advirtió por parte de la corte constitucional en su sentencia C-540/11 que:

> "Aunque para la Sala, en virtud del principio pro actione, estos cargos son claros, ciertos, específicos, pertinentes y suficientes, se observa que, tal como lo señala la Fiscalía General de la Nación, los contenidos normativos a los que se refieren, estos son, (i) la competencia de la Fiscalía para dar inicio a la acción de extinción de dominio y adelantar la investigación correspondiente, decretar medidas cautelares o solicitar al juez competente que las adopte, y emitir resolución interlocutoria de procedencia de la acción, y (ii) la competencia de jueces penales del circuito especializados del lugar donde se encuentren ubicados los bienes para proferir la sentencia que declara la extinción de dominio, ya fueron declarados ajustados a la Carta en la sentencia C-740 de 2003".

La ley 1849 de 2017, en su artículo modifico el artículo 29 de la Ley 1708 de 2014, en cuanto a competencias, consagrando que corresponde a la Fiscalía General de la Nación:

1. Investigar y determinar si los bienes objeto del trámite se encuentran en alguna de las causales de extinción de dominio.
2. Asegurar los bienes objeto del trámite de extinción de dominio, adoptando las medidas cautelares que sean procedentes.
3. Corregir de oficio o a solicitud de parte los actos irregulares que se hubieren llevado a cabo en el curso de la fase inicial.
4. Proferir resolución de archivo o presentar 1ª demanda de extinción de dominio.
5. Dirigir y coordinar técnica, operativa y jurídicamente las funciones de policía judicial que en forma permanente cumplen el Cuerpo Técnico de Investigaciones de la Fiscalía General de la Nación, la Policía Nacional y los demás organismos que señale la ley.
6. Velar por la protección de los testigos e intervinientes en el proceso.

7. Las demás que le atribuye el Estatuto Orgánico de la Fiscalía General de la Nación.

Se entenderá por demanda el acto de parte que contiene la pretensión de extinción de dominio de la Fiscalía y se somete a conocimiento y decisión del juez.

De igual forma en su artículo 6, procedió a modificar el artículo 31 de la Ley 1708 de 2014, estableciendo que el Ministerio Público actuará en el trámite de extinción de dominio en defensa del orden jurídico, del patrimonio público y los derechos y garantías fundamentales. Este podrá intervenir como sujeto procesal a partir de la presentación de la demanda de extinción de dominio por parte del Fiscal, con las mismas facultades de los demás sujetos procesales, y será ejercido por el Procurador General de la Nación a través de sus delegados y agentes.

También corresponde al Ministerio Público velar por el respeto de los derechos de los afectados determinados que no comparecieren y de los indeterminados.

En su artículo 7, modifica el artículo 32 de la Ley 1708 de 2014, consagrando que el Ministerio de Justicia y del Derecho actuará en el trámite de extinción de dominio en defensa del interés jurídico de la nación y representación del ente responsable de la administración de los bienes afectados en el curso del procedimiento. Este podrá intervenir a partir de la presentación de la demanda de extinción de dominio por parte del Fiscal y tendrá la facultad de presentar las solicitudes y los recursos que estime necesarios en procura de los intereses del Estado.

En el artículo 8 al modificar el artículo 33 de la Ley 1708 de 2014, determina que la administración de justicia en materia de extinción de dominio, durante la etapa del juicio, se ejerce de manera permanente por la Sala de Casación Penal de la Corte Suprema de Justicia, las Salas de Extinción de Dominio de los Tribunales Superiores de Distrito Judicial y por los Jueces del Circuito Especializados en Extinción de Dominio.

El control de los actos de investigación que afecten derechos fundamentales será competencia de los jueces de control de garantías y el control de legalidad sobre las medidas cautelares que se decreten por parte del Fiscal será competencia de los Jueces del Circuito Especializados en Extinción de Dominio.

Posteriormente en su artículo 9 modifica el artículo 35 de la Ley 1708 de 2014, señalando competencias territoriales indicando que corresponde a los Jueces del Circuito Especializados en Extinción de Dominio del Distrito Judicial donde se encuentren los bienes, asumir el juzgamiento y emitir el correspondiente fallo.

Cuando haya bienes en distintos distritos judiciales, será competente el juez del distrito que cuente con el mayor número de jueces de extinción de dominio.

Cuando exista el mismo número de jueces de extinción de dominio en distintos distritos judiciales se aplicará lo previsto en el artículo 28 numeral 7 del Código General del Proceso. La aparición de bienes en otros lugares después de la demanda de extinción de dominio no alterará la competencia.

Si hay bienes que se encuentran en su totalidad en territorio extranjero, serán competentes en primera instancia los Jueces del Circuito Especializados en Extinción de Dominio del Distrito Judicial de Bogotá.

La Sala de Casación Penal de la Corte Suprema de Justicia tendrá competencia para el juzgamiento en única instancia de la extinción de dominio de los bienes cuya titularidad recaiga en un agente diplomático debidamente acreditado, independientemente de su lugar de ubicación en el territorio nacional.

Así también de conformidad con la ley 1708 de 2014, la Sala de Casación Penal de la Corte Suprema de Justicia tendrá competencia para el juzgamiento en única instancia de la extinción de dominio de los bienes cuya titularidad recaiga en un agente diplomático debidamente acreditado, independientemente de su lugar de ubicación en el territorio nacional.

Durante la etapa del juicio será ejercida de manera permanente por la Sala de Casación Penal de la Corte Suprema de Justicia, las salas de extinción de dominio de los Tribunales Superiores de Distrito Judicial y por los Jueces Penales del Circuito especializados y penales del circuito en extinción de dominio, en lo de su competencia, en el distrito judicial donde se encuentren los bienes, asumir el juzga miento y emitir el correspondiente fallo, ante la falta de Jueces de Extinción de Dominio.

La Sala de Casación Penal de la Corte Suprema de Justicia será competente para conocer de los recursos de apelación y queja interpuestos contra los autos y sentencias proferidos por las Salas de Extinción de Dominio de los Tribunales Superiores, en el trámite de la acción extraordinaria de revisión.

Por su parte, la Sala de Extinción de Dominio de los Tribunales Superiores conocerá:

1. En primera instancia, de la acción extraordinaria de revisión promovida contra las sentencias de esa corporación en materia de extinción de dominio.
2. En segunda instancia, de los recursos de apelación y queja interpuestos contra los autos y sentencias proferidos por los Jueces de Extinción de Dominio.

3. De las solicitudes de control de legalidad que sean promovidas contra las decisiones adoptadas por el Fiscal General de la Nación en los trámites a su cargo.

Los Jueces de Extinción de Dominio conocerán:

1. En primera instancia, del juzgamiento de la extinción de dominio.
2. En primera instancia, de las solicitudes de control de legalidad dentro de los procesos de su competencia.

-UNIDAD PROCESAL Y CONEXIDAD-

Para conservar la unidad procesal, por cada bien se adelantará una sola actuación procesal, cualquiera que sea el número de afectados, salvo las excepciones constitucionales y legales.

Se podrá decretar conservar la unidad procesal en los siguientes casos:

1. Cuando los bienes aparentemente pertenezcan a una misma persona, al mismo núcleo familiar o al mismo grupo empresarial o societario.
2. Cuando existen nexos de relación común entre los titulares de los bienes que permiten inferir la presencia de una identidad o unidad patrimonial o económica, tales como la utilización de testaferros, prestanombres, subordinados u otros similares.
3. Cuando se trate de bienes que presenten identidad en cuanto a la actividad ilícita de la cual provienen o para la cual están siendo destinados.
4. Cuando después de una evaluación costo-beneficio se determine que se trata de bienes respecto de los cuales no se justifica adelantar un proceso de extinción de dominio individual para cada uno de ellos, debido a su escaso valor económico, a su abandono, o su estado de deterioro.
5. Sin embargo, el fiscal podrá acumular en una misma investigación distintos bienes, cuando se constate alguno de los factores de conexidad

Ahora bien, la Unidad Procesal sufrirá ruptura:

1. Cuando el Fiscal General de la Nación o su delegado considere que hay mérito suficiente para presentar requerimiento de extinción de dominio o de declaratoria de improcedencia ante el juez competente, respecto de uno o algunos de los bienes que son objeto de la actuación.

2. Cuando se decrete nulidad parcial de la actuación procesal que obligue a reponer el trámite con relación a uno o algunos de los bienes.
3. Cuando se solicite el trámite de sentencia anticipada de extinción de dominio respecto de uno o algunos de los bienes.
4. Cuando uno o algunos de los bienes objeto del trámite o alguno de los afectados se encuentren en el exterior, siempre y cuando el Fiscal General de la Nación o su delegado lo considere necesario y conveniente para garantizar la celeridad y el éxito del proceso.

En su artículo 42 la ley 1849 de 2017, modifica la ley 1708 de 2017 estableciendo lo siguiente en el tema de ruptura de la unidad procesal:

Artículo 42. Ruptura de la Unidad Procesal. Además de lo previsto en otras disposiciones se romperá la Unidad Procesal en los siguientes casos:

1. Cuando el Fiscal General de la Nación o su delegado considere que hay mérito suficiente para proferir resolución de archivo o presentar demanda de extinción de dominio ante el juez competente, respecto de uno o algunos de los bienes que son objeto de la actuación.
2. Cuando se decrete nulidad parcial de la actuación procesal que obligue a reponer el trámite con relación a uno o algunos de los bienes.
3. Cuando se solicite el trámite de extinción de dominio abreviada respecto de uno o algunos de los bienes.
4. Cuando uno o algunos de los bienes objeto del trámite o alguno de los afectados se encuentren en el exterior, siempre y cuando el Fiscal General de la Nación o su delegado lo considere necesario y conveniente para garantizar la celeridad y el éxito del proceso.

Sostiene en su parágrafo único que la ruptura de la Unidad Procesal no genera cambio de competencia, y el funcionario que la ordenó continuará conociendo de las actuaciones.

Sin embargo, si alguna de las personas investigadas resulta ser diplomático debidamente acreditado, o si alguno o parte de los bienes resultan ser de su propiedad resulta factible que se produzca la ruptura de la unidad procesal y se pierda la competencia del juez, para ser enviado a la sala penal de la Corte Suprema de Justicia.

-De la actuación procesal-

Las actuaciones deberán adelantarse en idioma castellano y se recogerán por el medio más idóneo disponible. Si estuvieren en otro idioma o la persona no pudiere expresarse en castellano, se hará la traducción correspondiente o se utilizará un intérprete. Las actas se empezarán con el nombre de la entidad que la práctica, el lugar, hora, día, mes y año en que se verifiquen y terminarán con las firmas de quienes en ella intervinieron. Si se observaren inexactitudes se harán las correcciones, correspondientes al finalizar estas.

Si una de las personas que haya intervenido en la actuación no pudiere firmar por alguna circunstancia, se le tomará la impresión digital y firmará por ella un testigo, de lo cual se dejará constancia. En caso de negativa a firmar, lo hará un testigo presente en el momento o en su defecto se dejará constancia de ello.

En la actuación se podrán utilizar los medios mecánicos, electrónicos y técnicos que la ciencia ofrezca y que no atenten contra la dignidad humana y las garantías constitucionales. Cuando las diligencias sean recogidas y conservadas en sistemas de audio o video no será obligatorio levantar acta alguna ni realizar transcripciones, pero deberá garantizarse la posibilidad técnica de que todas las partes puedan acceder a una copia de ellas.

La actuación de extinción de dominio se adelantará en duplicado, su trámite de segunda instancia y el control de legalidad se surtirán en la carpeta original. Si fuere procedente, la investigación se continuará en la carpeta de copias. La actuación de extinción de dominio podrá ser digitalizada, pero deberá garantizarse la posibilidad técnica de que todas las partes puedan acceder a una copia de ellas.

Las citaciones podrán hacerse por comunicación escrita, telegrama, perifoneo, llamada telefónica, correo electrónico o cualquier medio que el servidor judicial considere eficaz, indicando la fecha, lugar y hora en que se deba concurrir. En forma sucinta se consignarán las razones o motivos de la citación con la advertencia de las sanciones previstas en caso de desobediencia y dejando expresa constancia en las respectivas carpetas.

En su artículo 4 la ley 1849 de 2017, modifica los numerales 1 y 2 del artículo 26 de la Ley 1708 de 2014, y establece que en fase inicial, el procedimiento, control de legalidad, régimen probatorio y facultades correccionales de los funcionarios judiciales, se atenderán las reglas previstas en el Código de Procedimiento Penal contenido en la Ley 600 de 2000.

De igual manera en la fase inicial, las técnicas de indagación e investigación y los actos especiales de investigación como la interceptación de comunicaciones, los allanamientos y registros, la búsqueda selectiva en bases de datos, las entregas vigiladas, la vigilancia y seguimiento de personas, la vigilancia de cosas, la recuperación de información dejada al navegar por Internet y las operaciones encubiertas se aplicarán los procedimientos previstos en el Código de Procedimiento Penal – Ley 906 de 2004.

Así también que en las actuaciones relacionadas con medidas cautelares se aplicarán en lo pertinente las reglas previstas en el Código General del Proceso.

-Clases de providencias-

Las providencias que se dicten en la actuación se denominarán sentencias, autos y resoluciones. Lo anterior por cuanto en su artículo 11, la ley 1849 de 2017, modificó el artículo 48 de la Ley 1708 de 2014, indicando que las providencias que se dicten en la actuación se denominarán sentencias, autos y resoluciones:

1. Sentencias, si deciden sobre el objeto del proceso, en primera o segunda instancia, o la acción de revisión.
2. Autos interlocutorios, si resuelven o aspecto sustancial.
3. Autos de sustanciación, si se limitan a disponer cualquier otro trámite de los que la ley establece para dar curso a la actuación o evitan el entorpecimiento de la misma.
4. Resoluciones, si las profiere el Fiscal.

Por su parte, la sentencia que declara extinguido el dominio o su no procedencia deberá contener:

1. Un resumen de los hechos investigados.
2. La identidad o individualización de los bienes objeto del proceso.
3. Indicación de la pretensión formulada por la Fiscalía General de la Nación.
4. Análisis de los alegatos presentados por los sujetos procesales.
5. Los argumentos fácticos y jurídicos de la decisión, haciendo expresa referencia a la valoración de las pruebas practicadas y de la causal invocada.
6. La decisión tomada por el juez.
7. Los recursos que proceden contra ella. La parte resolutiva de las sentencias estará precedida de las siguientes palabras: "Administrando justicia en nombre de la República y por autoridad de la ley".

En lo que concierne a las providencias interlocutorias, estas contendrán una breve exposición del punto que se trata, los fundamentos legales, la decisión que corresponda y los recursos que proceden contra ella.

En lo que respecta a los autos de sustanciación serán dictados por el magistrado ponente, los autos interlocutorios y las sentencias serán proferidos por las Salas Especiales de Extinción de Dominio de los Tribunales Superiores de los Distritos Judiciales. Las decisiones se tomarán por mayoría absoluta de votos. El magistrado disidente tiene la obligación de salvar su voto, dentro de los diez (10) días siguientes a la firma.

-Notificaciones-

Durante la etapa de juicio, las decisiones judiciales se notificarán personalmente, por estado, por edicto o por conducta concluyente. La notificación personal se hará leyendo integralmente la providencia a la persona o permitiendo que esta lo haga. Para ello el funcionario librará citación en los términos que establecen para ello, con el fin de que la persona comparezca a la Secretaría dentro de los cinco (5) días siguientes al recibo de la citación. Vencido el término anterior sin que la persona hubiere comparecido, se procederá a la notificación por estado. La notificación personal podrá surtirse con el apoderado, debidamente acreditado para ello.

El auto que avoca conocimiento del juicio de extinción de dominio, el de admisión de la demanda de revisión y la sentencia serán las únicas providencias notificadas personalmente, de acuerdo con el procedimiento previsto en esta ley. Todas las providencias se notificarán por estado que se fijará por el término de un (1) día en la Secretaría y se dejará constancia de la fijación y desfijación.

Cuando no haya sido posible la notificación personal de la sentencia, estas se notificarán por edicto. El edicto se fijará por tres (3) días en lugar visible de la Secretaría y en él anotará el secretario las fechas y horas de su fijación y desfijación. El original se agregará al expediente y una copia se conservará en el archivo en orden riguroso de fechas. La notificación se entenderá surtida al vencimiento del término de fijación. El edicto deberá contener:

La palabra edicto en su parte superior.

La clase de providencia y la determinación del proceso de que se trata, del bien y de los afectados si estuvieren determinados, la fecha de la providencia y la firma del secretario.

Cuando se hubiere omitido la notificación, o se hubiere hecho en forma irregular, se entenderá cumplida si la persona hubiere actuado en la diligencia o en el trámite a que se refiere la decisión o interpuesto recurso contra ella o de cualquier forma la mencione en escrito o diligencia que obre en el expediente. Se considerará notificada dicha providencia en la fecha de la presentación del escrito o de la realización de la diligencia, entendiéndose dicha notificación por conducta concluyente.

Cuando la notificación deba hacerse en forma personal a quien se halle privado de libertad en lugar diferente de aquel en que se adelante la actuación, se comisionará a la autoridad encargada del establecimiento de reclusión. La notificación personal a quien se halle privado de la libertad, que se entenderá lo es por otro delito, se hará en el establecimiento de reclusión, dejando constancia en la Dirección o en la Oficina Jurídica de que allí se radicó copia de la providencia comunicada, si ella se logró o no y las razones del caso.

Además de las ya señaladas anteriormente, se notificarán las sentencias, los autos interlocutorios y los siguientes autos de sustanciación: el auto admisorio del requerimiento, el que ordena la práctica de pruebas en el juicio, el que deniega el recurso de apelación, el que corre traslado para alegatos y el que admite la acción de revisión. Los autos de sustanciación no enunciados o no previstos de manera especial serán de cumplimiento inmediato y contra ellos no procede recurso alguno. Sin embargo, posteriormente mediante los artículos 12, 13, 14, 15, 16 y 17 de la ley 1849 de 2017, al modificar los artículos 52, 53, 54, 55A, 58 y el numeral 4 del artículo 65, de la ley 1708 de 2014 señalando en el artículo 52, que, durante la etapa del juicio, las decisiones judiciales se notificarán personalmente, por estado, por edicto, por aviso o por conducta concluyente.

Esta misma Ley en su artículo 13, modifica el artículo 53 de la Ley 1708 de 2014, el cual consagra que la notificación personal se hará leyendo integralmente la providencia a la persona o permitiendo que esta lo haga. Para ello el funcionario librará citación en los términos del artículo 47 de la presente ley.

En caso de que la citación se efectúe por comunicación escrita enviada a través de una empresa de correos o servicio postal autorizado, esta hará constar la fecha de recibo de la comunicación o, en su defecto, la inexistencia o irregularidad con la dirección de destino. En estos últimos casos se procederá con el emplazamiento en los términos del artículo 140 de esta ley.

Cuando en la dirección de notificación del afectado se rehúsen a recibir la comunicación, la empresa de correos o servicio postal autorizado la dejará en el lugar y emitirá constancia de ello. Para todos los efectos legales, la comunicación se entenderá entregada.

En caso de que el afectado no comparezca al juzgado, dentro de los cinco (5) días siguientes al recibo de la citación, se procederá a la notificación por aviso.

La notificación personal podrá surtirse con el apoderado, debidamente acreditado para ello. El auto admisorio de la demanda de extinción de dominio, el auto que admite la demanda de revisión y la sentencia serán las únicas providencias notificadas personalmente, de acuerdo con el procedimiento previsto en esta ley.

De otra parte, el artículo 14, modifica el artículo 54 de la Ley 1708 de 2014, indicando que con excepción del auto admisorio de la demanda de extinción de dominio, el que admite la demanda de revisión y la sentencia, todas las providencias se notificarán por estado que se fijará por el término de un (1) día en la Secretaría y se dejará constancia de la fijación y desfijación.

El artículo 15 de esta misma ley de 2017, adiciona el artículo 55A a la Ley 1708 de 2014, en el cual se dispone que cuando no haya sido posible la notificación personal del auto admisorio de la demanda de extinción de dominio o la admisión de la demanda de revisión, esta se hará por medio de aviso que deberá contener su fecha y la de la providencia que se notifica, el juzgado que conoce del proceso, su naturaleza, la identificación del bien o los bienes objeto del proceso y la advertencia de que la notificación se considerará surtida al finalizar el día siguiente a la entrega del aviso en el lugar de destino.

El aviso deberá ir acompañado con copia informal de la providencia que se notifica. La Fiscalía deberá elaborar el aviso y remitirlo a través del servicio postal autorizado a la misma dirección a la que haya sido enviada la citación señalada en el artículo 53 de esta ley. La empresa de servicio postal autorizada expedirá constancia de haber entregado el aviso en la respectiva dirección, la cual se incorporará al expediente, junto con la copia del aviso debidamente cotejada y sellada.

El aviso, además, podrá enviarse a la dirección electrónica de quien deba ser notificado, si se conociese. El correo podrá ser remitido por el Secretario del Juzgado, quien dejará constancia de haber enviado el aviso vía electrónica con la impresión del mensaje de datos. La Fiscalía, por su parte, deberá disponer de un espacio en su página web en el que se publiquen los avisos enviados y las comunicaciones informales reguladas en el artículo 128 de la presente ley.

La publicación de los avisos o las comunicaciones informales en la página web de la Fiscalía no surte efectos de notificación".

En su artículo 16, modifica el artículo 58 de la Ley 1708 de 2014, indicando respecto a que además además de las señaladas expresamente en otras disposiciones, se notificarán las sentencias, los autos interlocutorios y los siguientes autos de sustanciación: el auto admisorio de la demanda de extinción de dominio, el que ordena la práctica de pruebas en el juicio, el que deniega el recurso de apelación, el que corre traslado para alegatos y el que admite la acción de revisión.

Los autos de sustanciación no enunciados o no previstos de manera especial serán de cumplimiento inmediato y contra ellos no procede recurso alguno.

De suprema importancia resulta que el artículo 17, modifica el numeral 4 del artículo 65 de la Ley 1708 de 2014, consagrando que las decisiones judiciales que denieguen cualquiera de los controles de legalidad establecidos en esta ley, en el efecto devolutivo

Es de tener en cuenta que para efectos de proferir sentencias de extinción de dominio la Corte Constitucional en la C-740/2003, ha afirmado que:

> "(...) la acción de extinción de dominio no tiene nada que ver con la acción reivindicatoria. Esta es una institución legal concebida como mecanismo para proteger al propietario de una cosa singular de la que no está en posesión para que el poseedor sea condenado a restituirla. Aquella, en cambio, es una acción constitucional pública, jurisdiccional, autónoma, directa y expresamente regulada por el constituyente, relacionada con el régimen constitucional del derecho de propiedad, que protege intereses superiores del Estado y en virtud del cual se le asigna un efecto a la ilegitimidad del título del que se pretende derivar el dominio.
>
> La naturaleza de estas acciones es tan disímil que la reivindicatoria supone lo que la extinción de dominio desvirtúa: un título justo y lícito. En estas condiciones, no puede prosperar un cargo que, para afirmar la vulneración de preceptos constitucionales, parte del desconocimiento de la índole atribuida por la Carta a la acción de extinción de dominio; de asignarle una caracterización contraria a esa naturaleza y de extractar conclusiones, en materia de competencias y procedimientos, incompatibles con esa institución."

-Recursos y términos-

Contra los autos y sentencias proferidos por el juez dentro del proceso proceden los recursos de reposición, apelación y de queja, que se interpondrán y sustentarán por escrito, salvo disposición en contrario. Los recursos ordinarios podrán interponerse por quien tenga interés jurídico, desde la fecha en que se haya proferido la providencia, hasta cuando hayan transcurrido tres (3) días contados a partir de la última notificación.

Todas las providencias quedan ejecutoriadas tres (3) días después de notificadas si no se han interpuesto los recursos legalmente procedentes.

La que decide los recursos de apelación o de queja contra los autos interlocutorios, la consulta salvo cuando se sustituya la sentencia materia de la misma y la acción de revisión, quedan ejecutoriadas el día en que sean suscritas por el funcionario correspondiente.

Las providencias que ordenan medidas cautelares se deberán cumplir de inmediato. Salvo las excepciones previstas en el Código de extinción de dominio, el recurso de reposición procede contra los autos de sustanciación que deban notificarse y contra los interlocutorios de primera instancia.

El recurso de reposición deberá interponerse y sustentarse por escrito dentro del término de ejecutoria de la providencia. Cuando así ocurra, el secretario dejará el expediente a disposición de todos los sujetos procesales por el término común de dos (2) días. Surtido el traslado se decidirá el recurso dentro de los tres (3) días siguientes.

La providencia que decide la reposición no es susceptible de recurso alguno, salvo que contenga puntos que no hayan sido decididos en la anterior, caso en el cual podrá interponerse recurso respecto de los puntos nuevos. En los procesos de extinción de dominio únicamente procede el recurso de apelación contra las siguientes providencias:

1. La sentencia de primera instancia, en el efecto suspensivo.
2. El auto que niega pruebas en la fase del juicio, en el efecto suspensivo.
3. Los demás autos interlocutorios proferidos durante la fase de juicio, en efecto devolutivo.
4. Las decisiones judiciales que denieguen cualquiera de los controles de legalidad establecidos en esta ley.
5. El auto que deniegue el recurso de apelación solo será susceptible de recurso de reposición, salvo cuando se trate del auto que niega la apelación de la sentencia de primera instancia, evento en el cual procederá el recurso de reposición y en subsidio el de queja.

Llama la atención como una resolución tan importante como lo es la que impone las medidas cautelares no tenga recurso alguno, pues es ahí en donde comienzan a afectarse derechos fundamentales económicos como viene a ser el derecho a la propiedad, vulnerándose el derecho de terceros de buena fe y la propia presunción de inocencia.

Lo anterior resulta totalmente ilegal y por ello se recomienda que el Fiscal debería en este caso aplicar la excepción de inconstitucionalidad, apartándose de la norma y concediendo el recurso, pues sobre ello ya existe precedente constitucional reafirmado por la sentencia C-540/11, cuando esta alta corporación manifestó que la previsión de una doble instancia para la revisión de las decisiones que dicta el fiscal en las primeras etapas del proceso de extinción de dominio es una obligación constitucional. Y sostuvo:

> "2.6.2.1. La doble instancia –art. 31 superior– es una garantía que se desprende del derecho de defensa y contradicción, el cual, a su vez, hace parte del principio del debido proceso –art. 29–. Su finalidad es permitir que la decisión adoptada por una autoridad judicial sea revisada por otro funcionario de la misma naturaleza y más alta jerarquía –lo que en principio es indicativo de mayor especialidad en la materia– con el fin de que decisiones contrarias a los intereses de las partes tengan una más amplia deliberación con propósitos de corrección. La doble instancia también está íntimamente relacionada con el principio de la "doble conformidad", el cual surge del interés superior del Estado de evitar errores judiciales que sacrifiquen no sólo la libertad del ser humano, sino también importantes recursos públicos debido a fallos de la jurisdicción contenciosa que condenan al Estado bajo la doctrina del error jurisdiccional.
>
> 2.6.2.2. La Sala observa que el inciso acusado está en consonancia con las disposiciones constitucionales que prevén la doble instancia, así como la ratio decidendi de la sentencia C-740 de 2003, en la que la Corte declaró inexequibles o exequibles de forma condicionada algunas expresiones de los art. 13 y 14 de la Ley 793 que impedían el ejercicio de recursos contra las decisiones del fiscal que adelanta la investigación en el proceso de extinción de dominio (como la resolución interlocutoria del fiscal que declara procedente la acción y la decisión de practicar pruebas de manera oficiosa), por constituir una restricción ilegítima del derecho de defensa".

La Corte afirmó lo siguiente al examinar la constitucionalidad del art. 13 de la Ley 793:

> "74. La expresión 'Contra esta resolución no procederá recurso alguno', que hace parte del numeral 1º, constituye una restricción ilegítima del derecho de defensa y vulnera el art. 29 constitucional. Esto es así por cuanto, pese a que se trata de una resolución de sustanciación, a través de ella se toma una decisión muy importante que es fruto de la actividad instructiva cumplida por la Fiscalía General de la Nación: La vinculación de una persona a un proceso judicial y la afectación de sus bienes. A partir de tal momento, la persona afectada queda vinculada a un proceso judicial y la situación de sus bienes sólo será decidida mediante el fallo que profiera el juez competente. Se trata, entonces, de una decisión muy relevante, que puede generar restricciones a derechos constitucionales y por ello, resulta imperativo que pueda ser impugnada. Por ese motivo, el citado aparte del numeral 1º, será declarado inexequible.

Ahora bien, en lo que concita a la apelación de las providencias que se profieran en la actuación procesal se deberán surtir o conceder en uno de los siguientes efectos:

1. *Suspensivo:* en cuyo caso la competencia del inferior se suspenderá desde cuando se profiera la providencia que lo conceda, hasta cuando regrese el cuaderno al despacho de origen.
2. *Devolutivo:* caso en el cual no se suspenderá el cumplimiento de la providencia apelada ni el curso de la actuación procesal.

El recurso de apelación deberá interponerse y sustentarse por escrito dentro del término de ejecutoria de la providencia. Cuando se haya interpuesto como único el recurso de apelación, vencido el término para recurrir, el secretario dejará el expediente a disposición de todos los sujetos procesales por el término de cuatro (4) días para los no recurrentes. Precluido el término anterior, si fuese viable, se concederá en forma inmediata mediante providencia de sustanciación en que se indique el efecto en que se concede.

Cuando se interponga como principal el recurso de reposición y subsidiario el de apelación, negada la reposición y concedida la apelación, el proceso se enviará en forma inmediata al superior. Cuando el funcionario de primera instancia deniegue el recurso de apelación, el recurrente podrá interponer y sustentar el de queja, dentro del término de ejecutoria de la decisión que deniega el recurso. Ocurrido lo anterior, se compulsarán copias de la actuación dentro del término improrrogable de un (1) día y se enviarán inmediatamente al superior. Dentro de los tres (3) días siguientes al recibo de las copias, el funcionario de segunda instancia resolverá de plano.

Si el superior necesitare copia de otras piezas de la actuación procesal, ordenará al inferior que las remita a la mayor brevedad posible. Si el superior concede la apelación, determinará el efecto que le corresponda y comunicará su decisión al inferior. En caso contrario, así lo declarará y enviará la actuación al inferior para que forme parte del expediente. Los sujetos procesales podrán desistir de los recursos antes de que el funcionario judicial los decida.

Concedido el recurso de apelación y efectuado el reparto, el proceso se pondrá a disposición del funcionario, quien deberá resolver el recurso dentro de los diez (10) días siguientes. Si se trata de juez colegiado, el magistrado ponente dispondrá de diez (10) días para presentar proyecto y la Sala de un término igual para su estudio y decisión.

En la apelación, la decisión del superior se extenderá a los asuntos que resulten inescindiblemente vinculados al objeto de impugnación. La consulta permitirá al superior decidir sin limitación sobre la providencia.

En cuanto a la *acción de revisión* podrá ser promovida por cualquiera de los sujetos procesales que tengan interés jurídico y haya sido legalmente reconocidos dentro de la actuación procesal. También podrá ser promovida por el Ministerio Público o por el Ministerio de Justicia y del Derecho.

La acción de revisión procederá contra las sentencias ejecutoriadas, en los siguientes casos:

1. Cuando después de la sentencia aparezcan 'hechos nuevos o surjan pruebas, no conocidas al tiempo del proceso, que lleven a considerar razonablemente que la decisión finalmente adoptada pudo haber sido diferente.
2. Cuando con posterioridad a la sentencia se demuestre, mediante decisión en firme, que el fallo fue determinado por una conducta delictiva del juez, el fiscal, un sujeto procesal, un interviniente o de un tercero.
3. Cuando se demuestre, por sentencia en firme, que el fallo objeto de pedimento de revisión se fundamentó en prueba falsa.

La acción se promoverá por medio de escrito dirigido al funcionario competente y deberá contener:

a) La determinación de la actuación procesal cuya revisión se demanda con la identificación del despacho que produjo el fallo; b) Los hechos y causales que motivaron la actuación procesal y la decisión; c) La causal de revisión que invoca y los fundamentos de hecho y de derecho en que se apoya la solicitud; d) La relación de las pruebas que se aportan para demostrar los hechos básicos de la petición.

Se acompañará copia o fotocopia de la decisión de primera y segunda instancias y constancia de su ejecutoria, según el caso, proferidas en la actuación cuya revisión se demande.

Repartida la demanda, el magistrado ponente examinará si reúne los requisitos exigidos en el art. anterior. En caso afirmativo la admitirá dentro de los cinco (5) días siguientes, mediante auto de sustanciación que se notificará, en el cual también dispondrá solicitar el proceso objeto de revisión. Este auto será notificado personalmente a los no demandantes; de no ser posible, se les notificará por estado. Si la demanda fuere inadmitida, la decisión se tomará mediante auto interlocutorio de la Sala.

Una vez que se reciba el proceso deberá ser dejado a disposición de los sujetos procesales por el término común de ocho (8) días, para que las partes soliciten las pruebas que estimen conducentes. Decretadas las pruebas, se practicarán dentro de los treinta (30) días siguientes. Vencido el término probatorio, se dará traslado común de quince (15) días a las partes para que aleguen de conclusión. Una vez precluido el término para alegar el magistrado ponente tendrá diez (10) días para registrar el proyecto y se decidirá dentro de los veinte (20) días siguientes.

Si la sala encuentra fundada la causal invocada, se declarará sin valor la sentencia motivo de la acción y se devolverá la actuación a primera instancia, para que un funcionario diferente de aquel que profirió la decisión tramite nuevamente la actuación a partir del momento procesal que se indique. Sin embargo, si la Corporación considera que tiene los elementos de juicio necesarios para decidir de fondo y en derecho el asunto, y no afecta con ello derechos fundamentales, puede emitir sentencia de remplazo. No podrá intervenir en el trámite y decisión de esta acción ningún magistrado que haya intervenido en el proceso cuya decisión se revisa.

La ley 1849 de 2017 finalmente modificó el artículo 67 de la Ley 1708 de 2014, estableciendo que:

> *Artículo 67. Trámite del recurso de apelación.* El recurso de apelación deberá interponerse y sustentarse por escrito dentro del término de ejecutoria de la providencia. La sentencia proferida en primera instancia podrá apelarse y sustentarse dentro de los seis días siguientes a su notificación.
>
> Cuando se haya interpuesto como único el recurso de apelación, vencido el término para recurrir, el secretario dejará el expediente a disposición de todos los sujetos procesales por el término de cuatro (4) días para los no recurrentes. Precluido el término anterior, si fuese viable, se concederá en forma inmediata mediante providencia de sustanciación en que se indique el efecto en que se concede.
>
> Cuando se interponga como principal el recurso de reposición y subsidiario el de apelación, negada la reposición y concedida la apelación, el proceso se enviará en forma inmediata al superior.
>
> *Parágrafo.* La parte que no apeló la sentencia de primera instancia podrá adherir al recurso interpuesto por otra de las partes, en lo que la providencia apelada le fuere desfavorable. El escrito de adhesión podrá presentarse ante el juez que profirió el fallo antes de que sea concedida la apelación.

La adhesión quedará sin efecto si se produce el desistimiento del apelante principal.

-De las nulidades-

Serán objeto de nulidad las actuaciones procesales irregulares que ocasionen a los sujetos procesales o intervinientes, un perjuicio que no pueda ser subsanado por otra vía o que impida el pleno ejercicio de las garantías y derechos reconocidos en la Constitución y esta ley. La declaratoria de nulidad no conlleva necesariamente la orden de retrotraer el procedimiento a etapas anteriores, a menos que resulte indispensable. El funcionario competente, al declarar la nulidad, determinará concretamente cuáles son los actos que se ven afectados con la decisión y, de encontrarlo pertinente, ordenará que sean subsanados, corregidos o se cumplan con los actos omitidos.

Cuando no fuere posible por el funcionario y en atención a la ley, corregir o subsanar la actuación irregular por otra vía, el funcionario podrá de oficio declarar la nulidad en cualquier momento del proceso. Cuando el funcionario lo considere conveniente para la celeridad de la actuación, podrá disponer que las solicitudes de nulidad presentadas por las partes sean resueltas en la sentencia.

Serán causales de nulidad en el proceso de extinción de dominio, las siguientes:

1. Falta de competencia.
2. Falta de notificación.
3. Violación al debido proceso, siempre y cuando las garantías vulneradas resulten compatibles con la naturaleza jurídica y el carácter real de la acción de extinción de dominio.

Se entiende que si se omite una notificación se viola el debido proceso y el derecho a la defensa, por lo que resulta antitécnica la normatividad a este respecto.

Cuando el funcionario judicial advierte que existe alguna de las causales previstas, decretará la nulidad de lo actuado desde que se presentó la causal, y ordenará que se reponga la actuación que dependa del acto declarado nulo para que se subsane el defecto. Así también sólo podrá solicitar la declaración de nulidad el sujeto procesal que resulte perjudicado por la concurrencia de la causal, siempre y cuando no hubiere contribuido a causarlo. También podrán solicitarla el Ministerio Público y el Ministerio de Justicia y del Derecho. La persona que alegue una nulidad deberá probar la causal que invoca, las razones en que las funda y no podrá formular una nueva, sino por causal diferente o por hechos posteriores.

Sobre el tópico la jurisprudencia se pronunció en sentencia del 30 de enero de 2003, radicado 13.644. M.P, Fernando Enrique Arboleda Ripoll, en los siguientes términos:

> "En este sentido, repetidamente la jurisprudencia ha dado en sostener que cuando se aduce violación del debido proceso, se debe comprobar la existencia de irregularidad sustancial que afecte la estructura del sistema que lo inspira. Por ejemplo: falta de apertura de investigación, no vinculación del procesado, no definición de la situación jurídica cuando ella sea obligatoria, o ausencia de la decisión de cierre de la investigación; desconocimiento de la etapa de investigación y/ de juzgamiento; dentro del juicio: de la fase probatoria y/o de debate oral; de formulación de cargos o sentencia, o la posibilidad de recurrir en segunda instancia".

Agrega la misma Alta Corporación en auto del 13 de mayo de 2003, radicado 19.250, M.P. Jorge Aníbal Gómez Gallego:

> "Un acto procesal puede ser simplemente inexistente, sin afectar de nulidad la actuación procesal, y en este caso la ley sólo dispone que el juez lo desestima. Así lo establece con claridad la previsión contenida en el inciso final del citado art. 29, al señalar que "es nula, de pleno derecho, la prueba obtenida con violación del debido proceso (...)" "El debido proceso, como traducción del principio lógico antecedente–consecuente–se relaciona con una sucesión integrada, gradual y progresiva de actos regulados en la ley, cuyo objeto es la verificación de un delito y la consecuente responsabilidad del imputado, orientados al fin de obtener una decisión válida y definitiva sobre los mismos temas. De este modo, el debido proceso se afecta cuando una persona es oída en indagatoria sin haber abierto formalmente la investigación; o se le resuelve situación jurídica sin haberla vinculado legalmente (indagatoria o declaración de persona ausente): o se califica el mérito de la instrucción sin haberla cerrado previamente y otorgado la oportunidad de las partes para alegar previamente; o se inicia el juzgamiento sin que exista resolución acusatoria ejecutoriada; o se dicta sentencia sin haber realizado la audiencia pública".

Sobre el particular, los doctores Jaime BERNAL CUELLAR y Eduardo MONTEALEGRE L., en su obra: *El Proceso Penal,* igualmente recogen una serie de pronunciamientos doctrinarios y jurisprudenciales, donde nos enseñan con toda puntualidad el por qué la nulidad se genera cuando está demostrado que se afectó cualquiera de las garantías de las partes, mediante un acto o una omisión. En efecto señalan los tratadistas, que en el derecho procesal contemporáneo, 'el requisito de legalidad no puede imperar en forma absoluta, puesto que tiene el inconveniente en el cual el legislador no puede prever todas las situaciones en forma minuciosa y detallada. Se vería, entonces, obligado a elaborar un catálogo interminable de nulidades procesales. De ahí que sea indispensable dejar un margen a la decisión del juzgador, para colmar los vacíos del sistema'. Siguiendo estas modernas orientaciones se redactaron dos fórmulas amplias, que resumen los motivos de nulidad: la comprobada existencia de irregularidades sustanciales que afecten el debido proceso y la violación del derecho a la defensa.

Y prosiguen comentado que, aplicando el principio de trascendencia, la Corte sostuvo que "las nulidades no podían decretarse en el solo interés de la ley. Es indispensable que la actuación irregular afecte garantías de los ciudadanos o socave las bases del juzgamiento. Afirmó que estas garantías no se refieren "exclusivamente al derecho de defensa, es cierto, sino que abarcan también la estructura misma del proceso, es decir, que procede alegar la nulidad incluso cuando se quebranten los derechos de la víctima o en tal grado las formas de actuación, que revelen la creación de procedimientos extraños a los consagrados en la ley como manifestación del arbitrio del juzgador". (C.S.J. Sala Penal. Casación, julio 7 1989. M.P. Edgar Saavedra Rojas, publicada en Extractos de jurisprudencia, III trimestre de 1989. ed. cit., p. 389) ...".

Hemos de recordar que las nulidades se rigen expresamente por las siguientes reglas:

1. No se declarará la invalidez de un acto cuando cumpla la finalidad para la cual estaba destinado, siempre que no se viole el derecho a la contradicción.
2. Quien alegue la nulidad debe demostrar que la irregularidad sustancial afecta garantías de los sujetos procesales, o desconoce las bases fundamentales del trámite o del juzgamiento.
3. No puede invocar la nulidad la persona que haya coadyuvado con su conducta a la ejecución del acto irregular.
4. Los actos irregulares pueden convalidarse por el consentimiento del perjudicado, siempre que se observen las garantías constitucionales.
5. Solo puede decretarse cuando no exista otro medio procesal para subsanar la irregularidad sustancial.

No podrá decretarse ninguna nulidad por causal distinta a las señaladas aquí enumeradas.

Sobre los principios que rigen las nulidades la Corte Suprema de Justicia mediante pronunciamiento del 2 de octubre de 2003 ha dejado sentado que:

> "De acuerdo con éstos, solamente es posible alegar nulidades expresamente previstas en la ley (taxatividad); no puede invocarlas el sujeto procesal que

con su conducta haya dado lugar a la configuración del motivo invalidatorio, salvo el caso de ausencia de defensa técnica, (protección); aunque se configure la irregularidad, ella puede convalidarse con el consentimiento expreso o tácito del sujeto perjudicado, a condición de ser observadas las garantías fundamentales (convalidación); quien alegue la nulidad está en la obligación de acreditar que la irregularidad sustancial afecta las garantías constitucionales de los sujetos procesales o desconoce las bases fundamentales de la instrucción y/o juzgamiento (transcendencia); y, además, que no existe otro remedio procesal, distinto de la nulidad, para subsanar el yerro que se advierte (residual)".

-DE LAS MEDIDAS CAUTELARES-

Aspecto importante es, el que concierne a las medidas cautelares, si se tiene que, al momento de proferir la resolución de fijación provisional de la pretensión el Fiscal deberá ordenar, mediante providencia independiente y motivada, las medidas provisionales que considere procedentes con el fin de evitar que los bienes que se cuestionan puedan ser ocultados, negociados, gravados, distraídos, transferidos o puedan sufrir deterioro, extravío o destrucción; o con el propósito de cesar su uso o destinación ilícita. En todo caso se deberá salvaguardar los derechos de terceros de buena fe exenta de culpa. Así también aquellos bienes sobre los que existan elementos de juicio suficientes que permiten considerar su probable vínculo con alguna causal de extinción de dominio, serán objeto de la medida cautelar de suspensión del poder dispositivo.

Es posible y de manera adicional por considerarse razonable y necesarias, decretar sobre los bienes haberes, negocios de sociedades, establecimientos de comercios o unidades de explotación económica, también el embargo y secuestro, así como la toma de posesión de bienes ya fueren muebles e inmuebles; ello porque al sacarlos simplemente del comercio afectándolos mediante oficio pertinente en el que se solicita la inscripción del proceso, al registrador o Director de cámara de comercio, Tránsito y transporte, Supersociedades, etc., no impediría civilmente se negociaran.

Como secuestre depositario de los bienes, se designará a la entidad administradora del Fondo para la Rehabilitación, Inversión Social y Lucha contra el Crimen Organizado –FRISCO–, en cabeza de su Director o Gerente, los cuales quedarán de inmediato a su disposición a través del citado Fondo. Así mismo será el administrador de los bienes respecto de los cuales se haya declarado la extinción de dominio, mientras se adelanta el proceso de entrega definitiva o su enajenación mediante remate o subasta pública.

De manera excepcional el Fiscal podrá decretar medidas cautelares antes de proferir la resolución de fijación provisional de la pretensión, en casos de evidente urgencia o cuando existan serios motivos fundados que permitan considerar como indispensable y necesario, para cumplir con alguno de los fines antes descritos. Estas medidas cautelares no podrán extenderse por más de seis (6) meses, termino dentro del cual el Fiscal deberá definir si la acción debe archivase o si por el contrario resulta procedente proferir resolución de fijación provisional de la pretensión.

La Ley 1849 de 2017 en sus artículos 19, 20 y 21, modificó los artículos 87, 88 y 89, de la Ley 1708 de 2014, los cuales ordenó quedarán así:

Al momento de la presentación de la demanda de extinción de dominio, si no se han adoptado medidas cautelares en fase inicial, el Fiscal, mediante providencia independiente y motivada, ordenará las mismas con el fin de evitar que los bienes que se cuestionan puedan ser ocultados, negociados, gravados, distraídos, transferidos o puedan sufrir deterioro, extravío o destrucción; o con el propósito de cesar su uso o destinación ilícita. En todo caso se deberán salvaguardar los derechos de terceros de buena fe exenta de culpa.

El juez especializado en extinción de dominio será el competente para ejercer el control de legalidad sobre las medidas cautelares que se decreten por parte del Fiscal.

Aquellos bienes sobre los que existan elementos de juicio suficientes que permiten considerar su probable vínculo con alguna causal de extinción de dominio, serán objeto de la medida cautelar de suspensión del poder dispositivo.

Adicionalmente, de considerarse razonables y necesarias, se podrán decretar las siguientes medidas cautelares:

1. Embargo.
2. Secuestro.
3. Toma de posesión de bienes, haberes y negocios de sociedades, establecimientos de comercio o unidades de explotación económica.

La medida cautelar de suspensión del poder dispositivo se inscribirá de inmediato en el registro que corresponda, sin ser sometidas a turno o restricción por parte de la entidad respectiva y sin consideración a la persona que alega ser titular del bien, dado el carácter real de la presente acción. Tratándose de bienes muebles o derechos, se informará a las instituciones correspondientes sobre la medida a través de un oficio, si a ello hubiere lugar.

La entidad administradora del Fondo para la Rehabilitación, Inversión Social y Lucha Contra el Crimen Organizado (FRISCO) será el secuestre de los bienes, sobre los que en el pasado se hayan adoptado o se adopten medidas cautelares, los cuales quedarán de inmediato a disposición del citado fondo. En ejercicio de esta facultad, el administrador del FRISCO podrá elevar directamente ante el Fiscal o juez según la etapa en que se encuentre el proceso, todas las solicitudes relacionadas con la administración de estos bienes.

El administrador del FRISCO en calidad de secuestre, podrá decidir la enajenación temprana de la que trata el artículo 93 de la ley 1849 de 2017.

Excepcionalmente, el Fiscal podrá decretar medidas cautelares antes de la demanda de extinción de dominio, en casos de evidente urgencia o cuando existan serios motivos fundados que permitan considerar la medida como indispensable y necesaria para cumplir con alguno de los fines descritos en el artículo 87 de la presente ley. Estas medidas cautelares no podrán extenderse por más de seis (6) meses, término dentro del cual el Fiscal deberá definir si la acción debe archivarse o si por el contrario resulta procedente presentar demanda de extinción de dominio ante el juez de conocimiento.

La Fiscalía General de la Nación podrá solicitar a la autoridad competente del país cooperante la ejecución de las medidas cautelares sobre bienes objeto de extinción de dominio que se encuentren en el exterior. Estas medidas serán sometidas al control de legalidad correspondiente ante los jueces de extinción i de dominio para su plena eficacia en el país extranjero. En lo pertinente se aplicarán las reglas de cooperación judicial contenidas en esta ley.

-Administración y destinación de los bienes-

El Fondo para la Rehabilitación, Inversión Social y Lucha contra el Crimen Organizado –FRISCO, es una cuenta especial sin personería jurídica administrada por la Sociedad de Activos Especiales S.A.S. -SAE, sociedad de economía mixta del orden nacional autorizada por la ley, de naturaleza única y sometida al régimen del derecho privado, de acuerdo con las políticas trazadas por el Consejo Nacional de Estupefacientes o su equivalente, con el objetivo de fortalecer el sector justicia, la inversión social, la política de drogas, el desarrollo rural, la atención y reparación a víctimas de actividades ilícitas, y todo aquello que sea necesario para tal finalidad.

Los impuestos sobre los bienes que se encuentran en administración o a favor del FRISCO no causan intereses remuneratorios ni moratorios durante el proceso de extinción de dominio, y en ese lapso se suspenderá el término para iniciar o proseguir los procesos de jurisdicción coactiva. Declarada la extinción de dominio, y una vez enajenados los bienes, se cancelará el valor tributario pendiente por pagar con cargo al producto de la venta, incluyendo el pago de obligaciones tributarias causadas con anterioridad a la incautación del bien".

En lo que respecta a los predios rurales sobre los que recaiga la acción de extinción de dominio serán destinados a los programas de generación de acceso a tierra administrados por el Gobierno Nacional, en la forma como se establezca su régimen de administración y destinación el Presidente de la República, así también se deberá como más adelante se verá, aplicar lo dispuesto en la ley 1849 de 2017.

En lo que concierne a las divisas, una vez incautadas, deberán ser entregadas al Banco de la República, para que las cambien por su equivalente en pesos colombianos, sin que se requiera sentencia que declare la extinción definitiva del dominio sobre las mismas.

Se mantienen vigentes los art. 9° y 10 de la Ley 785 de 2002, que dispone que los impuestos sobre los bienes que se encuentran bajo administración de la Dirección Nacional de Estupefacientes, no causan intereses remuneratorios ni moratorios durante el proceso de extinción de dominio, y en ese lapso se suspenderá el término para iniciar o proseguir los procesos de jurisdicción coactiva. Declarada la extinción de dominio, y una vez enajenados los bienes, se cancelará el valor tributario pendiente por pagar con cargo al producto de la venta y que en ningún caso el Estado asumirá el pago de obligaciones tributarias causadas con anterioridad a la incautación del bien.

Así también que, si no fuere posible obtener el aseguramiento de los bienes objeto de administración por la Dirección Nacional de Estupefacientes por parte de otras compañías de seguros, La Previsora Compañía de Seguros o cualquiera otra compañía de seguros de naturaleza pública expedirá las pólizas necesarias para amparar los bienes objeto de procesos de extinción de dominio o decomiso, contra cualquier riesgo que solicite la Dirección Nacional de Estupefacientes. El costo de la póliza será cubierto por el beneficiario, destinatario o tenedor del bien a cualquier título.

Los bienes con extinción de dominio y afectados con medidas cautelares dentro del proceso de extinción de dominio podrán ser administrados utilizando, de forma individual o concurrente, alguno de los siguientes mecanismos:

1. Enajenación.
2. Contratación.
3. Destinación provisional.
4. Depósito provisional.
5. Destrucción o chatarrización.
6. Donación entre entidades públicas.

Con autorización del fiscal de conocimiento o del juez de extinción de dominio, según la etapa en que se encuentre la actuación, el administrador del FRISCO, podrá enajenar tempranamente los bienes con medidas cautelares ya sean muebles sujetos a registro, de género, fungibles, consumibles, perecederos, los semovientes, los que amenacen ruina, pérdida, deterioro medioambiental, o los que sean materia de expropiación por utilidad pública, o servidumbre, o aquellos que de acuerdo con un análisis de costo-beneficio se concluya que su administración o custodia ocasionan perjuicios o gastos desproporcionados.

No entendemos como un Fiscal o juez de extinción de dominio, puede tener facultades frente a un proceso de expropiación por utilidad pública, cuando tal situación es de la justicia especializada administrativa, así también en lo relativo a servidumbre la competencia la tendrá un Juez civil. Se hará también necesario que para tal enajenación se efectúen peritazgos respecto al valor de los bienes. Extraña también la ausencia de norma que inhabilite al afectado para poder comprar dichos bienes al Estado.

Igualmente podrá transferir el dominio a título de donación los bienes de género, fungibles o que amenacen pérdida y que puedan dejar de ser útiles en un breve lapso, ya sea por su propia naturaleza o por razones del mercado, a una entidad pública.

La solicitud de enajenación temprana de bienes deberá resolverse dentro de un plazo máximo de treinta (30) días. Vencido el término anterior sin que el funcionario a cargo de la actuación se hubiere pronunciado, el administrador de los bienes podrá proceder a su enajenación, y el funcionario que dejó de pronunciarse será responsable disciplinariamente por la omisión en el cumplimiento de sus funciones.

Con el fin de garantizar que los bienes sean o continúen siendo productivos y generadores de empleo, y evitar que su conservación y custodia genere erogaciones para el presupuesto público, la entidad encargada de la administración podrá celebrar cualquier acto y/o contrato que permita una eficiente administración de los bienes y recursos. El régimen jurídico será de derecho privado con sujeción a los principios de la función pública. Dentro de los procesos de contratación, se exigirán las garantías a que haya lugar de acuerdo con la naturaleza propia de cada contrato y tipo de bien.

De igual modo, en el evento en que por sentencia judicial definitiva se declare la extinción de dominio o la devolución sobre un bien arrendado por administrador, el contrato continuará hasta el vencimiento del plazo pactado sin perjuicio de las previsiones legales y contractuales sobre terminación anticipada del contrato de arriendo. En caso de proceder la devolución física del bien, se efectuará la cesión del contrato de arrendamiento a la persona a quien se ordenó la devolución.

Los bienes afectados con medidas cautelares dentro del proceso de extinción de dominio podrán ser destinados provisionalmente de manera preferente a las entidades públicas, o a personas jurídicas de derecho privado sin ánimo de lucro, con arreglo a la reglamentación que se expida al efecto por la entidad administradora o el régimen público.

Refiere la ley, que para su entrega, el bien dado en destinación provisional deberá estar amparado por una garantía real, bancaria o por una póliza de seguro contra todo riesgo expedida por una compañía de seguros legalmente establecida en Colombia.

En todo caso el destinatario provisional responderá directamente por la pérdida, daño, destrucción o deterioro de los bienes recibidos por ellos. Así mismo, responderá por todos los perjuicios ocasionados a terceros, como consecuencia de la indebida administración de los bienes, debiendo asumir los gastos, impuestos, sanciones y demás costos que se generen durante el término de la destinación provisional, debiendo constituir las pólizas que se le indique.

Declarada la extinción de dominio respecto de automotores, motonaves y aeronaves entregados en destinación provisional a una entidad pública, dichos bienes quedarán asignados definitivamente a la entidad pública que lo ha tenido como destinatario provisional.

Los bienes afectados con medidas cautelares dentro del proceso de extinción de dominio podrán ser destruidos o chatarrizados, previa aprobación del Juez o Fiscal, cuando:

1. Sea necesario u obligatorio dada su naturaleza.
2. Representen un peligro para el medio ambiente.
3. Amenacen ruina.
4. Su mantenimiento y custodia ocasionen, de acuerdo con un análisis de costo-beneficio, perjuicios o gastos desproporcionados a su valor o administración.

Previa aprobación del Juez o Fiscal para la chatarrización o destrucción de bienes automotores, motonaves, aeronaves, el administrador tomará la decisión mediante acto administrativo, haciéndose procedente la cancelación de la matrícula respectiva, sin los requisitos del pago de obligaciones tributarias de carácter nacional, revisión técnico-mecánica, seguro obligatorio, y sin que el bien llegue por sus propios medios a la desintegradora. Deberá dejarse un archivo fotográfico y fílmico del bien a destruir donde se deje evidencia sobre las razones por las que se ordenó la destrucción o chatarrización.

Tratándose de sustancias controladas, si no fuere posible su enajenación o su exportación, la entidad administradora coordinará con las autoridades judiciales, de Policía Judicial, administrativas, ambientales y sanitarias lo relativo a su disposición o destrucción. Las autoridades ambientales serán las responsables de realizar el control preventivo y concomitante con el fin de preservar el medio ambiente sano, atendiendo al plan de manejo ambiental.

El depósito provisional resulta ser una forma de administración de bienes afectados con medidas cautelares o sobre los cuales se haya declarado la extinción de dominio, ya sean muebles e inmuebles, sociedades, personas jurídicas, establecimientos de comercio o unidades de explotación económica, en virtud del cual se designa una persona natural o jurídica que reúna las condiciones de idoneidad necesarias para que las administre, cuide, mantenga, custodie y procure que continúen siendo productivas y generadores de empleo.

Por su parte el administrador designará mediante resolución al depositario provisional, según la naturaleza del bien, persona jurídica, sociedad, establecimiento o unidad de explotación económica, siguiendo los procedimientos, fijando los derechos y obligaciones, los topes de honorarios y las garantías que se señalen en el reglamento emitido por el Presidente de la República, pudiendo relevarlos cuando la adecuada administración de los bienes lo exija. El administrador comunicará a las autoridades encargadas de llevar registro de los bienes su decisión sobre el depositario provisional, así como las que la modifiquen, ratifiquen, adicionen o revoquen.

El depositario provisional designado para la administración de las sociedades deberá cumplir las obligaciones contenidas en los art. 193 del Código de Comercio y 23 de la Ley 222 de 1995, como administrador de la sociedad. Al depositario provisional se aplicará la responsabilidad que en los art. 24 y 25 de la Ley 222 de 1995 se señalan para los administradores por sus actuaciones.

Ahora bien, la medida cautelar sobre acciones, cuotas, partes o derechos de una sociedad o persona jurídica, comprende también sus dividendos, intereses, frutos, rendimientos y demás beneficios o utilidades que genere. Cuando la medida cautelar recaiga sobre el 100% de las acciones, cuotas, partes o derechos de una sociedad o persona jurídica, o sobre un porcentaje de participación accionaria que confiera el control de la sociedad, ella se extenderá a todos los activos que conformen el patrimonio de la sociedad y a los ingresos y utilidades operacionales o ingresos netos de los establecimientos de comercio o unidades productivas que posea. La dirección, administración y representación de la sociedad o persona jurídica será ejercida por el administrador del FRISCO o por quién este designe como depositario provisional.

En caso de venta de esta clase de activos a que se ha hecho referencia, los recursos obtenidos por la venta deberán entregarse a dichas sociedades o unidades de explotación económica, para cancelar sus pasivos, gastos y en general para su operación. En caso de estar la sociedad en liquidación, una vez canceladas las obligaciones y gastos, los remanentes deberán ser entregados a la entidad administradora de los bienes del FRISCO y sometidos a las reglas de administración existentes.

Las medidas cautelares ordenadas dentro del proceso de extinción de dominio no interrumpirán ni suspenderán los procesos de intervención o de disolución y liquidación que adelante la Superintendencia de Sociedades, de conformidad con las normas que regulan la materia. En estos eventos, el administrador de los bienes afectados con medidas cautelares dentro del proceso de extinción de dominio tendrá la calidad de parte, dentro del proceso de liquidación.

Para la administración de la sociedad, el administrador podrá nombrar un depositario provisional quien, además de tener todos los derechos, atribuciones y facultades, y estar sujeto a todas las obligaciones, deberes y responsabilidades que las leyes señalan para los depositarios judiciales o secuestres, ostenta la calidad de representante legal de la sociedad en los términos del Código de Comercio y lo dispuesto en la Ley 222 de 1995, 1116 de 2006 y demás normas que la modifiquen o remplacen. En consecuencia, su nombramiento deberá registrarse en el registro mercantil correspondiente.

La materialización de las medidas cautelares sobre una sociedad, establecimiento de comercio o unidad de explotación económica se realizará de la siguiente manera:

1. El embargo, con el registro en la cámara de comercio respectiva o en el libro de accionistas, según el caso.
2. La suspensión del poder dispositivo, con el registro en la cámara de comercio respectiva.
3. El secuestro y toma de posesión, con la entrega física de los haberes y documentos de la sociedad, especialmente los libros de contabilidad y estados financieros.

Cuando se decreten medidas cautelares sobre acciones, cuotas, partes o derechos sociales en personas jurídicas de derecho privado, el administrador ejercerá los derechos sociales que correspondan o que se deriven de ellas, hasta que se produzca la decisión judicial definitiva. Mientras tanto, las personas que aparezcan inscritas como titulares de esos bienes no podrán ejercer ningún acto de disposición, administración o gestión en relación con aquellas, a menos que sean autorizados expresamente y por escrito por el administrador, previa autorización del funcionario judicial que adelanta el proceso de extinción de dominio.

Una vez se declare por el operador judicial la extinción del derecho de dominio favor del Estado del 100% de acciones, cuotas, derechos o partes de interés que representen el capital de una sociedad o persona jurídica, tal declaración la comprenderá la extinción del derecho de dominio sobre los bienes que componen el activo societario.

Declarada la extinción sobre las acciones y cuotas sociales, y en el evento de procederse a la liquidación de la misma, las deudas a cargo de la sociedad serán canceladas con el producto de la venta de bienes y hasta concurrencia del valor de los activos, respectando las prelaciones legales.

Ejecutoriada la decisión del juez que ordena la entrega de bienes, el administrador le comunicará al interesado a la dirección que figure en el expediente del proceso de extinción de dominio, que los bienes se encuentran a su disposición y le informará del procedimiento para su devolución.

El mecanismo de administración provisional de los bienes que se haya utilizado durante el trámite del proceso de extinción deberá mantenerse, hasta que se produzca la devolución efectiva a su titular.

Así mismo se publicará en un diario de amplia circulación nacional, el primer sábado de cada mes, un aviso que enliste las sentencias que ordenan la devolución de bienes a los interesados para informarlos que se encuentran a su disposición dichos bienes. Adicionalmente el listado de las sentencias se publicará en la página web de la entidad.

En el caso de bienes productivos, al momento de la devolución deberá hacerse entrega del bien afectado junto con sus frutos o productos, previo descuento de los costos y gastos en que haya incurrido el administrador para el mantenimiento del bien.

Si el administrador introdujo mejoras necesarias para el mantenimiento del bien, el propietario deberá cancelar el valor de las mejoras para obtener su devolución.

Cuando en la sentencia el juez ordene la devolución de los dineros producto de la enajenación del bien, estos serán devueltos a la(s) persona(s) que indique la decisión junto con los rendimientos financieros generados.

Vencido el término para recibir los bienes objeto de devolución sin que los afectados comparezcan a reclamarlos, el administrador quedará facultado para enajenar los bienes, de acuerdo con el procedimiento y las reglas que para el efecto establezca el Gobierno Nacional. Los recursos producto de la enajenación deberán ser administrados de acuerdo con las reglas aplicables, para la administración de bienes afectados durante el Proceso de Extinción de Dominio.

Art. 18 de la Ley 793 de 2002, que sigue aún vigente consagra que la sentencia declarará la extinción de todos los derechos reales, principales o accesorios, desmembraciones, gravámenes o cualquiera otra limitación a la disponibilidad o el uso del bien y ordenará su tradición a favor de la Nación a través del Fondo para la Rehabilitación, Inversión Social y Lucha contra el Crimen Organizado.

Si los bienes fueren muebles o moneda, y aún no estuvieren secuestrados a disposición del Fondo, en la sentencia se ordenará que se le haga entrega inmediata de los mismos o que se consignen a su disposición los valores dichos. Si se tratare de bienes incorporados a un título, se ordenará la anulación del mismo y la expedición de uno nuevo a nombre del citado Fondo.

Si en la sentencia se reconocieren los derechos de un acreedor prendario o hipotecario de buena fe exenta de culpa, la Dirección Nacional de Estupefacientes, directamente o por conducto de la Fiduciaria, procederá a su venta o subasta, y pagará el crédito en los términos que en la sentencia se indique.

Pasados tres (3) años para bienes muebles y cinco (5) años para inmuebles, contados a partir de la ejecutoria de la providencia que ordena la devolución de bienes o recursos, sin que hayan sido reclamados, el administrador deberá instaurar la acción civil para que se reconozca la prescripción adquisitiva de dominio especial a la que se refiere este artículo, o interponer dicha circunstancia como excepción en reclamaciones reivindicatorias de los terceros interesados.

Las obligaciones que se causen sobre bienes con extinción de dominio o sobre bienes con medidas cautelares, tales como cuotas o expensas comunes, servicios públicos, y que son improductivos por no generar ingresos en razón a su situación o estado, se suspenderá su exigibilidad y no se causarán intereses, hasta cuando ocurra alguno de los siguientes eventos:

a. La generación de ingresos suficientes, hasta concurrencia de lo producido.
b. La enajenación y entrega del bien.

En el evento previsto en el literal b), el nuevo propietario del bien deberá sufragar el importe de las obligaciones no pagados durante la suspensión, dentro de los treinta días siguientes al cese de la suspensión.

Durante el tiempo de suspensión, las obligaciones a cargo de dichos bienes no podrán ser objeto de cobro por vía judicial ni coactiva ni los bienes correspondientes podrán ser objeto de medidas cautelares.

Finalmente, y para efectos de la administración y destinación adecuada de los bienes cautelados y extinguidos, el legislador consagró en la Ley 1849 de 2017, modificar el artículo 91 de la Ley 1708 de 2014, el cual establece:

> *Artículo 91. Administración y destinación.* Los bienes sobre los que se declare la extinción de dominio, los recursos provenientes de la enajenación temprana y los recursos provenientes de la productividad de los bienes administrados, descontando aquellos destinados para el pago gradual y progresivo de los pasivos de dicho Fondo, los recursos que sean indispensables para el funcionamiento de la entidad encargada de la administración de los bienes, y las destinaciones específicas previstas en la ley, se utilizarán a favor del Estado y serán destinados así: en un veinticinco por ciento (25%) a la Rama Judicial, en un veinticinco por ciento (25%) a la Fiscalía General de la Nación, en un diez por ciento (10%) a la Policía Judicial de la Policía Nacional para el fortalecimiento de su función investigativa y el cuarenta por ciento (40%) restante para el Gobierno nacional, quien reglamentará la distribución de este último porcentaje, destinando una parte a infraestructura penitenciaria y carcelaria.

Se exceptúan de estos porcentajes los predios rurales, los cuales una vez cumplidas las destinaciones previstas en el numeral 1. 1. 1 del acuerdo final para la terminación del conflicto y la construcción de una paz estable y duradera, y agotado lo allí ordenado, deberán ser objeto de enajenación temprana de conformidad con el artículo 93 de esta ley, recursos que en todo caso serán entregados en su totalidad al Gobierno nacional, para ser destinados a los programas de generación de acceso a tierra administrados por el Gobierno nacional.

De igual forma, por razones de seguridad y defensa, se podrán destinar de forma directa y definitiva predios rurales por parte del administrador del FRISCO al Ministerio de Defensa Nacional, para el desarrollo de proyectos de infraestructura de la Fuerza Pública y/o para el cumplimiento de sentencias judiciales, para la reubicación, movilización o traslado de las instalaciones destinadas a la Defensa y Seguridad previos estudios técnicos del Ministerio de Defensa. Su régimen de administración y destinación será reglamentado por el Presidente de la República, siempre en acatamiento de lo dispuesto en el inciso anterior.

Los bienes destinados a la Fiscalía General de la Nación serán administrados a través del Fondo Especial para la Administración de Bienes creado mediante Ley 1615 de 2013.

En el caso de las divisas, una vez incautadas, estas serán entregadas al Banco de la República para que las cambien por su equivalente en pesos colombianos, sin que se requiera sentencia que declare la extinción definitiva del dominio sobre las mismas.

Una vez decretada la extinción de dominio de los bienes localizados en el Archipiélago de San Andrés, Providencia y Santa Catalina, estos deberán ser entregados a la Gobernación Departamental, al igual que los rendimientos y frutos que se generen antes de la declaratoria de extinción del dominio.

Estos bienes serán destinados prioritariamente a programas sociales que beneficien a la población raizal.

> Importante resulta resaltar que cuando la Justicia Premial opere sobre bienes o recursos que puedan ser objeto de una de las destinaciones específicas establecidas en la Ley, en tratándose de la retribución, la sentencia anticipada, la negociación patrimonial por colaboración efectiva y la sentencia anticipada por confesión, a que se refieren los artículos 120, 133, 142ª y 189A, de esta ley, el Juez de conocimiento, avaluará, con la eficacia de la colaboración, la afectación a la respectiva destinación específica y podrá retribuir al particular, afectado, titular o interesado, con la titularidad del derecho de propiedad de los bienes, según los porcentajes y límite establecidos en cada mecanismo de justicia premial establecidos en la presente ley. Los bienes de los que trata el presente inciso no estarán condicionados a los criterios previstos para los sujetos de reforma agraria, contemplados en la Ley 160 de 1994 y en sus normas compilatorias.
>
> Los bienes y recursos determinados en el presente artículo gozarán de la protección de inembargabilidad. Las medidas cautelares implementadas en los trámites de extinción serán prevalentes sobre cualquier otra y los Registradores de Instrumentos Públicos deberán darles prelación dentro del trámite del registro.

La facultad para decidir sobre la destinación y distribución definitiva de los bienes que le corresponden a la Fiscalía General de la Nación y a la Rama Judicial, en los porcentajes establecidos en el inciso 1 º del presente artículo, estará a cargo de las propias entidades. Del porcentaje correspondiente a la rama Judicial, deberá privilegiarse la creación de juzgados de extinción de dominio.

A partir de la fecha en que fue publicada la ley 1849, esto es julio 19 de 2017, el Consejo Nacional de Estupefacientes no podrá adquirir pasivos con cargo a los recursos determinados en los porcentajes de que trata el presente artículo, salvo que la entidad correspondiente así lo manifieste en la sesión del Consejo Nacional de Estupefacientes en que se tome favorablemente esta determinación.

Se habilita al Ministerio de Hacienda y Crédito Público para efectuar los ajustes presupuestales pertinentes que permitan la asignación de los recursos a favor del nuevo administrador del FRISCO.

El administrador del FRISCO tendrá la facultad de policía administrativa para la recuperación física de los bienes que se encuentren bajo su administración.

Las autoridades de Policía locales, municipales, departamentales y nacionales estarán obligadas a prestar, de manera preferente y sin dilación injustificada, el apoyo que requiera el representante legal o su delegado, para hacer efectiva la administración de los bienes que ingresan al FRISCO.

En el evento en que el administrador del FRISCO ejerza la facultad de policía administrativa a través de las Alcaldías y Secretarías de Gobierno, las mismas deberán proceder a asignar la Inspección de Policía, para ello contarán con un término máximo de quince (15) días contados a partir de la comunicación del administrador. En igual término los inspectores estarán obligados a fijar, practicar y culminar la diligencia. El incumplimiento injustificado de los anteriores términos estará sujeto a la sanción disciplinaria correspondiente. La presentación de oposiciones no suspenderá la práctica de la diligencia.

Los artículos 23 de la ley 1849 de 2017, adicionó un parágrafo al artículo 92 de la Ley 1708 de 2014, el cual estableció que los bienes objeto de enajenación deberán contar con el avalúo comercial, el cual tendrá una vigencia de 3 años y se actualizará anualmente con el reajuste anual adoptado por el Gobierno nacional siguiendo los criterios que para el avalúo catastral están contenidos en el artículo 6º de la Ley 242 de 1995, los artículos 9 y 10 de la Ley 101 de 1993 y 190 de la Ley 1607 de 2012 y las demás que la modifiquen o adicionen, salvo que se hayan presentado modificaciones en las condiciones físicas, jurídicas o uso del suelo y normativa del inmueble. En el evento en que existan circunstancias ajenas al Administrador del FRISCO que impidan el acceso al inmueble, podrá efectuarse el avalúo teniendo en cuenta los precios de referencia del mercado y variables económicas y técnicas utilizadas por el perito, así como el uso del suelo y la normatividad urbana vigente.

El artículo 24 de la Ley 1849 de 2017, modificó el artículo 93 de la Ley 1708 de 2014, consagrando que el administrador del FRISCO, previa aprobación de un Comité conformado por un representante de la Presidencia de la República, un representante del Ministerio de Hacienda y Crédito Público y un representante del Ministerio de Justicia y del Derecho y la Sociedad de Activos Especiales SAS en su calidad de Secretaría Técnica, deberá enajenar, destruir, demoler o chatarrizar tempranamente los bienes con medidas cautelares dentro del proceso de extinción de dominio cuando se presente alguna de las siguientes circunstancias:

1. Sea necesario u obligatorio dada su naturaleza.
2. Representen un peligro para el medio ambiente.

3. Amenacen ruina, pérdida o deterioro.
4. Su administración o custodia ocasionen, de acuerdo con un análisis de costo-beneficio, perjuicios o gastos desproporcionados a su valor o administración.
5. Muebles sujetos a registro, de género, fungibles, consumibles, perecederos o los semovientes.
6. Los que sean materia de expropiación por utilidad pública, o servidumbre.
7. Aquellos bienes· cuya ubicación geográfica o condiciones de seguridad implique la imposibilidad de su administración.

La enajenación se realizará mediante subasta pública o sobre cerrado, directamente o a través de terceras personas, observando los principios del artículo 209 de la Constitución Política.

Los dineros producto de la enajenación temprana y de los recursos que generen los bienes productivos en proceso de extinción de dominio, ingresarán al FRISCO y se destinarán bajo los lineamientos del artículo 91 de la presente ley.

Para efectos de la aplicación del presente artículo el administrador del FRISCO constituirá una reserva técnica del treinta por ciento (30%) con los dineros producto de la enajenación temprana y los recursos que generan los bienes productivos en proceso de extinción de dominio, destinada a cumplir las órdenes judiciales de devolución de los bienes, tanto de los afectados actualmente como de los que se llegaren a afectar en procesos de extinción de dominio.

En todos los eventos una vez el bien sea enajenado, chatarrizado, demolido o destruido, el administrador del FRISCO deberá informar a la autoridad judicial que conoce del proceso de extinción de dominio. En la chatarrización o destrucción de bienes automotores, motonaves, aeronaves, será procedente la cancelación de la matrícula respectiva, sin los requisitos del pago de obligaciones tributarias de carácter nacional, revisión técnico-mecánica, seguro obligatorio, y sin que el bien llegue por sus propios medios a la desintegradora.

Deberá dejarse un archivo fotográfico y fílmico del bien a destruir donde se deje evidencia sobre las razones por las que se ordenó la destrucción o chatarrización.

En la destrucción de sustancias controladas, las autoridades ambientales serán las responsables de realizar el control preventivo y concomitante, con el fin de preservar el medio ambiente sano, atendiendo al plan de manejo ambiental.

El administrador del FRISCO podrá transferir el dominio a título de donación de los bienes perecederos a una entidad pública. En el evento de ordenarse la devolución el administrador del FRISCO efectuará una valoración y se pagará con cargo al FRISCO.

Así también el artículo 25 de la ley 1849 de 2017, adicionó el parágrafo 3º al artículo 106 de la Ley 1708 de 2014, el cual consagró:

> *Parágrafo 3º.* En los casos en que se instauren procesos judiciales o administrativos en su contra por el estado de los bienes objeto de devolución, el administrador del FRISCO deberá llamar en garantía a los contratistas, destinatarios y depositarios provisionales de los mismos".

El artículo 26 de la ley 1849 de 2017 dispuso adicionar el artículo 13A a la Ley 1615 de 2013, el cual quedó así:

> *Artículo 13A. Disposición de bienes bajo custodia del Fondo Especial para la Administración de Bienes de la Fiscalía General de la Nación.* El Fondo Especial para la Administración de Bienes podrá aplicar el proceso de abandono de bienes a favor de la Fiscalía General de la Nación definido en el artículo 13 de la Ley 1615 de 2013, a los bienes administrados por más de un (1) año por el Fondo que no tengan vocación para que se inicie acción de extinción de dominio y que cumplan una de las siguientes características:
>
> 1. No sea posible determinar el proceso penal al cual se encuentran asociados.
> 2. No puedan ser identificados técnicamente en razón a su deterioro o estado actual.
> 3. No tengan valor económico conforme a informe técnico.
> 4. Haya finalizado el proceso penal y no se haya definido la situación jurídica del bien.
> 5. Aquellos respecto de los cuales se desconozca su titular, poseedor o tenedor legítimo

Parágrafo 1º. En estos eventos, el Fondo será competente para expedir orden de devolución a quien o quienes se establezca que tienen mejor derecho sobre el bien, la cual deberá ser comunicada en debida forma para garantizar el derecho al debido proceso; una vez comunicada empezarán a correr los términos para iniciar el proceso de abandono.

Parágrafo 2º. Cuando en la sentencia o decisión con efectos equivalentes se omite el pronunciamiento definitivo sobre los bienes afectados con fines de comiso, la defensa, el Fiscal o el Ministerio Público podrán solicitar la adición de la decisión proferida, dentro de los seis meses siguientes, con el fin de obtener el respectivo pronunciamiento.

Parágrafo 3º. La administración de los bienes muebles sujetos o no a registro que no tengan vocación para que se inicie una acción de extinción de dominio, que en desarrollo de una investigación penal hayan sido dejados en custodia de la Fiscalía General de la Nación sin haberse adoptado ninguna de las medidas jurídicas por los fiscales o jueces a cargo, y en las cuales se ha decidido poner fin a la actuación penal con preclusión, sentencia o archivo, será asumida desde ese momento por el Fondo Especial para la Administración de Bienes de la Fiscalía.

Parágrafo 4º. Los recursos del Fondo de Bienes de la Fiscalía General de la Nación, podrán ser destinados para apoyar al Instituto de Medicina Legal y Ciencias Forenses".

El artículo 27 de la ley 1849 de 2017, dispuso modificar el artículo 110 de la Ley 1708 de 2014, indicando:

> *Artículo 110. Pago de obligaciones de bienes improductivos.* Las obligaciones que se causen sobre bienes con extinción de dominio o sobre bienes con medidas cautelares, tales como cuotas o expensas comunes, servicios públicos, y que son improductivos por no generar ingresos en razón a su situación o estado, se suspenderá su exigibilidad y no se causarán intereses, hasta cuando ocurra alguno de los siguientes eventos:
>
> a) La generación de ingresos suficientes, hasta concurrencia de lo producido;
>
> b) La enajenación y entrega del bien.
>
> En el evento previsto en el literal b), el administrador con cargo al FRISCO pagará el importe de las obligaciones no pagadas durante la suspensión y todos aquellos existentes con anterioridad a la misma.

Durante el tiempo de suspensión, las obligaciones a cargo de dichos bienes no podrán ser objeto de cobro por vía judicial ni coactiva, ni los bienes correspondientes podrán ser objeto de medidas cautelares.

-Control de legalidad de medidas cautelares-

Las medidas cautelares proferidas por el Fiscal General de la Nación o su delegado no serán susceptibles de los recursos de reposición ni apelación, sin embargo, previa solicitud motivada del afectado, del Ministerio Público o del Ministerio de Justicia y del Derecho, estas decisiones podrán ser sometidas a un control de legalidad posterior ante los jueces de extinción de dominio competentes, que son los especializados. Cuando sea necesario tomar una medida cautelar en la etapa de juzgamiento, el Fiscal General de la Nación o su delegado lo solicitará al juez competente, quien decidirá con arreglo a este Código.

El control de legalidad tendrá como finalidad revisar la legalidad formal y material de la medida cautelar, y el juez competente sólo declarará la ilegalidad de la misma cuando concurra alguna de las siguientes circunstancias:

1. Cuando no existan los elementos mínimos de juicio suficientes para considerar que probablemente los bienes afectados con la medida tengan vínculo con alguna causal de extinción de dominio.
2. Cuando la materialización de la medida cautelar no se muestre como necesaria, razonable y proporcional para el cumplimiento de sus fines.
3. Cuando la decisión de imponer la medida cautelar no haya sido motivada.
4. Cuando la decisión de imponer la medida cautelar esté fundamentada en pruebas ilícitamente obtenidas.

En cuanto al procedimiento para el control de legalidad a las medidas cautelares, el afectado que solicite el control de legalidad deberá señalar claramente los hechos en que se funda y demostrar que concurre objetivamente a alguna de las circunstancias relacionadas en el art. anterior. La presentación de la solicitud y su trámite no suspenden el cumplimiento de la providencia ni el curso de la actuación procesal.

Formulada la petición ante el Fiscal General de la Nación o su delegado, este remitirá copia de la carpeta al juez competente que por reparto corresponda. Si el juez encontrare infundada la solicitud la desechará de plano. En caso contrario, la admitirá y surtirá traslado común a los demás sujetos procesales por el término de cinco (5) días.

Vencido el término anterior, el juez decidirá dentro de los cinco (5) días siguientes. Las decisiones que tome el juez en desarrollo del presente artículo, serán susceptibles del recurso de apelación.

En lo que respecta al procedimiento para el control de legalidad sobre el archivo. El control de legalidad sobre el archivo podrá ser solicitado por el Ministerio Público, el Ministerio de Justicia y del Derecho, el denunciante o cualquier persona o entidad que acredite interés. Quien solicite el control de legalidad debe señalar claramente los hechos en que se funda y demostrar objetivamente que la circunstancia aducida por la Fiscalía para mantener vigente la orden de archivo no concurre.

Formulada la petición ante el Fiscal General de la Nación o su delegado, este remitirá copia de las carpetas al juez competente que por reparto corresponda. Si el juez encontrare infundada la solicitud la desechará de plano. En caso contrario, la admitirá y surtirá traslado común a los demás sujetos procesales por el término de cinco (5) días. Vencido el término anterior, el juez decidirá dentro de los cinco (5) días siguientes. Las decisiones que tome el juez en desarrollo del presente artículo, serán susceptibles del recurso de apelación.

Ahora bien, la ley establece un procedimiento para el control de legalidad de los actos de investigación llevados a cabo por la Fiscalía General de la Nación, los que podrán ser sometidos a control de legalidad ante los jueces de extinción de dominio, únicamente cuando ellos impliquen o tengan como consecuencia la limitación o afectación de derechos fundamentales.

Este control de legalidad podrá ser solicitado por el titular del derecho fundamental que hubiere sido afectado o limitado, por el Ministerio Público o por el Ministerio de Justicia y del Derecho. A tal efecto, el solicitante deberá manifestar por escrito los hechos en que se funda y exponer claramente las razones por las cuales considera afectado o limitado ilegalmente el derecho fundamental. La presentación de la solicitud y su trámite no suspenden el cumplimiento de la providencia que ordena la realización de los actos de investigación ni el curso de la actuación procesal.

Formulada la petición ante el Fiscal de la Nación o su delegado, éste la remitirá al juez competente junto con un alegato en el que podrá manifestar todo lo que considere necesario, oportuno y conveniente. Recibido lo anterior, el juez decidirá dentro de los cinco (5) días siguientes. La decisión que tome el juez en desarrollo del presente art. será susceptible del recurso de apelación.

-Etapas procedimentales-

La aplicación del procedimiento para extinguir el dominio de los bienes, según el artículo 28de la Ley 1849 de 2017 consta de dos fases o etapas a saber:

1. Una fase inicial o preprocesal, preparatoria de la demanda de extinción de dominio a cargo de la Fiscalía General de la Nación. En esta fase se llevará a cabo la investigación, recolección de pruebas, decreto de medidas cautelares, solicitud de control de garantías sobre los actos de investigación y presentación de la demanda de extinción de derecho de dominio.
2. Una fase de juzgamiento a cargo del juez, que se iniciará con la presentación de la demanda de extinción de dominio por la Fiscalía General de la Nación. Durante esta última etapa los afectados e intervinientes podrán ejercer su derecho de contradicción en los términos de la presente ley.

Informa a su vez el artículo 29 ibídem, al modificar el artículo 120 de la Ley 1708 de 2014, que se podrá retribuir hasta con el cinco [5%] del producto que se obtenga de la enajenación de los bienes que sean objeto de extinción de dominio y se encuentren estrechamente ligados a grupos delictivos organizados, siempre y cuando no supere los dos mil quinientos [2.500] SMLMV, al particular que informe de manera eficaz sobre la existencia de bienes que se encuentren incursos en alguna de las causales de extinción de dominio.

Cuando el Juez lo considere procedente, de acuerdo con la eficacia de la colaboración, también podrá retribuir al particular con la conservación del derecho de propiedad sobre bienes cuyo origen sea consecuencia de una actividad ilícita. Lo anterior siempre que el valor comercial de los bienes no supere el cinco [5%] del total de los bienes objeto de extinción de dominio, que no exceda los 2.500 SMLMV y que no se trate de bienes de destinación específica.

La tasación la propondrá motivadamente la Fiscalía y la decidirá el Juez, quien de encontrarla razonable la incluirá en la sentencia, guardando reserva de la identidad del particular.

Parágrafo. El Fiscal General de la Nación fijará los criterios que deberán aplicarse para evaluar el grado de eficacia de la información y/o colaboración del particular".

Dispone el artículo 30 de la Ley 1849 de 2017, que dentro de las investigaciones con fines de extinción de dominio se podrá solicitar, previa autorización judicial, acceso a las bases de datos en búsqueda de la información necesaria para la procedencia de la acción, cruces de información en las bases de datos de entidades financieras, bancarias, y en general, en todas aquellas involucradas con la operación, registro y control de derechos patrimoniales. Esta autorización podrá concederse por un (1) año, prorrogable por un término igual.

Para el ejercicio de estas funciones las entidades mencionadas facilitarán la consulta y cruce de bases de datos a través de puntos de información en las sedes de la Fiscalía que esta solicite.

Asimismo, cuando se adelanten investigaciones con fines de extinción de dominio no será oponible la reserva bancaria, cambiaría, bursátil, tributaria y en general ninguna reserva legal.

Así también las entidades públicas que sean objeto de requerimientos por parte de la autoridad competente en el curso de la acción de extinción de dominio, deberán atender dichos requerimientos de manera inmediata, eficiente y gratuita, dentro de un plazo no mayor a cinco (5) días hábiles contados a partir del recibo del requerimiento.

Los gastos de envío de la información serán asumidos por la entidad que expide los documentos, el servidor público responsable que incumpla con el término establecido en el inciso anterior incurrirá en las sanciones previstas en la ley.

Una vez concluidas las labores de investigación ordenadas durante la fase inicial se proferirá resolución de archivo o demanda de extinción de dominio. En este último evento, en cuaderno aparte el Fiscal también podrá dictar medidas cautelares si no lo ha hecho antes o existen nuevos bienes.

El artículo 38, de la Ley 1849 de 2017, al modificar el artículo 132 de la Ley 1708 de 2014, establece que la demanda presentada por el Fiscal ante el juez de extinción de dominio es un acto de parte, mediante el cual se solicita el inicio del juicio. Esta demanda deberá cumplir como mínimo los siguientes requisitos:

1. Los fundamentos de hecho y de derecho en que se sustenta la solicitud.
2. La identificación, ubicación y descripción de los bienes que se persiguen.
3. Las pruebas en que se funda.
4. Las medidas cautelares adoptadas hasta el momento sobre los bienes.
5. Identificación y lugar de notificación de los afectados reconocidos en el trámite.

La contradicción de la demanda presentada por la Fiscalía tendrá lugar durante la etapa del juicio, ante el juez de extinción de dominio.

Recibida la demanda de extinción de dominio presentada por la Fiscalía, el juez proferirá el auto admisorio correspondiente que será notificado personalmente.

En caso de que la notificación personal no sea posible esta se hará por medio de aviso que deberá contener su fecha y la de la providencia que se notifica, el juzgado que conoce del proceso, su naturaleza, la identificación del bien o los bienes objeto del proceso y la advertencia de que la notificación se considerará surtida al finalizar el día siguiente a la entrega del aviso en el lugar de destino.

El aviso deberá ir acompañado con copia informal de la providencia que se notifica. La Fiscalía deberá elaborar el aviso y remitirlo a través del servicio postal autorizado a la misma dirección a la que haya sido enviada la citación señalada en el artículo 53 de esta ley. La empresa de servicio postal autorizada expedirá constancia de haber entregado el aviso en la respectiva dirección, la cual se incorporará al expediente, junto con la copia del aviso debidamente cotejada y sellada.

El aviso, además, podrá enviarse a la dirección electrónica de quien deba ser notificado, si se conociese. El correo podrá ser remitido por el Secretario del

Juzgado, quien dejará constancia de haber enviado el aviso vía electrónica con la impresión del mensaje de datos. La Fiscalía, por su parte, deberá disponer de un espacio en su página web en el que se publiquen los avisos enviados y las comunicaciones informales reguladas en el artículo 128 de la presente ley.

La publicación de los avisos o las comunicaciones informales en la página web de la Fiscalía no surte efectos de notificación.

El auto que admite la demanda para el inicio del juicio se notificará personalmente al afectado, al agente del Ministerio Público y al Ministerio de Justicia y del Derecho.

Si la notificación personal al afectado no pudiere hacerse en la primera ocasión que se intenta, se aplicará el procedimiento establecido en el artículo 55A del presente código".

Dentro de los diez (10) días siguientes a la notificación del auto admisorio de la demanda, los sujetos e intervinientes podrán:

1. Solicitar la declaratoria de incompetencia y presentar impedimentos, recusaciones o nulidades.
2. Aportar pruebas.
3. Solicitar la práctica de pruebas.
4. Formular observaciones sobre la demanda de extinción del derecho de dominio presentada por la Fiscalía si no reúne los requisitos.

El juez resolverá sobre las cuestiones planteadas dentro de los cinco (5) días siguientes, mediante auto interlocutorio.

En caso de encontrar que la demanda de extinción de dominio no cumple los requisitos, el juez lo devolverá a la Fiscalía para que lo subsane en un plazo de cinco (5) días. En caso contrario lo admitirá a trámite.

La justicia premial en extinción de dominio deberá hacerse con sujeción a la política criminal del Estado.

La negociación patrimonial por colaboración efectiva en extinción de dominio deberá ser propuesta por el afectado una vez finalizado el término de traslado a los sujetos procesales e intervinientes previsto en el artículo 141 de la ley 1849 de 2017 y hasta antes de dictar sentencia. El afectado podrá solicitar la suspensión del proceso mediante escrito en el que manifieste al Fiscal investigador un plan de colaboración con la justicia y las condiciones que estaría dispuesto a cumplir. La suspensión del proceso no podrá extenderse por más de 30 días.

El Fiscal que evalúa la propuesta del afectado, informará al juez de conocimiento para la respectiva suspensión del juicio.

Una vez se determine la viabilidad de adelantar la negociación patrimonial por colaboración efectiva, el Fiscal solicitará la extinción del bien objeto de proceso y estimará el porcentaje de retribución al afectado, el cual se fijará hasta un [3%] sobre el valor comercial del bien, siempre y cuando no supere los dos mil quinientos [2.500] SMLMV, o la conservación del derecho de propiedad sobre bienes pasibles de extinción de dominio, según la eficacia de la colaboración, y que correspondan hasta un [3%] del valor de los bienes objeto de colaboración sin superar los dos mil quinientos [2.500] SMLMV

El juez de conocimiento realizará el control de legalidad de la negociación patrimonial por colaboración efectiva. Si lo encuentra ajustado a derecho, emitirá la sentencia de extinción de dominio, en caso contrario, ordenará continuar con la actuación procesal. En todo caso el juez deberá verificar antes de dictar sentencia el cumplimiento de la negociación por parte del afectado.

Con fundamento en la terminación anticipada del juicio, el afectado podrá solicitar su inclusión en el programa de protección de testigos, siempre que el Fiscal lo considere procedente.

El Fiscal de Extinción de Dominio enviará un informe a la Dirección de Fiscalías Nacionales y a la Dirección Nacional de Articulación de Fiscalías Nacionales Especializadas, en el que se reseñen los términos de la colaboración del afectado. Este informe servirá como criterio para la aplicación del principio de oportunidad y otros beneficios en el proceso penal.

La negociación patrimonial por colaboración efectiva se aplicará en los siguientes casos:

1. Cuando el afectado informe sobre la existencia de otros bienes de su propiedad, diferentes a los denunciados en el proceso, que estén inmersos en alguna de las causales de extinción de dominio.
2. Cuando el afectado informe sobre la existencia de bienes ajenos que estén inmersos en alguna de las causales de extinción de dominio, siempre y cuando el monto de los bienes sea representativo a juicio del Fiscal.
3. Cuando el afectado informe sobre la existencia de estructuras criminales cuyos bienes estén inmersos en alguna de las causales de extinción de dominio.
4. Cuando el ·afectado informe sobre la existencia de redes de testaferrato o colaboradores de organizaciones criminales cuyos bienes estén inmersos en alguna de las causales de extinción de dominio.

En lo que concierne al principio de publicidad, durante la fase inicial las pruebas serán reservadas. Durante el juzgamiento no habrá reserva y las pruebas podrán ser de público conocimiento.

En el proceso de extinción de dominio opera la carga dinámica de la prueba. Corresponde al afectado probar los hechos que sustenten la improcedencia de la causal de extinción de dominio.

La Fiscalía General de la Nación tiene la carga de identificar, ubicar, recolectar y aportar los medios de prueba que demuestran la concurrencia de alguna de las causales previstas en la ley para la declaratoria de extinción de dominio y que el afectado no es un tercero de buena fe exenta de culpa. Y por su parte, quien alega ser titular del derecho real afectado tiene la carga de allegar los medios de prueba que demuestren los hechos en que funde su oposición a la declaratoria de extinción de dominio.

Cuando el afectado no allegue los medios de prueba requeridos para demostrar el fundamento de su oposición, el juez podrá declarar extinguido el derecho de dominio con base en los medios de prueba presentados por la Fiscalía General de la Nación, siempre y cuando ellos demuestren la concurrencia de alguna de las causales y demás requisitos previstos en esta ley para tal efecto.

Cuando existan elementos de juicio que indiquen que los bienes perseguidos en extinción de dominio se encuentran estrechamente vinculados a grupos delictivos organizados se presume su origen y/o destinación en la actividad ilícita.

En cumplimiento de esta presunción, la Fiscalía General de la Nación podrá presentar directamente demanda de extinción de dominio ante el juez de conocimiento, quien adelantará la etapa de juzgamiento en los términos previstos en el presente código.

Se entenderá grupo delictivo organizado, como un grupo estructurado de tres o más personas que exista durante cierto tiempo y que actúe concretamente con el propósito de cometer uno o más delitos graves directa o indirectamente con miras a obtener un beneficio económico u otro beneficio de orden material, en consonancia con la Convención de Naciones Unidas Contra el Crimen Organizado.

Cuando el Fiscal General de la Nación o su delegado reciban declaración a un afectado durante la fase inicial, y este confiese explícitamente que uno o alguno de sus bienes se encuentra en una de las causales de extinción de dominio, el funcionario ordenará la ruptura de la unidad procesal, presentará la demanda de extinción de dominio respecto de aquellos bienes a que se refiere la confesión y la remitirá inmediatamente al juez junto con la copia de la confesión, para que este siga el procedimiento abreviado de extinción de dominio.

La Fiscalía General de la Nación podrá constituir pólizas con cargo a sus recursos provenientes del FRISCO para amparar el riesgo de daño antijurídico que se ocasione con las decisiones adoptadas por los Fiscales dentro del proceso de extinción de dominio.

Estas pólizas buscarán garantizar el derecho de defensa y adecuada representación de los Fiscales que así lo soliciten, al encontrarse incursos en instancias disciplinarias o penales, siempre y cuando la presunta falta disciplinaria o delito se relacione directamente con la actividad de investigación en los procesos de extinción de dominio.

El Director de Fiscalía Nacional Especializada en Extinción de Derecho de Dominio será el competente para autorizar la procedencia de la solicitud en cada caso concreto.

Cuando los bienes entregados, ofrecidos o denunciados por los postulados estén involucrados en un trámite de extinción del derecho de dominio adelantado en el marco de la Ley 793 de 2002 y demás leyes que la modifican y adicionan, el Fiscal delegado de Justicia y Paz solicitará la medida cautelar sobre el bien. Una vez decretada la medida, el Fiscal o el juez que conozca del trámite de extinción de dominio declarará la improcedencia extraordinaria de la acción de extinción de dominio sobre este bien y ordenará al Administrador del Fondo para la Rehabilitación, Inversión Social y Lucha contra el Crimen Organizado (FRISCO), o quien haga sus veces, que ponga de manera inmediata el bien a disposición del Fondo para la Reparación de las Víctimas. Esta decisión no será sometida al grado jurisdiccional de consulta. En este caso, de conformidad con lo establecido en el artículo 11C, los bienes sin vocación reparadora no podrán ingresar al Fondo para la Reparación de las Víctimas.

El Fondo Especial para la Administración de Bienes de la Fiscalía General de la Nación se organizará como un fondo-cuenta con personería jurídica y autonomía administrativa, de conformidad con las disposiciones presupuestales para los fondos especiales establecidas en el artículo 27 de la Ley 225/95, artículos 11 y 30 del Decreto 111 de 1996, las normas que las modifiquen o adicionen, y lo dispuesto en la presente ley.

Este fondo será representado legalmente por un gerente de libre nombramiento y remoción que designará el Fiscal General de la Nación de la planta de personal de la entidad, quien deberá contar con estudios, conocimientos y experiencia profesional en asuntos de administración pública o afines con la función que requiere el ejercicio de la representación legal del fondo.

Con el fin de dar aplicación inmediata a lo dispuesto en la presente ley, se habilita al Ministerio de Hacienda y Crédito Público para efectuar los ajustes presupuestales necesarios para viabilizar la ejecución del presupuesto tanto de la Sociedad de Activos Especiales como de las entidades destinatarias de los recursos del FRISCO.

De igual manera el Administrador del FRISCO podrá realizar los ajustes presupuestales necesarios para efectuar los respectivos traslados, conforme lo establecido en el artículo 91 de la Ley 1708 de 2014.

-De las excepciones e incidentes-

En el proceso de extinción de dominio no habrá lugar a la presentación ni al trámite de excepciones previas o de incidentes. Todos esos asuntos serán decididos en la sentencia definitiva.

Dentro de los treinta (30) días siguientes al vencimiento del término para presentar oposiciones, el fiscal presentará ante el juez competente requerimiento de extinción de dominio o de declaratoria de improcedencia.

El término anterior podrá ser prorrogado por el Fiscal una única vez hasta por treinta (30) días adicionales, siempre que los actos de investigación o contradicción así lo demanden. El incumplimiento injustificado de estos términos constituye falta disciplinaria.

El requerimiento presentado por el fiscal ante el juez de extinción de dominio es un acto de parte, mediante el cual se solicita el inicio del juicio y se fija de manera definitiva la pretensión de la Fiscalía frente a los bienes objeto del trámite. Este requerimiento deberá cumplir como mínimo los siguientes requisitos:

1. La identificación y ubicación de los bienes.
2. Las medidas cautelares adoptadas sobre los bienes.
3. La formulación de la pretensión de la Fiscalía, expuesta en forma clara y completa.
4. Los fundamentos fácticos y jurídicos que sustentan la pretensión.
5. Las pruebas en que se funda la pretensión.
6. Identificación y lugar de notificación de los afectados reconocidos en el trámite.

La contradicción del requerimiento presentado por la Fiscalía tendrá lugar durante la etapa del juicio, ante el juez de extinción de dominio.

-Del procedimiento abreviado de extinción de dominio-

Dispuso el artículo 39 de la Ley 1849 de 2017 al modificar el artículo 133 de la Ley 1708 de 2014, que en cualquier etapa del proceso hasta la finalización del traslado previsto en el artículo 141 de la ley 1849, el afectado podrá reconocer de manera expresa que concurren sobre el bien los presupuestos de una o varias de las causales de extinción de dominio y renunciar a presentar oposición, evento en el cual se tendrá que lo actuado es suficiente para sustentar ante el juez de extinción de dominio la pretensión extintiva y se remitirán las carpetas al juez para que emita la correspondiente sentencia por vía anticipada.

El afectado que se acoja a este trámite abreviado podrá optar por uno de los dos siguientes beneficios:

1. Conservar el derecho de propiedad sobre uno o algunos de los bienes cuyo origen sea consecuencia de una actividad ilícita, siempre y cuando el Fiscal lo considere procedente, según la eficacia de la colaboración y el valor comercial de los mismos no supere el tres [3%] del total de los bienes objeto de colaboración, o los montos en salarios mínimos del artículo 120 de la presente ley.
2. El afectado que se acoja a este trámite abreviado podrá hacerse acreedor a la retribución de que trata el artículo .120 de la presente ley, la cual será de hasta un cinco [5%] del valor de los bienes que sean objeto de colaboración, sin exceder los dos mil quinientos [2.500] SMLMV. Podrá igualmente el afectado hacerse acreedor a otro [5%] del valor de los bienes que se encuentren en causal de extinción de dominio, sin exceder los dos mil quinientos [2.500] SMLMV, sobre los cuales informe a la Fiscalía siempre y cuando se aporten elementos de prueba o se contribuya de manera eficaz y efectiva a lograr el cumplimiento de uno o varios de los fines constitucionales propios de la administración de justicia, en especial, los siguientes:
    a) Adelantar acciones a favor de las víctimas de actividades ilícitas de las cuales tenga conocimiento a través de acciones idóneas dirigidas a cesar los efectos del delito o que permitan el efectivo restablecimiento del derecho o la reparación de los perjuicios causados.
    b) Ayudar a la desarticulación de organizaciones criminales a través de la identificación e individualización de sus dirigentes e integrantes y el aporte de elementos de prueba que permitan la demostración de su responsabilidad penal.

c) Contribuir con información y elementos de prueba que permitan investigar y sancionar casos de corrupción o neutralización de las acciones de la administración de justicia.

d) Contribuir en la eliminación de la infraestructura económica de las organizaciones criminales a través de la identificación de bienes ilícitos que puedan ser pasibles de comiso penal o extinción de dominio y el aporte de elementos de juicio que permitan obtener las sentencias respectivas

El mismo procedimiento previsto en la norma anterior se deberá seguir en aquellos eventos en los cuales la investigación adelantada durante la fase inicial concluya con la inexistencia de titular del bien pretendido, o determine que resulta imposible su identificación o localización. Lo anterior, siempre que no comparezca alguien que demuestre interés legítimo sobre los mismos.

En los casos de requerimiento para sentencia anticipada, el fiscal deberá presentar ante el Juez requerimiento de sentencia anticipada de extinción de dominio, en la cual deberá sustentar, además de los elementos que fundamentan sus pretensiones, el cumplimiento de los presupuestos señalados anteriormente.

Cuando no curse un proceso de extinción de dominio sobre los mismos bienes, y exista interés del titular de confesar voluntariamente la existencia de bienes inmersos en alguna de las causales de extinción de dominio, el interesado reconocerá de manera expresa que concurren sobre los bienes los presupuestos de una o varias de las causales de extinción de dominio y renunciará a presentar oposición.

Una vez presentada la solicitud el Fiscal evaluará la procedencia de la confesión y verificará la titularidad de los bienes denunciados. Excepcionalmente y de manera discrecional podrá realizar una investigación expedita cuando exista duda razonable sobre el propósito y contenido de la confesión.

Realizado lo anterior el Fiscal procederá a elaborar un acta en la cual se consignen la lectura de los derechos constitucionales al interesado y el contenido de la confesión.

Posteriormente presentará directamente la demanda de extinción de dominio ante el juez competente quien, prescindiendo del derecho de oposición, evaluará la procedencia del acuerdo y dictará sentencia anticipada de extinción del derecho de dominio.

La retribución a favor del interesado en realizar la confesión de parte seguirá las mismas reglas del artículo 142A de la ley 1849 de 2017.

Las reglas establecidas en la ley de extinción de dominio serán aplicables en la atención, ofrecimiento u obtención de cooperación judicial internacional en los temas de investigación, localización, identificación, afectación y trámite de acciones con fines de comiso, decomiso, recuperación de activos, extinción de dominio o cualquier otro instituto jurídico semejante.

Así mismo, la presente acción será considerada como instrumento idóneo para dar cumplimiento a las demás obligaciones contenidas en los convenios y tratados de cooperación judicial internacional suscritos, aprobados y ratificados por Colombia en el tema de persecución de bienes vinculados con actividades delictivas.

Para el cumplimiento de los fines de la acción de extinción de dominio el Fiscal General de la Nación o su delegado podrá acudir a todas las formas de cooperación judicial, policial o administrativa que se consideren necesarias, de acuerdo con los procedimientos establecidos en los convenios, tratados o acuerdos suscritos, aprobados y ratificados por el Estado colombiano, o en virtud de cualquier otro instrumento de cooperación internacional suscrito por cualquier autoridad de orden Nacional o que se propicie en virtud de redes de cooperación entre autoridades homologas de distintos Estados.

La Fiscalía General de la Nación deberá hacer uso de todos los mecanismos de asistencia judicial o cooperación internacional previstos en las convenciones, tratados y acuerdos suscritos y ratificados por Colombia, con el propósito de garantizar el éxito de la persecución de activos ilícitos en el extranjero con fines de extinción de dominio.

Adicionalmente podrá contratar con cargo al FRISCO los servicios de profesionales residentes en el exterior que gocen de conocimiento, experiencia y buena reputación para que inicien, adelanten y lleven hasta su culminación cualquier procedimiento o trámite que se requiera ante las autoridades de otro país, en orden a la identificación, localización y aseguramiento de los bienes que pueden ser objeto de extinción de dominio por parte de los jueces colombianos.

El Gobierno reglamentará el régimen de honorarios máximos que podrá cancelarse a los profesionales que presente ese servicio, así como los requisitos y procedimientos para su contratación, la que en todo caso deberá llevarse a cabo de manera que se garantice la pluralidad de oferentes, la selección objetiva de los contratistas y todos los demás principios rectores que rigen la contratación pública en Colombia.

Sin perjuicio de lo dispuesto en precedencia, el Fiscal General de la Nación o su delegado podrán trasladarse fuera del país, previa autorización del Estado requerido, con el fin de obtener pruebas o adelantar diligencias judiciales o de investigación que resulten necesarias dentro de los procesos de Extinción de Dominio o, en su defecto, podrá comisionar con amplias facultades a la autoridad consular acreditada ante el Estado respectivo.

El Fiscal General de la Nación o su delegado podrán realizar ofrecimientos voluntarios y espontáneos de pruebas a autoridades judiciales de otros Estados, en aquellos eventos donde se considere que los elementos de prueba obtenidos dentro de un trámite de extinción de dominio podrían sustentar una pretensión de similar naturaleza en otro Estado o ser de utilidad dentro de una investigación de carácter penal.

Con el fin de atender solicitudes de asistencia judicial internacional en materia de bienes ilícitos pretendidos por otros Estados y que se encuentre en el territorio nacional, el Fiscal General de la Nación o su delegado podrá adoptar medidas cautelares sobre bienes o disponer los actos de investigación que sean requeridos, para lo cual la solicitud de asistencia judicial internacional se tendrá como motivación suficiente y sustento razonable de las respectivas órdenes.

El requerimiento de la autoridad extranjera se ejecutará en el menor tiempo posible, aun cuando en ella se requiera la observancia de requisitos o procedimientos no contemplados en el ordenamiento jurídico colombiano, siempre y cuando éstos no estén en contravía de los derechos y garantías fundamentales o de las excepciones contempladas en los instrumentos de cooperación judicial internacional que se invoquen para tal efecto.

Tendrán valor en Colombia las sentencias de comiso, extinción de dominio o de institutos jurídicos similares proferidas por tribunales extranjeros sobre bienes que se encuentre en el territorio nacional y que sean pretendidos por vía de cooperación judicial internacional. Su ejecución se sujetará a lo dispuesto en los tratados, convenios o acuerdos internacionales suscritos, aprobados y ratificados por Colombia, o en ausencia de éstos a ofrecimiento de reciprocidad. Para tal efecto, se dispondrá que tratándose de bienes muebles, distintos al dinero en efectivo, el Estado requirente podrá optar por recibir el respectivo bien o el valor en efectivo que se obtenga como producto del remate que realice la autoridad encargada de su administración. Tratándose de bienes inmuebles, los mismos serán objeto de remate y su producto, será entregado al Estado requirente en dinero en efectivo.

Las órdenes de decomiso, sentencias de extinción de dominio o decisiones equivalentes proferidas por autoridades judiciales de otros países que se encuentren debidamente ejecutoriadas, podrán ser incorporadas al proceso de extinción de dominio sin necesidad de exequátur.

Para que una orden de decomiso, sentencia de extinción de dominio o decisión equivalente de las referidas en el artículo anterior pueda ser ejecutada en Colombia se requiere:

1. Que no se oponga a la Constitución Política de Colombia.
2. Que se encuentre en firme de conformidad con la ley del país de origen, y se presente según lo previsto en los convenios y tratados internacionales.
3. Que el país de origen certifique que la autoridad que emitió la orden de decomiso, sentencia de extinción de dominio o decisión equivalente es una autoridad judicial, y que tiene jurisdicción y competencia para hacerlo conforme a su derecho interno.
4. Que en Colombia no exista proceso de extinción de dominio en curso, ni sentencia de extinción de dominio ejecutoriada de jueces nacionales sobre los mismos bienes.
5. Que a falta de tratados públicos, el Estado requirente ofrezca reciprocidad en casos análogos.

Para la ejecución de una orden de decomiso, sentencia de extinción de dominio o decisión equivalente emitida por una autoridad judicial extranjera, se adelantará el siguiente procedimiento:

1. Las autoridades extranjeras del Estado requirente deberán entregar formalmente a la Fiscalía General de la Nación la orden de decomiso, sentencia de extinción de dominio o decisión equivalente emitida por una autoridad judicial de su país, junto con la solicitud formal de que sea ejecutada. La decisión y la solicitud formal podrán remitirse por la vía diplomática o directamente ante la Fiscalía General de la Nación.
2. La Fiscalía General de la Nación recibirá la decisión y la solicitud formal de ejecución, y procederá a recolectar todos los medios de prueba que sean necesarios para:
   a) Identificar y ubicar a los afectados actuales y potenciales de la extinción de dominio sobre los bienes. b) Determinar la identificación, ubicación y estado actual de los bienes. c) Establecer la posible existencia de terceros de buena fe, identificarlos y ubicarlos.

   Para recolectar esas pruebas la Fiscalía dispondrá de un plazo máximo de veinte (20) días.
3. Vencido el plazo anterior, la Fiscalía General de la Nación remitirá la actuación a la Sala de Casación Penal de la Corte Suprema de Justicia.

4. Si el único afectado es la persona contra quien la autoridad extranjera emitió la orden de decomiso, sentencia de extinción de dominio o decisión equivalente, entonces la Corte Suprema de Justicia procederá inmediatamente a estudiar si la sentencia es ejecutable de acuerdo con los tratados internacionales o con las disposiciones de este capítulo, y resolverá de plano.

5. Si el afectado es una persona distinta del sujeto contra quien la autoridad extranjera emitió la orden de decomiso, sentencia de extinción de dominio o decisión equivalente, entonces la Corte Suprema de Justicia ordenará que se le notifique el inicio del trámite de exequátur, conforme a las reglas de notificación personal previstas en este Código. Igual procedimiento seguirá si se determina que hay otras terceras personas que son titulares actuales de otros derechos reales adicionales sobre esos bienes.

   Una vez notificado, la Corte Suprema de Justicia dejará el expediente a disposición de esas personas por el término de ocho (8) días, para que si lo desean presenten oposición a la solicitud de ejecución de la orden de decomiso, sentencia de extinción de dominio o decisión equivalente emitida por una autoridad extranjera. A tal efecto, sólo podrán aportar o solicitar las pruebas que sean pertinentes y conducentes en relación con el cumplimiento de los requisitos para ejecución de una sentencia extranjera en Colombia, o para demostrar su condición de tercero de buena fe exenta de culpa. En caso de considerarlo necesario la Corte Suprema podrá ordenar pruebas, las cuales deberán practicarse dentro de los veinte (20) días siguientes.

   Practicadas las pruebas, la Corte Suprema declarará cerrado el trámite y procederá a emitir sentencia, contra la cual no procederá recurso alguno.

6. En firme la sentencia de exequátur, la Corte Suprema enviará la actuación a los jueces de extinción de dominio para su ejecución.

En la ejecución de la orden de decomiso, sentencia de extinción de dominio o decisión equivalente se aplicarán los tratados internacionales correspondientes y especialmente los acuerdos a que llegue la República de Colombia con otros países en materia de la distribución o repartición de bienes. No se hará nuevo juzgamiento en Colombia.

En atención a los principios de proporcionalidad y reciprocidad, el Estado podrá compartir bienes que sean objeto de sentencia definitiva proferida por autoridad nacional o extranjera, cuando estos sean el producto de la cooperación judicial internacional reciproca en virtud de tratados, convenios o acuerdos suscritos, aprobados y ratificados por Colombia.

Los términos en que se ha de realizar la distribución de los bienes y las cargas o costos de su administración, serán atendidos de acuerdo con lo dispuesto en los respectivos instrumentos internacionales que sustentaron la cooperación judicial internacional y, en el evento de no contar con regulación sobre estos aspectos, se procederá a suscribir un memorándum de entendimiento con el Estado cooperante.

Para darle aplicabilidad a las normas del código de extinción de dominio, se ordena la creación de las salas de extinción de dominio que se requieran para el eficaz y eficiente cumplimiento de las disposiciones del Código, asegurándose que como mínimo se creen salas en los tribunales de distrito judicial de Bogotá, Medellín, Cali, Barranquilla, y Cúcuta.

Así mismo, se faculta a la misma Sala Administrativa del Consejo Superior de la Judicatura para crear los juzgados especializados en extinción de dominio que considere necesarios, pero bajo las siguientes premisas:

1. En el distrito judicial de Bogotá, Medellín, Cali, Barranquilla, y Cúcuta se crearán al menos cinco (5) juzgados especializados en extinción de dominio.
2. En los distritos judiciales de Antioquia, Cundinamarca, Ibagué, Bucaramanga, Tunja, Villavicencio, Neiva, Manizales, Pasto, y Florencia, se crearán como mínimo dos (2) juzgados Especializados en Extinción de Dominio.
3. En los Distritos de Cartagena, Armenia, Cúcuta, Pereira, Montería, Quibdó, Pamplona, Riohacha, Santa Marta, Sincelejo, Popayán y Valledupar, se creará como mínimo un (1) juzgado especializado en extinción de dominio.

En lo que respecta a la planta de personal de la Fiscalía General de la Nación, se ordena su modificación, mediante la creación y puesta en funcionamiento de al menos cincuenta (50) despachos adicionales de fiscalías especializadas para la extinción de dominio, con igual número de cargos de asistentes de fiscal y cien (100) de investigadores criminalísticos de distintos grados, facultando a la misma Fiscalía General de la Nación, para adelantar los estudios de necesidad que se requieran, para justificar la creación de un número de cargos superior al previsto en dicho código.

En cuanto a los procesos que venían en investigación y en lo que se hubiese ya proferido resolución de inicio con fundamento en las causales que estaban previstas en los numerales 1 al 7 de la Ley 793 de 2002, antes de la expedición de la Ley 1453 de 2011, seguirán rigiéndose por dichas disposiciones.

De igual forma, los procesos en que se haya proferido resolución de inicio con fundamento en las causales que estaban previstas en el art. 72 de la Ley 1453 de 2011, seguirán rigiéndose por dichas disposiciones.

El Código de extinción de dominio entrará a regir seis (6) meses después de la fecha de su promulgación, deroga expresamente las Leyes 793 y 785 de 2002, Ley 1330 de 2009, así como todas las demás leyes que las modifican o adicionan, y también todas las leyes que sean contrarias o incompatibles con las disposiciones de este Código.

Sin perjuicio de lo anterior, el art. 18 de la Ley 793 de 2002, y los art. 9° y 10 de la Ley 785 de 2002, seguirán vigentes.

Los procesos que a la fecha de entrada en vigencia de la ley 1849 de 2017, tengan fijación provisional de la pretensión de extinción de dominio continuarán el procedimiento establecido originalmente en la Ley 1708 de 2014, excepto en lo que respecta la administración de bienes. En las actuaciones en las cuales no se haya fijado la pretensión provisional se aplicará el procedimiento dispuesto en la presente ley

-TRÁMITE DEL REQUERIMIENTO DE DECLARATORIA DE IMPROCEDENCIA-

Recibido el acto de requerimiento de declaratoria de improcedencia presentado por la Fiscalía, el juez avocará conocimiento y correrá traslado de él a todos los sujetos procesales e intervinientes, por el término común de tres (3) días, para que presenten observaciones al acto de requerimiento. Vencido ese término, el juez decidirá de plano.

En caso de considerar fundada la pretensión de improcedencia emitirá la respectiva sentencia, contra la cual procede únicamente el recurso de apelación. De lo contrario la devolverá a la Fiscalía General de la Nación, mediante auto interlocutorio. La devolución de la pretensión de improcedencia comporta el relevo del Fiscal que presentó tal requerimiento ante el juez.

-EL JUICIO EN LA EXTINCIÓN DE DOMINIO-

Recibido el acto de requerimiento de extinción de dominio presentado por la Fiscalía, el juez avocará conocimiento mediante auto de sustanciación que será notificado personalmente. El auto que avoca conocimiento del juicio se notificará personalmente al afectado, al agente del Ministerio Público y al Ministerio de Justicia y del Derecho, en la forma prevista para las notificaciones.

Si la notificación personal al afectado no pudiere hacerse en la primera ocasión que se intenta, se dejará aviso con noticia suficiente de la acción que se ha iniciado, la fecha de la decisión, la autoridad que la ha emitido, el derecho que le asiste a presentarse al proceso y se advertirá sobre el procedimiento a seguir en el evento de no comparecencia. Este aviso se fijará en el lugar donde se encuentren los bienes, o se remitirá por el medio más expedito a las direcciones identificadas durante la fase inicial.

Cinco (5) días después de fijado el aviso se dispondrá el emplazamiento de quienes figuren como titulares de derechos sobre los bienes objeto de la acción de acuerdo con certificado de registro correspondiente, así como de los terceros indeterminados, para que comparezcan a hacer valer sus derechos.

El emplazamiento se surtirá por edicto que permanecerá fijado en la secretaría por el término de cinco (5) días, se publicará por una vez dentro de dicho término en la página web de la Fiscalía General de la Nación, en la página web de la Rama Judicial y en un periódico de amplia circulación nacional. Así mismo se difundirá en una radiodifusora o por cualquier otro medio con cobertura en la localidad donde se encuentren los bienes. Si el emplazado o los emplazados no se presentaren dentro de los tres (3) días siguientes al vencimiento del término de fijación del edicto, el proceso continuará con la intervención del Ministerio Público, quien velará por el cumplimiento de las reglas del debido proceso.

Dentro de los cinco (5) días siguientes a la notificación del auto que avoca conocimiento, los sujetos e intervinientes podrán:

1. Solicitar la declaratoria de incompetencia, impedimentos, recusaciones o nulidades.
2. Aportar pruebas.
3. Solicitar la práctica de pruebas.
4. Formular observaciones sobre el acto de requerimiento presentado por la Fiscalía si no reúne los requisitos.
5. El juez resolverá sobre las cuestiones planteadas dentro de los cinco (5) días siguientes, mediante auto interlocutorio.

En caso de encontrar que el acto de requerimiento no cumple los requisitos, el juez lo devolverá a la Fiscalía para que lo subsane en un plazo de cinco (5) días. En caso contrario lo admitirá a trámite.

Vencido el término de traslado previsto en el art. anterior, el juez decretará la práctica de las pruebas que no hayan sido recaudadas en la fase inicial, siempre y cuando resulten necesarias, conducentes, pertinentes y hayan sido solicitadas oportunamente. Así mismo, ordenará tener como prueba aquellas aportadas por las partes cuando cumplan los mismos requisitos y hayan sido legalmente obtenidas por ellos y decidirá sobre los puntos planteados.

El juez podrá ordenar de oficio, motivada mente, la práctica de las pruebas que estime pertinentes, conducentes y necesarias.

El auto por el cual se niega la práctica de pruebas será susceptible del recurso de apelación.

El juez tendrá treinta (30) días para practicar las pruebas decretadas. Para tal efecto podrá comisionar a otro juez de igual o inferior jerarquía, o a los organismos de policía judicial, en aquellos casos en que lo considere necesario, conveniente y oportuno para garantizar la eficacia y eficiencia de la administración de justicia.

Practicadas las pruebas ordenadas por el juez, este correrá traslado por el término común de cinco (5) días para alegar de conclusión.

Vencido el término del traslado para alegatos, el juez dictará sentencia dentro de los treinta (30) días siguientes declarando la extinción de dominio o su improcedencia. La sentencia que se profiera tendrá efectos *erga omnes*.

La sentencia se notificará personalmente a los sujetos procesales e intervinientes. De no ser posible la notificación personal dentro de los tres (3) días siguientes al envío de la comunicación, la sentencia se notificará por edicto.

Contra la sentencia sólo procederá el recurso de apelación interpuesto por los sujetos procesales o por los intervinientes, en el efecto suspensivo. Este será resuelto por el superior dentro de los treinta (30) días siguientes a aquel en que el expediente llegue a su despacho. La sentencia de primera instancia que niegue la extinción de dominio y que no sea apelada, se someterá en todo caso a grado jurisdiccional de consulta.

-DE LAS PRUEBAS-

Toda providencia debe fundarse en pruebas legal, regular y oportunamente allegadas a la actuación. No se podrá dictar sentencia sin que obre en el proceso prueba que conduzca a demostrar la procedencia o improcedencia de la extinción del derecho de dominio.

Son medios de prueba la inspección, la peritación, el documento, el testimonio, la confesión y el indicio. El fiscal podrá decretar la práctica de otros medios de prueba no contenidos en esta ley, de acuerdo con las disposiciones que lo regulen, respetando siempre los derechos fundamentales.

Se podrán utilizar los medios mecánicos, electrónicos y técnicos que la ciencia ofrezca y que no atenten contra la dignidad humana. Las pruebas practicadas válidamente en una actuación judicial o administrativa dentro o fuera del país, podrán trasladarse y serán apreciadas de acuerdo con las reglas de la sana crítica y con observancia de los principios de publicidad y contradicción sobre las mismas.

Las declaraciones, las confesiones, los documentos y demás elementos materiales de prueba o evidencias físicas, así como los dictámenes periciales e inspecciones obtenidos por la Fiscalía General de la Nación durante la fase inicial, tendrán pleno valor probatorio en el proceso de extinción de dominio. Estas pruebas no se volverán a practicar durante la etapa de juicio.

Durante el juzgamiento no habrá reserva y las pruebas podrán ser de público conocimiento. Durante la fase inicial las pruebas serán reservadas, pero podrán ser conocidas por los sujetos procesales e intervinientes después de la fijación provisional de la pretensión.

Los hechos que sean materia de discusión dentro del proceso de extinción de dominio deberán ser probados por la parte que esté en mejores condiciones de obtener los medios de prueba necesarios para demostrarlos. Sin perjuicio de ello, por regla general, la Fiscalía General de la Nación tiene la carga de identificar, ubicar, recolectar y aportar los medios de prueba que demuestren la concurrencia de alguna de las causales previstas en la ley para la declaratoria de extinción de dominio y que el afectado no es titular de buena fe exenta de culpa. Y por su parte, quien alega ser titular del derecho real afectado tiene la carga de allegar los medios de prueba que demuestren los hechos en que funde su oposición a la declaratoria de extinción de dominio.

Cuando el afectado no allegue los medios de prueba requeridos para demostrar el fundamento de su oposición, el juez podrá declarar extinguido el derecho de dominio con base en los medios de prueba presentados por la Fiscalía General de la Nación, siempre y cuando ellos demuestren la concurrencia de alguna de las causales y demás requisitos previstos en la ley de extinción de dominio para tal efecto.

Las pruebas deberán ser apreciadas en conjunto, de acuerdo con las reglas de la sana crítica. El funcionario judicial expondrá siempre razonadamente el mérito que le asigne a cada una de las pruebas que considere importantes para fundamentar su decisión.

Se inadmitirán las pruebas que no conduzcan a establecer la verdad sobre los hechos materia del proceso o las que hayan sido obtenidas en forma ilícita.

El juez rechazará mediante auto interlocutorio la práctica de las legalmente prohibidas o ineficaces, las que versen sobre hechos notoriamente impertinentes y las manifiestamente superfluas.

El funcionario judicial siempre buscará la determinación de la verdad real, debiendo para ello averiguar, con igual celo, las circunstancias que demuestren los presupuestos de la extinción de dominio como las que desvirtúen el cumplimiento de esos requisitos.

Las pruebas practicadas en los procesos penales, civiles, administrativos, fiscales disciplinarios o de cualquier otra naturaleza podrán trasladarse al proceso de extinción de dominio, siempre y cuando cumplan los requisitos de validez exigidos por la normatividad propia de cada procedimiento, y serán valoradas en conjunto con los demás medios de prueba de acuerdo con las reglas de la sana crítica.

Los elementos materiales de prueba o evidencias físicas obtenidas dentro del marco del Sistema Penal Oral Acusatorio descrito en la Ley 906 de 2004, deberán ser sometidos a contradicción dentro del proceso de extinción de dominio.

Durante el trámite de extinción de dominio los sujetos procesales e intervinientes podrán sustentar sus pretensiones a través de cualquier medio de prueba, así no se encuentre expresamente regulado por la presente ley, siempre y cuando resulte objetivamente confiable.

El Fiscal General de la Nación o su delegado dirigirán las actividades de investigación requeridas dentro del proceso de extinción de dominio y podrá adelantar por sí mismo o a través de orden emitida a los servidores que cumplan funciones de Policía Judicial, todos los actos de investigación que considere necesarios y conducentes para cumplir los fines constitucionales y legales de la acción de extinción de domino.

La investigación se adelantará bajo el criterio de trabajo en equipo, procurando siempre que las ordenes a la policía judicial y las correspondientes respuestas sean comunicadas en la forma y por los medios más expeditos posibles.

Corresponde al Fiscal Gen eral de la Nación o a su delegado, la dirección y coordinación técnica, funcional, operativa y jurídica de los actos de investigación que desarrolla la policía judicial, los cuales serán el producto de una planeación previa y coordinada entre el fiscal y el investigador, para el cumplimiento de los fines que le son propios a la fase inicial.

Así también los servidores que cumplan funciones de policía judicial, bajo la Dirección y Coordinación de la Fiscalía General de la Nación, deberán adelantar los actos de investigación que surjan en desarrollo de la acción de extinción de dominio y adelantar las labores de verificación en la identificación de inmuebles y apoyo de la acciones de materialización de medidas cautelares, así como las demás diligencias que resulten oportunas y necesarias para cumplir los fines constitucionales y legales de la acción de extinción de dominio.

Durante la etapa de juicio, la policía Judicial podrá actuar por orden del juez de extinción de dominio, cuando se requiera el complemento o aclaración de los actos de investigación en virtud del derecho de contradicción.

Los servidores que cumplan funciones de policía judicial podrán adelantar por iniciativa investigativa los siguientes:

1. Recibir las denuncias sobre bienes ilícitos.
2. Realizar inspecciones e identificar, recolectar, embalar y disponer la custodia de documentos originales y elementos de prueba.
3. Hasta antes de que la Fiscalía General de la Nación asuma la dirección de la investigación, obtener mediante solicitud formal información de carácter público que repose en entidades públicas y privadas, cuando sea urgente y necesario.
4. Identificar potenciales testigos y recolectar sus versiones mediante entrevistas.
5. Obtener información a través de informantes y adelantar las correspondientes labores de verificación de información y documentación.
6. Adelantar labores de campo de verificación e identificación de inmuebles.
7. Todas las demás actuaciones que en virtud de la presente ley no requieran orden expresa del fiscal.

Con el propósito de recaudar elementos probatorios, el Fiscal General de la Nación o sus delegados podrán hacer uso de las siguientes técnicas de investigación durante la fase inicial:

1. Allanamientos y registros.
2. Interceptación de comunicaciones.
3. Vigilancia de cosas.
4. Seguimiento y vigilancia de personas.

5. Búsquedas selectivas en bases de datos.
6. Recuperación de información dejada al navegar en internet.
7. Análisis e infiltración de organizaciones criminales.
8. Agentes encubiertos.
9. Escucha y grabación entre presentes.
10. Las demás que el desarrollo técnico o científico ofrezcan, para cumplir los fines de la investigación.

Actos de investigación que requieren orden del fiscal: Aquellas técnicas de investigación que impliquen limitación razonable de los derechos fundamentales requerirán orden motivada del fiscal, quien después de su cumplimiento o ejecución deberá constatar su legalidad formal y material, y de encontrarla ajustada a derecho dejará constancia de ello, o de lo contrario, dispondrá su exclusión o la repetición de la actuación.

Ello, sin detrimento del control de legalidad que puede realizar el juez de extinción de dominio en los términos de este Código, bien sea en la fase inicial, o en la etapa de juicio al momento de decidir sobre la admisibilidad de la correspondiente prueba.

Cuando hubiere serios motivos para presumir que en un bien inmueble, nave o aeronave se encuentran elementos probatorios necesarios para el éxito del proceso de extinción de dominio, el funcionario judicial ordenará en providencia motivada el allanamiento y registro.

El allanamiento y el registro requerirán orden escrita emitida por el Fiscal General de la Nación o su delegado, en la cual se expondrán los motivos razonablemente fundados, la identificación del bien objeto de la diligencia, la descripción exacta del lugar o lugares por registrar, el grupo de policía judicial responsable y el término para su cumplimiento que no podrá ser superior a quince (15) días.

A la diligencia de Registro y Allanamiento, podrá asistir el Fiscal y el representante del Ministerio Público, quienes procurarán garantizar la menor restricción posible de los derechos de las personas afectadas con el procedimiento. De lo actuado se levantará un acta donde se resuma la diligencia y el cumplimiento de la orden. En el evento que la diligencia no contare con la presencia del fiscal o del Ministerio Público, presentado el informe, o dentro de los tres días siguientes, el fiscal deberá realizar control formal y material de lo actuado, dejando las correspondientes constancias en la carpeta.

En el evento que como producto de la diligencia de allanamiento y registro se hicieren hallazgos que constituyan infracción a la ley penal o medien circunstancias de flagrancia, se dejará constancia de ello en el acta y se informará de inmediato a las autoridades de policía judicial competentes para adelantar los correspondientes actos urgentes y actuaciones que resulten pertinentes.

Para el allanamiento y registro de las casas y naves que conforme al derecho internacional gozan de inmunidad diplomática, el funcionario pedirá su venia al respectivo agente diplomático, mediante oficio en el cual rogará que conteste dentro de las veinticuatro (24) horas siguientes. Este oficio será remitido por conducto del Ministerio de Relaciones Exteriores.

En caso de registro de residencia u oficinas de los cónsules se dará aviso al cónsul respectivo y en su defecto a la persona a cuyo cargo estuviere el inmueble objeto de registro.

El Fiscal General de la Nación o su delegado podrán ordenar, con el único objeto de buscar pruebas judiciales, que se intercepten mediante grabación magnetofónica las comunicaciones telefónicas, radiotelefónicas y similares que utilicen el espectro electromagnético, que se hagan o reciban y que se agreguen al expediente las grabaciones que tengan interés para los fines del proceso. En este sentido, las entidades encargadas de la operación técnica de la respectiva interceptación tienen la obligación de realizar la misma dentro de las cuarenta y ocho (48) horas siguientes a la notificación de la orden.

La decisión de interceptar las comunicaciones debe ser remitida dentro de las veinticuatro (24) horas siguientes a la Dirección Nacional de Fiscalías. La orden de interceptación deberá fundamentarse por escrito, y las personas que participen en estas diligencias se obligan a guardar la debida reserva.

Por ningún motivo se podrán interceptar las comunicaciones de los abogados que ejerzan la representación judicial de los sujetos procesales.

El funcionario dispondrá la práctica de las pruebas necesarias para identificar a las personas entre quienes se hubiere realizado la comunicación telefónica llevada al proceso en grabación. Tales grabaciones se trasladarán al expediente, por medio de escrito certificado por el respectivo funcionario.

El Fiscal General de la Nación o su delegado podrán ordenar a la policía judicial vigilar lugares o cosas, con el fin de conseguir información útil para el proceso de extinción de dominio. Si en el lapso máximo de un (1) año no se obtuviere resultado alguno, se cancelará la orden de vigilancia, sin perjuicio de que vuelva a expedirse si surgieren nuevos motivos.

En la ejecución de la vigilancia se empleará cualquier medio idóneo, siempre y cuando no se afecte la expectativa razonable de intimidad de algún ciudadano.

Sin perjuicio de los procedimientos preventivos que adelanta la fuerza pública en cumplimiento de su deber constitucional, el Fiscal General de la Nación o su delegado podrá disponer que la policía judicial adelante el seguimiento pasivo de una persona por un tiempo determinado, siempre que existan motivos razonablemente fundados para inferir que ella puede conducirlo a conseguir información útil para el proceso de extinción de dominio. Si en el lapso de un (1) año no se obtuviere resultado alguno, se cancelará la orden de vigilancia, sin perjuicio de que vuelva a expedirse, si surgieren nuevos motivos.

En la ejecución de la vigilancia se empleará cualquier medio que la técnica aconseje. En consecuencia, se podrán tomar fotografías, filmar vídeos y, en general, realizar todas las actividades relacionadas que permitan recaudar información relevante para el trámite de extinción de dominio, cuidando de no afectar la expectativa razonable de la intimidad de terceros.

El Fiscal General de la Nación o su delegado podrán ordenar que, en desarrollo de la actividad investigativa, la policía judicial realice búsquedas o comparaciones de datos contenidos en bases mecánicas, magnéticas u otras similares.

Cuando el fiscal tenga motivos razonablemente fundados para inferir que a través de internet u otros medios tecnológicos similares o equivalentes se ha transmitido información útil para el proceso de extinción de dominio, ordenará la aprehensión del computador, computadores y servidores que pueda haber utilizado, así como los disquetes, discos compactos, unidades de almacenamiento masivo, memorias extraíbles y demás medios de almacenamiento físico, para que expertos en informática forense descubran, recojan, analicen y custodien la información que recuperen.

La aprehensión de que trata este artículo se limitará exclusivamente al tiempo necesario para la captura de la información en él contenida. Inmediatamente se devolverán los equipos incautados.

Cuando el Fiscal General de la Nación o su delegado tuviere razonablemente fundados para inferir que los bienes objeto del proceso de extinción de dominio pertenecen o están relacionados con alguna organización criminal, ordenará a la policía judicial la realización del análisis de aquella con el fin de conocer su estructura organizativa, la agresividad de sus integrantes y los puntos débiles de la misma. Después, ordenará la planificación, preparación y manejo de una operación, para que agente o agentes encubiertos la infiltren con el fin de obtener información útil a la investigación que se adelanta, de conformidad con lo establecido subsiguientemente.

El ejercicio y desarrollo de las actuaciones previstas en el presente artículo se ajustará a los presupuestos y limitaciones establecidos en los Tratados Internacionales ratificados por Colombia.

Cuando el Fiscal General de la Nación, o su delegado tengan motivos razonablemente fundados para inferir que los bienes objeto del proceso de extinción de dominio pertenecen o están relacionados con alguna organización criminal podrán ordenar la utilización de agentes encubiertos, siempre que resulte indispensable para el éxito del proceso. En desarrollo de esta facultad especial podrá disponerse que uno o varios funcionarios de la policía judicial o, incluso particulares, puedan actuar en esta condición y realizar actos extrapenales con trascendencia jurídica. En consecuencia, dichos agentes estarán facultados para intervenir en el tráfico comercial, asumir obligaciones, ingresar y participar en reuniones de la organización criminal y, si fuere necesario, adelantar transacciones con sus miembros. Igualmente, si el agente encubierto encuentra que en los lugares donde ha actuado existe información útil para los fines de la investigación, lo hará saber al fiscal para que este disponga el desarrollo de una operación especial, por parte de la policía judicial, con miras a que se recoja la información y los elementos materiales probatorios hallados.

Así mismo, podrá disponerse que actúe como agente encubierto el particular que, sin modificar su identidad, sea de la confianza de los miembros de la organización criminal, para los efectos de la búsqueda y obtención de información relevante y de elementos materiales probatorios.

En todo caso, el uso de agentes encubiertos no podrá extenderse por un período superior a un (1) año, prorrogable por un (1) año más mediante debida justificación. Si vencido el plazo señalado no se hubiere obtenido ningún resultado, esta se cancelará.

Cuando la orden de utilización de agentes encubiertos la imparta un fiscal un Fiscal Delegado requerirá previa autorización de la Dirección Nacional de fiscalías.

-Prueba testimonial-

Toda persona está en la obligación de rendir bajo juramento, el testimonio que se le solicita en la actuación procesal, salvo las excepciones constitucionales y legales. Al testigo menor de doce (12) años no se le recibirá juramento y en la diligencia deberá estar asistido, por su representante legal o por un pariente mayor de edad a quien se le tomará juramento acerca de la reserva de la diligencia.

Nadie podrá ser obligado a declarar contra sí mismo o contra su cónyuge, compañera o compañero permanente o parientes dentro del cuarto grado de consanguinidad, segundo de afinidad o primero civil.

No están obligados a declarar sobre aquello que se les ha confiado o ha llegado a su conocimiento por razón de su ministerio, profesión u oficio:

1. Los ministros de cualquier culto admitido en la República.
2. Los abogados.
3. Cualquier otra persona que por disposición legal pueda o deba guardar secreto.

Toda autoridad a quien corresponda tomar juramento, amonestará previamente a quien debe prestarlo acerca de la importancia moral y legal del acto y las sanciones penales establecidas contra los que declaren falsamente o incumplan lo prometido, para lo cual se leerán las respectivas disposiciones.

Acto seguido se tomará el juramento.

Si el testigo estuviere físicamente impedido para concurrir al despacho del funcionario, será interrogado en el lugar en que se encuentre.

El Presidente de la República, el Vicepresidente de la República, los Ministros del despacho, los Senadores y Representantes a la Cámara, los Magistrados de la Corte Suprema de Justicia, de la Corte Constitucional, del Consejo de Estado, del Consejo Superior de la Judicatura y miembros del Consejo Nacional Electoral, el Fiscal y Vicefiscal General de la Nación, el Procurador. y Viceprocurador General de la Nación, el Defensor del Pueblo, el Contralor General de la República, el Registrador Nacional del Estado Civil, los directores de departamentos administrativos, el Contador General de la Nación, el gerente y los miembros de la Junta Directiva del Banco de la República, los Magistrados de los Tribunales, los Gobernadores de departamento, Cardenales, Obispos, o Ministros de igual jerarquía que pertenezcan a otras religiones, Jueces de la República, el Alcalde Mayor de Bogotá, los Generales en servicio activo, los Agentes Diplomáticos y Consulares de Colombia en el exterior, rendirán su testimonio por medio de certificación jurada, y con este objeto se le notificará y formulará un cuestionario, indicando de manera sucinta los hechos objeto de declaración.

La Certificación Jurada debe devolverse al despacho de origen dentro de los ocho (8) días siguientes a la recepción del cuestionario.

Quien se abstenga de rendir el testimonio a que está obligado o lo demore, incurrirá en falta por incumplimiento a sus deberes. El funcionario que haya requerido la certificación pondrá el hecho en conocimiento de la autoridad encargada de juzgar al renuente. El derecho a rendir certificación jurada es renunciable, por lo tanto, el funcionario podrá concurrir personalmente a rendirla, pues no se trata de facultarlo para incumplir con dicho deber legal.

Cuando se requiera testimonio de un ministro o agente diplomático de nación extranjera acreditado en Colombia o de una persona de su comitiva o familia, o de un funcionario que represente la misión de un organismo internacional, se le remitirá al embajador o agente, por conducto del Ministerio de Relaciones Exteriores, nota suplicatoria con cuestionario y copia de lo pertinente para que, si él tiene a bien, declare por medio de certificación jurada o permita declarar en la misma forma a la persona solicitada.

Los testigos serán interrogados separadamente, de tal manera que no puedan saber, ni escuchar las declaraciones de otros testigos. Los testimonios serán recogidos y conservados por el medio más idóneo, de tal manera que facilite su examen cuantas veces sea necesario.

La recepción del testimonio se sujetará a las siguientes reglas:

1. Presente e identificado el testigo, el funcionario le tomará el juramento y le advertirá sobre las excepciones al deber de declarar.
2. A continuación, el funcionario le informará sucintamente al testigo acerca de los hechos objeto de su declaración y le ordenará que haga un relato de cuanto le conste sobre los mismos.
3. Terminado este, procederá el funcionario a interrogarlo si lo considera conveniente. Cumplido lo anterior, se le permitirá a los sujetos procesales interrogar.
4. Se permitirá provocar conceptos del declarante cuando sea una persona especialmente calificada por sus conocimientos técnicos, científicos o artísticos sobre la materia.
5. El funcionario podrá interrogar en cualquier momento que lo estime necesario. Las respuestas se registrarán textualmente. El funcionario deberá requerir al testigo para que sus respuestas se limiten a los hechos que tengan relación con el objeto de la investigación.

Para apreciar el testimonio, el funcionario tendrá en cuenta los principios de la sana crítica y, especialmente, lo relativo a la naturaleza del objeto percibido, al estado de sanidad del sentido o sentidos por los cuales se tuvo la percepción, las circunstancias de lugar, tiempo y modo en que se percibió, a la personalidad del declarante, a la forma como hubiere declarado y las singularidades que puedan observarse en el testimonio.

En caso de que el testigo desatienda la citación, el funcionario judicial impondrá la sanción y seguirá el trámite contemplados para la obstrucción en la práctica de la prueba; no obstante ello no lo exime de rendir el testimonio, para lo cual le fijará nueva fecha para la realización. El funcionario judicial podrá ordenar a la Policía la conducción del testigo renuente.

-Confesión-

Además de lo consagrado en la ley de extinción de dominio, la confesión deberá reunir los siguientes requisitos:

1. Que sea hecha ante funcionario judicial.
2. Que la persona esté asistida por apoderado.
3. Que la persona haya sido informada del derecho a no declarar contra sí misma.
4. Que se haga en forma consciente y libre.

Si se produjere la confesión, el funcionario competente practicará las diligencias pertinentes para determinar la veracidad de la misma y para apreciar cualquier clase de confesión y determinar su mérito probatorio, el funcionario judicial tendrá en cuenta las reglas de la sana crítica y los criterios para apreciar el testimonio.

Cuando el Fiscal General de la Nación o su delegado reciban declaración a un afectado durante la fase inicial, y este confiese explícitamente que uno o alguno de sus bienes se encuentra en una de las causales de extinción de dominio, el funcionario ordenará la ruptura de la unidad procesal, proferirá resolución de fijación provisional de la pretensión respecto de aquellos bienes a que se refiere la confesión y la remitirá inmediatamente al juez junto con la copia de la confesión, para que este siga el procedimiento abreviado de extinción de dominio.

-Prueba documental-

Los documentos se aportarán al proceso en original o copia auténtica. En caso de no ser posible, se reconocerán en inspección, dentro de la cual se obtendrá copia. Si fuere indispensable, se tomará el original y se dejará copia auténtica.

Salvo las excepciones legales, quien tenga en su poder documentos que se requieran en un proceso de extinción de dominio tiene la obligación de entregarlos o permitir su conocimiento al funcionario que lo solicite.

Cuando se trate de persona jurídica, la orden de entrega de documentos se notificará al representante legal en quien recaerá la obligación de remitir aquellos que se encuentren en su poder y que conforme a la ley esta tenga la obligación de conservar. La información deberá entregarse en un término máximo de diez (10) días, y su incumplimiento acarreará las sanciones previstas. El funcionario aprehenderá los documentos cuya entrega o conocimiento le fuere negado e impondrá las sanciones que corresponda.

No están sujetos a las sanciones previstas en el inciso anterior, las personas exentas del deber de denunciar o declarar.

Se presumen auténticos los documentos cuando el sujeto procesal contra el cual se aducen no manifieste su inconformidad con los hechos o las cosas que expresan.

-Prueba pericial-

Cuando se requiera la práctica de pruebas técnico-científicas o artísticas, el funcionario judicial decretará la prueba pericial y designará peritos oficiales, quienes no necesitarán nuevo juramento ni posesión para ejercer su actividad. El perito designado por nombramiento especial tomará posesión del cargo prestando juramento y explicará la experiencia que tiene para rendir el dictamen y en todos los casos demostrará su idoneidad acreditando el conocimiento específico en la materia y su entrenamiento certificado en la práctica pericial.

Los peritos están impedidos y son recusables por las mismas causas que los funcionarios judiciales, del impedimento o recusación conocerá el funcionario que haya dispuesto la prueba y resolverá de plano.

El funcionario judicial, en la providencia que decrete la práctica de la prueba pericial, deberá precisar el tipo de estudio solicitado y el propósito del mismo. De igual forma incorporará el cuestionario que debe ser absuelto por el perito, el cual incluirá las preguntas presentadas por los sujetos procesales o las que de oficio considere pertinentes.

En el desempeño de sus funciones, el perito debe examinar los elementos materia de prueba, dentro del contexto de cada caso. Para ello el funcionario judicial y el investigador aportarán la información necesaria y oportuna, de manera clara, preciso y deberá contener:

1. La descripción del objeto de la pericia.
2. La relación y la descripción de los objetos o documentos sobre los cuales recae el estudio.

3. La descripción de los instrumentos técnicos utilizados.
4. La descripción de los procedimientos, exámenes, experimentos o pruebas llevados a cabo.
5. La explicación de los argumentos, fundamentos o teorías que da validez técnica, científica o artística a los procedimientos, exámenes, experimentos o pruebas llevados a cabo.
6. La exposición clara y completa de las conclusiones obtenidas.

Además de lo previsto en precedencia, en la práctica de la prueba pericial deberán seguirse las siguientes reglas:

1. El perito deberá, directamente o con apoyo del investigador de campo, fijar, recolectar, embalar, rotular, custodiar y documentar la evidencia que resulte derivada de su actuación y dar informe de ello al funcionario judicial.
2. Cuando se designen varios peritos, todos ellos conjuntamente practicarán las diligencias y harán los estudios o investigaciones pertinentes para emitir el dictamen.
3. Cuando hubiere discrepancia entre los peritos, cada uno rendirá su dictamen por separado.
4. En todos los casos, a los peritos se les advertirá sobre la prohibición absoluta de emitir en el dictamen cualquier juicio u opinión sobre la procedencia o improcedencia de la extinción del derecho de dominio.

Cuando el funcionario judicial reciba el dictamen, procederá en la siguiente forma:

1. Verificará si cumple con los requisitos señalados en este código. En caso contrario ordenará que el perito lo elabore cumpliendo con ellos. No se admitirá como dictamen la simple expresión de las conclusiones.
2. Si cumple con los requisitos indicados, se correrá traslado a los sujetos procesales por el término de cinco (5) días. Este término podrá ser prorrogado por un término razonable, previa solicitud fundada de parte, cuando a juicio del funcionario judicial la complejidad del dictamen lo amerite.
3. Dentro de este mismo término, los sujetos procesales podrán controvertir un dictamen pericial presentando otro que desvirtúe la validez técnica, científica o artística de las conclusiones contenidas en el primero.

4. Cuando lo estime necesario el juez podrá ordenar, oficiosamente o por solicitud de parte, que el dictamen sea aclarado o adicionado. Los sujetos procesales podrán presentar dictámenes adicionales para controvertir las adiciones o aclaraciones hechas al primero.
5. El funcionario judicial valorará críticamente todos los dictámenes periciales que se alleguen al proceso en conjunto con las demás pruebas recolectadas, y definirá a cuál de ellos confiere credibilidad.

-Inspección judicial-

Mediante la inspección se comprobará el estado de las cosas, lugares, los rastros y otros efectos materiales que fueran de utilidad para los fines del proceso de extinción de dominio. La práctica de la inspección será registrada documentalmente mediante la elaboración de un acta que describirá detalladamente lo ocurrido, y en la que se consignarán las manifestaciones que hagan las personas que intervengan en la diligencia. De contar con los medios técnicos necesarios, en lugar del acta podrá hacerse un registro audiovisual.

Los elementos probatorios encontrados en desarrollo de la inspección se fijarán, recogerán, embalaran, rotularán, transportarán y conservarán teniendo en cuenta los procedimientos de cadena de custodia.

La inspección se decretará por medio de providencia que exprese con claridad los puntos materia de la diligencia, el lugar, la fecha y la hora, así como que, cuando fuere necesario, el funcionario judicial designará perito en la misma providencia, o en el momento de realizarla. Sin embargo, de oficio o a petición de cualquier sujeto procesal, podrá ampliar en el momento de la diligencia los puntos que han de ser objeto de la inspección.

Para mayor eficacia de la inspección, se podrá ordenar por parte del funcionario judicial, las operaciones técnicas o científicas necesarias y pertinentes, para el cumplimiento de los fines del proceso de extinción de dominio.

Bibliografía

Caciagli. *Clientelismo, corrupción y criminalidad organizada*. Centro de Estudios Constitucionales. Madrid, 1996.

Calvani, Sandro. (2004). *América Latina*, editado por publicación ediciones: narcotráfico.

Camargo, Pedro Pablo. (2003). *La acción de extinción de dominio*. Bogotá: Leyer, tercera Edición. (2002). *El delito del* enriquecimiento ilícito. Bogotá: leyer, cuarta edición.

Cancino Moreno, Antonio J., Maruja Toscano De Sánchez. (2003). *El delito del enriquecimiento ilícito*, Bogotá, Ediciones Librería del Profesional.

Copello Maldonado, Alberto. La lucha contra la corrupción en Colombia: la carencia de una política integral, junio de 2011.

Fernández Andrade, María. (2007). *El narcotráfico y la descomposición política y social: el caso de Colombia*, editado en México por Plazas y Valdés S.A. de C.D.

Federación Latinoamericana de Bancos FELABAN, "La Lucha Mundial contra el Lavado de Activos". Mayo de 2008.

Gonzáles, Joaquín. http://www.monografias.com/trabajos32/ corrupcion-peru/ corrupcion-eru.shtml#ixzz31bZ9LT4V.

Manzinni, Vincenzo. *Tratado de Derecho Penal*, Tomo II, Capítulo IX.

Ospina Gutiérrez, Julio. (2005). *La acción de extinción de dominio*. Bogotá: Editorial: Ediciones nueva jurídica, primera parte.

Patiño Cabrera, Eyder. *El riesgo permitido en el blanqueo de capitales y en los tipos afines*. Procuraduría General de la Nación, Bogotá, 1998.

Peñaloza López, Liliana Andrea. *Enriquecimiento ilícito en particulares*, proyecto de investigación Universidad Libre de Colombia, facultad de derecho, abril de 2012, Bogotá, D.C.

RESÉNDIZ REYES, Brisa Edeny. *Ensayo para combatir la corrupción*. Primavera, núm. I, año I, 2006.

SANTANA, Adalberto. (2001). *El narcotráfico en América Latina*. Primera edición, México, Editorial Siglo XXI Editores S.A de C.V.

SABOGAL QUINTERO, Moisés; Sánchez Montoya, Alberto. *El enriquecimiento ilícito y la extinción de dominio en Colombia*, Ediciones Jurídicas Gustavo Ibáñez, 1997.

VIDALES RODRÍGUEZ, Caty. *El delito de enriquecimiento ilícito*. Universitat Jaume I Castellón.

ZARAGOZA AGUADO, Javier A. *Narcotráfico, política y corrupción*. (1997), Editorial Temis.

ZARAZO OVIEDO, Luis Arnoldo. (2006). *El enriquecimiento ilícito*, Bogotá, Ediciones jurídicas Gustavo Ibáñez C. Ltda.

Esta obra se terminó de imprimir
en febrero de 2020
en los talleres gráficos de
Grupo Editorial Ibáñez
Cra. 69 Bis No. 36-20 Sur
Tels:2300731 - 2386035
Bogotá D.C. - Colombia

NOTAS

NOTAS

Made in the USA
Monee, IL
05 November 2026

67948867R20136